一本书看透

俄罗斯

See Through Russia
Just With One Book

风唤雀翎 著

台海出版社

图书在版编目(CIP)数据

一本书看透俄罗斯 / 风唤雀翎著. --北京:台海出版社,2013.6

ISBN 978-7-5168-0215-1

Ⅰ.①一… Ⅱ.①风… Ⅲ.①俄罗斯–概况 Ⅳ.①K951.2

中国版本图书馆 CIP 数据核字(2013)第 131988号

一本书看透俄罗斯

著　　者:风唤雀翎
责任编辑:俞滟荣
装帧设计:吴小敏　　　　　版式设计:通联图文
责任校对:王　艳　　　　　责任印制:蔡　旭
出版发行:台海出版社
地　址:北京市朝阳区劲松南路 1 号,　邮政编码:100021
电　话:010-64041652(发行,邮购)
传　真:010-84045799(总编室)
网　址:www.taimeng.org.cn/thcbs/default.htm
E-mail:thcbs@126.com
经　销:全国各地新华书店
印　刷:北京高岭印刷有限公司
本书如有破损、缺页、装订错误,请与本社联系调换
开　本:730×1020　　1/16
字　数:310 千字　　　　　印　张:19
版　次:2013 年 8 月第 1 版　印　次:2013 年 8 月第 1 次印刷
书　号:ISBN 978-7-5168-0215-1
定　价:39.80 元

有人说："俄罗斯不是一个国家，而是一个世界。"这话说的有道理。人口只有1.6亿的俄罗斯，却坐拥横跨欧亚大陆的1700多万平方公里的国土面积，占了地球上1/6的陆地。地大不算，它还物博，丰富得让人眼馋的自然资源，足以支撑起一个世界。

相比较美国人的随意、法国人的浪漫、德国人的严谨、日本人的暧昧、西班牙人的热情、英国人的守旧……俄罗斯是一个复杂纠结的民族。

辽阔的生存空间造就了俄罗斯人粗犷豪迈的民族气质；而严寒的气候又总是让他们忧心忡忡。两面夹击，俄罗斯人就有了近乎精神分裂的"双重性格"，随时都可能发作。

他们既善良又残忍、既懒散又吃苦耐劳、既热爱自由又爱欺负人、既大公无私又贪小便宜、既讲究实用又注重理想、既自卑又自大……俄罗斯人的表情总是纠结于开怀大笑和忧郁伤感之间，并且瞬间就能完成切换。

正如阿·托尔斯泰所描写的那样："要爱就爱得发狂，要

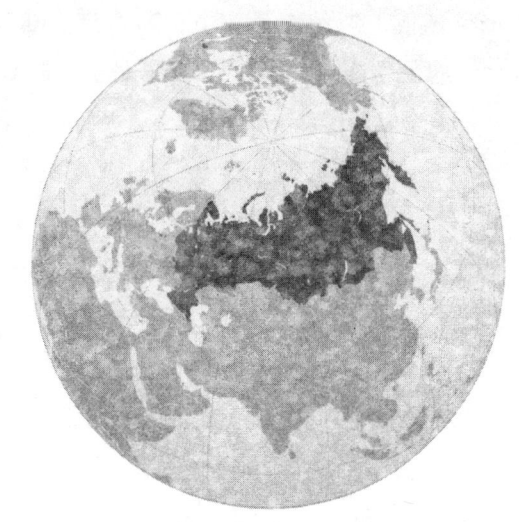

俄罗斯在地球上的位置

怒就绝非儿戏一场；要骂就骂到火冒三丈，要打就打得不管不顾；要吵就无所顾忌，要罚则总有凭据；要喝就喝他个一醉方休，要吃就吃它个天翻地覆！"在这个敢爱敢恨、做事不计后果的民族中，绝少看到喜怒不形于色的含蓄。

"双重性格"的俄罗斯民族不仅住的地界儿没边没沿，而且有着一段跌宕起伏、徘徊于东西方文明之间的历史，和一种对俄罗斯文化的起源、发展起到奠基作用的宗教。

说它是欧洲国家，它的版图却占有亚洲 1/3 的陆地；说它是亚洲国家，无论是它的发源地，还是政治文化中心都在欧洲。所以说，俄罗斯既不属于欧洲，也不属于亚洲。

复杂的背景，决定了俄罗斯人民是一个集幸与不幸于一身的民族。幸的时候，他们载歌载舞、纵情享乐；不幸的时候，他们唉声叹气、一肚子牢骚。

俄罗斯自产的思想家别尔嘉耶夫就曾说过："俄罗斯可能使人神魂颠倒，也可能使人大失所望。它最能激起对其热烈的爱，也最能激起对其强烈的恨。"由此可见，就连俄罗斯人对自己都是爱恨交加。但爱也好恨也罢，俄罗斯始终是一个不断进取、永不认输的民族。

纵观 1000 年来的俄罗斯发展史，就是一个个动荡与危机、荣耀与苦难的轮回。经历了多少个轮回，你看，它依旧雄赳赳气昂昂地戳在那儿屹立不倒。

丘吉尔曾这样评价俄罗斯："它是一个谜，披着神秘的外衣，藏在迷雾之中。"今天，这个中国北方以北的邻居，依旧以其博大的苍凉和无尽的期待，固守着苍穹之下的神秘。

愿意的话，我们一起进入俄罗斯这团迷雾，去探求一下它在人类历史上都扮演过哪些角色。

作者

2012 年 8 月于北京

目录
CONTENTS

第一章　小国崛起

第四章　帝国养成日记

第八章　波澜壮阔的 20 世纪

第九章 走向复兴之路

第一章
小国崛起

早先的俄罗斯没现在的威风，就是东欧一片鸟不拉屎的空旷荒原。后来有一批在当地混不下去的少数民族，为了生存移民至此，这才带来了生机。

这些新来乍到的移民，文化水平普遍不高。要么忙于内讧，要么忙于抢劫，都只顾着眼巴前儿的小日子，也没人想要统一个大业，建立个国家。

一直混到公元 862 年，来自中欧的盲流才算有了点觉悟。他们请来北欧海盗组成了个小城邦——罗斯公国（规模相当于城乡结合部）。

两股麻绳刚拧成一股就显示了不凡的威力。一百年后，一个霸气外露的小国平地风雷，崛起于世界东方……

第一节　荒原上唱大戏

"移民国家"俄罗斯的历史算不上源远流长，也就千把年。比起四大文明古国，勉强算得上后起之秀。

公元6世纪左右，有两拨分别从中欧、北欧出发的移民，一路摸爬滚打迁徙到东欧平原。并且以坚韧不拔的毅力克服了重重困难，在空旷荒凉的原野上扎根发芽。

从此，一出出精彩的大戏在原本寂聊的荒原上，锣鼓喧天地拉开了序幕。

一、坚韧不拔的东斯拉夫人

最早在东欧平原生存的，是一些居无定所的游牧民族。游牧民族的特征就是不受拘束。在一个地方住腻了，就"游"到另一个地方放牧，游来游去就游出了东欧平原。

属于蒙古人种的阿瓦尔人就是这些不安分的游牧民族之一。这些彪悍的游民不甘于只和同种同宗的黄皮肤人打交道，而是积极地向中欧的白皮肤欧罗巴人种靠拢。谁要是不乐意，那就让他们亲身感受一下游牧民族特有的热情——弯刀加马鞭。

约在6世纪中叶，阿瓦尔人热情地以武力向世世代代居住在中欧的斯拉夫人靠拢。

在游民一浪高过一浪的攻击下，本来安居乐业、和和美美的斯拉夫大家庭被一分为三，开始了离乡背井的民族大迁徙。

有一支斯拉夫人没有离开故土。他们顽强地坚守住了自己的土地，对抗阿瓦尔人将近300年。他们就是现在的波兰人和捷克人，属于西斯拉夫人。

另一支斯拉夫人涌入了巴尔干，和稍晚进入巴尔干的保加尔人融合，这就是成分复杂的南斯拉夫人。

而生活在波罗的海东北面，靠近芬兰湾的分支，选择了另外一条更加曲折的迁徙路线。他们拖家带口地向东跋涉，逐水草而行，一路上吃尽了苦头。

这群被异族赶出家园的斯拉夫人，重温了老祖宗茹毛饮血的原始生活，在茂密的森林间出没无常。小松鼠、小白兔、大狗熊，他们逮什么吃什么。蘑菇、树皮、草根……所有纯天然绿色食品无一幸免。不管干净不干净，也顾不上什么非典禽流感，统统进了这些中欧难民的肚子。

这个在大森林里练就了过硬本领和一副铁胃的群体，就是东迁最远的东斯拉夫人。

在这次迁徙中，斯拉夫人几乎席卷了整个东部欧洲。他们无法征服的只有两个地区：一个是强大的东罗马帝国；一个是被阿瓦尔人"近水楼台先得月"的匈牙利。

斯拉夫人的地理分布

长期的森林生活让东斯拉夫人积累了丰富的自然知识。为了填饱肚子，除了打猎、野外采摘，他们还无师自通地学会了养蜂和种庄稼。

当东斯拉夫人历尽千辛万苦到达了无边无际、荒无人烟的东欧平原时，原先在这一地区活动的哥特人和阿兰人早已远走西方花花世界；匈奴人在对东罗马帝国的抢劫中，也把自己消耗得干干净净。

有了这样的天时地利人和，已经掌握了诸般生存技能的东斯拉夫人，欢欢喜喜地进驻到这块没有敌人的真空地带。

盖起了小木屋、围起了小栅栏、养上几只羊、整上几亩地，再给自己抢上几个媳妇，一夫多妻制的东斯拉夫人美滋滋地过上了老婆孩子热炕头的小农生活。

如果没有外力的介入，安于现状、进取心少得可怜的东斯拉夫人也许会将他们与世无争的小日子进行到底。然而维京人的到来彻底改变了东斯拉夫人。

二、彪悍狂野的维京海盗

相信爱看电影的人对"维京海盗"这个词不会感到陌生。

维京海盗

这个生活在冰天雪地里的北欧民族在银幕上的形象总是这样的：头发胡子彻地连天地纠缠在一起，脸上只留下眼睛、鼻子巴掌大点干净地方；一嘴大板牙加上牛高马大的身子骨；动不动就操起刀斧，杀人如砍瓜切菜一般——整个就是一群激素吃多了的凶神恶煞。

事实确实如此。"维京"这个词在北欧语言中包含的一层重要意思，就是掠夺。他们第一次出现在当地百姓面前，就是以海盗的身份抢劫掠夺。所以，被称为"维京海盗"，他们自己都不觉着冤枉。

随着现代媒体的传播，维京海盗杀人放火的事迹广为流传，几乎到了地球人都知道的热门程度。那个破坏生态平衡，把珍稀物种大蜥蜴揍死的贝奥武夫就是其中的杰出代表。

卑尔根：挪威第二大城市，维京海盗发源地

随着掠夺的热情日益高涨，到了 8 世纪，北欧维京人的部落领袖顺理成章地演变成了军事领袖。

军事管制下的维京人个个都是狂野强悍的战士。他们在战斗中表现出的异乎寻常的狂热，还有不怕死的二杆子精神，足以弥补人数上的劣势。于是，二杆子首领率领着二杆子部族，乘船沿水路进行广泛的海盗式军事远征。

两百年间，这群杀伤指数、破坏指数都超标的二杆子军，省略了巧取的小菜，直接进入豪夺的大餐。

他们靠着周密的策划与出其不意的突袭，掳掠了从格陵兰岛、冰岛、英格兰、法兰克到东罗马的大半个欧洲。其海盗式战法既野蛮残酷，又令人防不胜防，几乎是打遍天下无敌手。

一时间，欧洲大陆卷起了恐怖的海盗飓风，所到之处摧枯拉朽。人们谈海色变，都巴不得住得离海边越远越好。

随波逐流的维京海盗不单烧杀抢掠，还带有强烈的殖民色彩。抢财劫色的同时，他们把自己的海盗种子一路播撒到欧洲各地。

在法国诺曼底登陆的那一拨维京人就成了法国诺曼人；打到德国北部去的那一拨维京人就成了日后的日耳曼人；向东南航行到伏尔加河流域的那一拨维京人，就成了俄罗斯的开山鼻祖之一——罗斯人。

稍早一点抵达的东斯拉夫人基本上是一群知足常乐的老实农民，也没经过什么激烈的征战。身经百战的维京海盗驾到，可说是敢叫日月换新天。而农民和海盗组合起来的革命队伍，更让欧洲列强见识了什么叫"强强联合"。

维京战舰队横扫伏尔加河

三、大王，俺们需要你的统治

开始的时候，两个民族还没有融合到一起。种地的种地，养牛的养牛，打劫的打劫，自得其乐，互不相干。大家也就是隔三差五地赶个集，聚在一起喝酒、吹牛、聊天。

光是干单一行业，确实也挺无聊。得空儿带上老婆孩子，驾着小船，哼着小曲，顺着几条纵横交错的河流凑到一起，也是图个热闹。

东家长西家短地串串闲话，酗个酒、打个架，跳跳舞、唱唱歌，倒也逍遥快乐。捎带着还能换点皮毛粮食、顶针麻线之类的日用百货——这就形成了早期的自由贸易。

日久天长，赶集就赶出个"中心城市"来，随着商品贸易往来的频繁，慢慢地发达起来。

东斯拉夫人最早的首都：诺夫哥诺德

诺夫哥诺德的城墙

这块宝地四通八达。南可走中东，东可通亚洲，西面就更不用说了，大伙儿本来就是从那里过来的。只要没人糟践，一般情况都很富裕。

四方八面来赶集的老乡基本上都是打猎、养蜂、务农的东斯拉夫人。可是城中掌柜的却大都是抢了东西前来销赃的维京人。他们自称为"罗斯人"。这两拨人马就是现代俄罗斯人的老祖宗。

东欧平原的土特产品和来自欧洲各地的赃物就在他们之间自由流通。

罗斯人做生意有个特点：你愿意跟我做生意，你是我的朋友；你不愿意跟我做生意，你就是我的商品。阿拉伯旅行家伊本·费德拉有过这样的记载："罗斯人居住在湖中的岛屿上。他们劫掠附近的斯拉夫人村落，将俘虏卖到伏尔加河的下游城镇。"

当时的东斯拉夫人正被倒霉的原始公社制度搞得焦头烂额。各部落内部矛盾激化，内讧不已。没有哪一个部落强大到能让别的部落甘心推举它当老大。于是乎，一件古怪的事情发生了。

见识了北欧海盗的强横之后，长期居住在诺夫哥罗德的东斯拉夫人部落首领被踩蹒得心服口服："这帮祖宗正是俺们要找的人才呀！"

　　为了平息内讧，也为了避免沦为维京人生意中的商品，他们决定主动送货上门，邀请勇猛善战的维京人首领留里克兄弟来统治他们。

　　东斯拉夫人派出代表来到维京人的准军事组织营盘，毕恭毕敬地对留里克说："尊敬的大王，俺们来自诺夫哥罗德。我们那地界儿又宽绰又富裕，就是缺个主心骨。请您老来统治俺们吧！"

　　留里克兄弟听了这个古怪的邀请，也没往深里多想，二话不说，率领亲兵卫队来到诺夫哥罗德。他们也确实没什么可担心的。整个欧洲都打服了，一帮老实巴交的富农能出什么幺蛾子？

　　公元862年，维京人留里克在诺夫哥罗德登上王公宝座，建立了俄罗斯历史上第一个国家——罗斯

留里克大公

公国。这就是在东欧平原称霸700年的"留里克王朝"。

四、强强联合势力大

　　素以吃苦耐劳而著称于世的东斯拉夫人，虽然长得高大威猛，却更热衷于安居乐业。除了自己人之间鸡吵鹅斗，从没想过占谁点便宜，跟谁过不去。

　　维京海盗一立国，就给东斯拉夫人上了一课，让这些没见过什么世面的农民见识了什么叫"军事实力"。从此在原本善良的东斯拉夫人心中种下一个恶念：原来当强盗更容易奔小康。

　　公元879年，留里克临去世前，他儿子伊戈尔还是个玩泥巴的毛孩子。他只能把大公的宝座先挪到小舅子奥列格的屁股底下，拜托这个很强势的小舅子监督自己的宝贝儿子健康活泼地成长。事实证明，长大成

人的伊戈尔活泼得过了头。

诺夫哥罗德地势偏僻，交通不便，气候寒冷，不利发展……奥列格在这个小公国呆得越久，越觉得憋屈。守着这么个弹丸之地，怎么才能施展自己的雄才大略？

屈了才的奥列格寂寞难耐。同样是海盗出身，凭什么在南方做买卖的维京人就那么富裕?！心理严重不平衡的奥列格下定决心要打土豪分田地！当上大公不久，他亲率大军南下，于882年一举征服了斯拉夫人的"贸易中心"基辅。

看着基辅城中琳琅满目的店铺、花红柳绿的商品，奥列格得意地笑了。他将基辅定为国家的中心，迁都于此。从此，罗斯公国被称为"基辅罗斯"。奥列格大公也就理所当然地成为第一位"罗斯大公"。

这个罗斯大公是个天生的强盗胚子，一天不打仗就不舒服。在他的努力下，基辅罗斯逐步发展成为欧洲著名的强国。而倾注了东斯拉夫人

奥列格迁都基辅

心血的基辅，则被称为"罗斯诸城之母"。

原先在林海雪原里以打猎、养蜂、务农为生的东斯拉夫人，其实是一个温和的民族，否则他们也不会去请来强悍的维京人统治他们。

维京人入主之后，把骁勇好战的基因注入到东斯拉夫人的血液。而外来的留里克王朝在血统上也与东斯拉夫人相融合，接受其语言、文化和生活习惯，成为斯拉夫化的本地王朝。

基辅罗斯起源于质朴的东斯拉夫人，又得到了凶悍的北欧海盗的真传。两个民族的强强联合，造就了一个兼具了坚韧不拔、吃苦耐劳、又能征惯战、勇猛彪悍的俄罗斯民族。

第二节　伟大的俄罗斯他妈

提起莫斯科，不由得让人联想到红场、大剧院、克里姆林宫……

早在 14 世纪时，莫斯科还只是个弹丸之地。宽敞的红场就是弹丸里的自由市场。有谁能猜到，就这么个河边的小弹丸，渐渐出落得苗壮挺拔，最终长成风姿绰约的"俄罗斯之母"。

一、南征北战抢地盘

好战分子奥列格依仗武力，不断地征服其他斯拉夫人部落，使基辅罗斯成为东欧的一个大国。这是罗斯人的大幸，也是其他民族的不幸。到了公元 10 世纪初，东欧平原已经被罗斯大军彻底干净地扫荡一遍，东欧已无战事。

这可愁坏了奥列格。对他来说，再没有比打仗欺负人更好玩儿的事了。不打仗的日子还叫人生吗？他把坚毅的目光投向四面八方。首先进入他视野的，是锦绣繁华的东罗马帝国。

公元 907 年，奥列格率 2000 艘战船远征东罗马首都君士坦丁堡。

自从公元 5 世纪，强大的罗马帝国被俩败家子一分为二，就无奈地走向没落衰亡。西罗马先是被北欧的哥特人洗劫了首都罗马，剩下的东罗马帝国也一天不如一天。虽然还腆着脸号称"帝国"，其实早就没了帝国的霸道。

罗斯军队不费吹灰之力就把腐败的东罗马打服了。结果就是履行侵略战争老一套的程序——签订不平等条约：东罗马年年向基辅罗斯进贡，还得让罗斯商人获得免缴贸易税的权利。

就在奥列格野心勃勃地准备进一步扩大战果的时候，传说有一条毒蛇咬了他一口，终止了他的远大理想。一代武夫奥列格溘然长逝。

留里克的儿子伊戈尔继位。这时候的伊戈尔已经健康活泼地成长为贪婪成性的钱奴。

他不光把维京海盗掠夺打劫的爱好发挥到了极致，还发扬光大。在不断蹂躏其他民族的同时，这只掉进钱眼儿里的兔子居然吃起了窝边草。

罗斯的百姓没有从烧杀抢掠的盛宴中分得一杯羹，反而还要承担越来越重的赋税。全国上下怨声载道。伊戈尔不但不收敛，反而变本加厉地剥削。

哪里有压迫哪里就有反抗！同样与北欧海盗有着密切血缘关系的罗斯人民岂是吃素的？

公元 945 年的一个冬日，伊戈尔大公在搜刮民脂民膏时，被愤怒的村民一顿乱棒打成肉泥。他的亲兵卫队抱着幸灾乐祸的态度袖手旁观。这不能怪他们不尽忠职守。看看亲兵卫队那一身身破衣烂衫的装束，就不难想象他们的忠心跑哪儿去了。

混乱之际，伊戈尔大公的老婆奥丽加力挽狂澜。这是一个残忍且干练的女人，死了老公根本别想压垮她。相反，她很镇定地指挥金戈铁马的军队，把手执木棒、粪叉的起义农民镇压了。

此后的几年，奥丽加一直总揽朝中大权，排除异己。她像母狼一样保护着自己的儿子斯维亚托斯拉夫，直到把他扶上大公的宝座。

斯维亚托斯拉夫亲政以后，更加崇尚武力。幼年时的"棒打大公"事件让这娃受了很大的刺激。他剃了个莫西干发型，戴着大耳环，手握斩马刀，以野蛮人的形象掩盖心中的胆怯。

在他戎马倥偬的一生中，斯维亚托斯拉夫不识相地与周边地区的人民为敌。他东征西讨，到处杀人放火，终于在突厥人的一次突袭中阵亡。

斯维亚托斯拉夫统治时期，罗斯的疆土不断扩大，先后征服了伏尔加河中下游、北高加索，打通了通往东方的道路，后又联合东罗马，打败保加利亚，将领土扩张至多瑙河口。

二、成为上帝的子民

斯维亚托斯拉夫战死沙场后，他的三个儿子围绕着王位继承权展开了血腥的内斗。经过一番手足相残，他心爱的私生子弗拉基米尔成为最终的胜利者，成为新一代基辅罗斯大公。

弗拉基米尔上位的时候，罗斯人还信仰原始的多神宗教，常常被邻国人讥讽为野蛮人。有许多外国的使者来基辅罗斯时，都奉劝罗斯人改信他们的宗教。

花样繁多的宗教让罗斯人晕头转向。哪种听上去都头头是道。真钞假钞一大把，得找一张能花得出去的硬通货才成呀。

公元 987 年，经过与基辅贵族们商讨，弗拉基米尔决定向各邻国派出考察团，看看哪种宗教是罗斯新信仰的最佳选择。经过一番考察对比，最后使者们被东正教会的华丽排场镇住了。哥特式大教堂的壮观宏伟和庄严的礼拜仪式，给他们留下了极为深刻的印象。

"已经分不清自己是在人间还是在天堂，"他们添油加醋地向领导汇报，"从来没见过那样又高又大又气派的大房子……都不知道咋样跟您老说道……反正我们是服啦。"

圣弗拉基米尔

有这好事不靠前，枉为罗斯人也！于是，由弗拉基米尔大公拍板，咱就东正教了！接受东正教的弗拉基米尔大公如虎添翼，开创了基辅罗斯公国的黄金时代。他成为俄罗斯人民心目中的尧、舜式先祖。

就在同一年，东罗马帝国发生暴动。东罗马皇帝正在巴尔干半岛攘外，顾不上安内，于是请求基辅罗斯大公帮助平息暴动。当雇佣兵是罗斯人的老本行，早先就是这么建国的。可是雇佣兵不能白替人卖命，得开出价钱。弗拉基米尔开出的价钱是两国联姻：我替你平乱，你得把闺女嫁给我当媳妇。

忙着在巴尔干收拾残局的东罗马皇帝只能接受这个价钱，不然没等征服别人，自己的江山先改名换姓了。于是弗拉基米尔出动军队，不到一年就搞定了东罗马的内乱。

公元 988 年，基辅罗斯双喜临门。先是弗拉基米尔迎娶东罗马帝国的公主，紧接着，基督教三大教派之一的东正教被定为基辅罗斯的国教。

喜气洋洋的新郎官下令，将原先各种乱七八糟的神像统统扔进第聂伯河。东罗马派出大教长主持罗斯人的洗礼。本来，东正教的洗礼应该是司祭（相当于基督教的牧师、天主教的神父）把受洗人一个一个浸入水中，然后受洗人再从水中起来，洗礼才算完成。但是，无奈罗斯公民人数众多，如果按照传统的洗礼方法，就是一辈子也洗不过来。因此，洗礼只好移风易俗——罗斯人集体跳河，听起来挺可怕，看起来很壮观。

接受了洗礼，全体罗斯人正式成为上帝的子民。自此以后，罗斯国统一了宗教信仰。一座座宏伟壮观的东正教堂拔地而起。基督的福音传遍了伏尔加河流域。

集体受洗之后，罗斯人开始重视子女教育，力争培养出有教养的下一代。而为人善良、怜悯穷人是基督化教育的重点内容。这给野蛮的罗斯人增添了些许文雅。

一时间，知书达理成为风尚。人们鄙视文盲，尽量克制打架骂街的冲动，不随地大小便，并且开始洗脸洗澡讲卫生。这是俄罗斯第一次与西方欧洲文明建立了直接联系。

弗拉基米尔确立东正教为国教后，由原始社会的军事首领一跃成为封建社会的君主。他在加强军事防御的基础上，通过结盟和联姻的方式与周边国家建立友好关系。南征北战的罗斯公国暂时进入了消停阶段。

弗拉基米尔死后，被罗马天主教和希腊东正教一致尊为"圣弗拉基米尔"。由于他的英明决策，俄罗斯民族的历史和基督教信仰牢固地联系在了一起。

三、由奴隶到封建

罗斯国是在原始公社制瓦解的基础上建立起来的，因而保存了浓厚的公社制和奴隶制的残余。

10世纪中叶，王公贵族开始搜刮村里的土地。为了吃得好、穿得好、盖大别墅、多娶小老婆，他们变着法儿捞金。到12世纪中叶，每个王公贵族都拥有数量不等的世袭领地。罗斯的封建土地所有制开始形成。

弗拉基米尔的儿子雅罗斯拉夫，是罗斯历代大公中少有的人才。因其文韬武略样样精通，被尊为"智者"。继承大统后，他竭力推广传播基督教，在全国兴建了许多教堂。

他还派人翻译、抄录了大量希腊经典著作，在基辅建立了一个很大的图书馆。闲着没事，他一头扎进书堆里，研究希腊、罗马的文明历程，顺便再研究研究：俺们伟大的罗斯下一站该往哪儿走？

在雅罗斯拉夫的诸多功绩中，上述两条只能算副业。他的主业是颁布了《雅罗斯拉夫法典》。这是俄罗斯民族有史以来的第一部成文法典，又被称为"最古老的罗斯法典"。

这部法典的颁布，在俄罗斯历史教科书上，标志着基辅罗斯的封建社会正走向成熟有序的状态。它同其后几位大公制订的《雅罗斯拉维奇法典》和《弗拉基米尔·莫诺马赫法规》一起构成《罗斯法典》。

1054年，大公雅罗斯拉夫死后，根据他自己制定的类似西欧领主制的继承制度，将天下分成几份。几个儿子不偏不向，一人一份。

他以为这样挺公平。没成想几个儿子败家的本事超过治国的本事。为了争夺更多的遗产，几个败家子将基辅罗斯分裂为若干小国，各据一方，彼此混战达几十年。

治国跟治家是一个道理，家和才能万事兴，家不和肯定会引来外人欺负。南方草原的突厥游牧部落看到罗斯内讧有机可乘，立马发兵，大举入侵罗斯。

此后的罗斯内忧外患，战争频繁，灾荒不断，老百姓生活在水深火热之中，大小封建地主还要在瘦得只剩一把骨头的农民身上刮油水。层层盘剥终于激起了人民的反抗。

四、早期的国家杜马

随着封建土地所有制的确立，在罗斯社会上形成封建贵族和依附农民两个对立的阶级。一个富得流油，享受各种特权；一个穷得叮叮当当，走到哪儿都得受气。

农民被挤兑得活不下去，只得远走他乡讨生活。农民的大规模逃难让贵族老爷们气愤：要是都跑了，谁来种地？你敢跑，我就敢抓！

像兔子一样被拎回来的外逃农民，陷入更悲惨的境地。他们降级变成完全的"好洛仆"。"好洛仆"的名字好听，待遇一点不好，其实就是奴隶制和封建制苟合的畸形产物——农奴。

罗斯对立的阶级形成之后，阶级斗争日益加重。各地方的农民纷纷起来闹事。其中最大的革命成果，是诺夫哥罗德脱离基辅的统治，建立了一个独立的封建共和国。

翻身得解放的诺夫哥罗德市民组织起了市民大会，以钟声为号。每当洪亮的钟声响起，劳苦大众就聚到一堆儿，共同商议国家大事，主要内容是怎么整治王公贵族。

为了免受残暴的统治之苦，市民大会把王公的权力局限于带领部队保家卫国，不得干预内政。而且他们给王公办了个郊区户口。王公的王宫遭到强拆，王公的驻地被移到诺夫哥罗德城外荒郊野地。

诺夫哥罗德的最高权力机构被称为城市委员会。由市民们选举产生这个最高机构的首领——这就是最早的国家"杜马"，意思是"议会"。

国家杜马属于比较原始的民主制度。"十月革命"建立起来的红色苏维埃政权曾把它视为封建残余，予以取缔。1993 年，经过一圈轮回的俄罗斯又恢复了"国家杜马"这个组织。

五、长臂尤里的莫斯科

去莫斯科旅游的人，差不多都会注意到伫立在市政府广场上的一尊青铜塑像。这个骑着大洋马、身披铁叶甲、左手持盾、右手遥指远方的铜人，就是被称为"长臂尤里"的弗拉基米尔大公尤里·多尔戈鲁基。

看这个铜像，尤里的手臂也就和正常人差不多，跟双手过膝的刘皇叔绝不能相比。之所以被人起了个"长臂"的外号，是因为他在争夺王位上表现出的超强野心和好战本性。无论是不是他的东西，他都要伸长手臂，统统揽入怀中。

"莫斯科"这个地名第一次在俄罗斯编年史中出现，是在 1147 年尤里来到莫斯科的时候。那时候，罗斯国已经让封建诸侯闹得处于分崩离析的边缘。那时候，尤里只是一个小地方的公爵，还没有"长臂"。莫斯科也只是一个人口稀疏的小集市。

尤里多尔戈鲁基纪念碑

位于奥卡河和伏尔加河之间的莫斯科，水陆交通都十分发达。具有长远战略眼光的尤里，刚一来到莫斯科，就被这个"丑小鸭"迷住了。可问题是，"丑小鸭"再丑，人家有主儿呀。

尤里强咽下贪吃的口水，在凄凉的北风中打道回府。这样缠绵的单相思一直持续到 1155 年，尤里击败所有对手，戴上基辅大公的王冠。

基辅大公的宝座还没捂热乎，尤里就着急忙慌地跑到莫斯河畔。在那里用木栅栏建起防御工事，修建起城堡。这就是克里姆林宫的前身。尤里也因此被称为"莫斯科创始人"。

到了 1276 年，后续的基辅大公把莫斯科作为封地赏给了他的后裔，莫斯科也成了一个袖珍的公国。

尽管在此后的 200 年里，蒙古铁骑横扫欧亚大陆，但由于莫斯科地处偏远，周围是复杂的森林地形，它很幸运地躲过一劫。其他公国被蒙古人欺负得痛不欲生，莫斯科却依靠独特的地理条件，在战祸中越来越繁荣。

14世纪中叶，莫斯科出了个特能捞金的"钱袋"——伊凡一世。他花重金从金帐汗手里买下了弗拉基米尔大公的封号，并把东正教罗斯教区大主教的驻地从弗拉基米尔迁到莫斯科。莫斯科大公国逐渐发展为罗斯的政治、经济、文化和宗教中心。

马克思说过："莫斯科的兴盛是由于鞑靼枷锁。而现在的俄罗斯，就是莫斯科的延伸。"这样说一点不过分。莫斯科就是"俄罗斯的母亲"，也是"俄罗斯的摇篮"。

第三节　在蒙古铁蹄下成长

13世纪初，草原上刮起了一股席卷欧亚大陆的蒙古旋风。威名赫赫的"一代天骄"成吉思汗率领着马背上的徒子徒孙，淋漓尽致地把蒙古人的破坏力展示在全世界人民面前。

一时间，没有谁的江山不闻马蹄声狂乱。忙着窝里反的罗斯公国也顺应潮流地被踩在马蹄下。亡国之际，俄罗斯民族表现出超强的韧劲。他们没有被消灭，反而在铁蹄下成长。

一、蒙古铁蹄下的战栗

分散在大草原上的蒙古包显得十分孤清，生活在马背上的民族热切地盼望着和草原以外的人们打成一片。他们不但热爱自己的故乡，也热爱别人的故乡。公元1206年，成吉思汗统一蒙古各部落，蒙古开始走向强盛。

成吉思汗及其子孙们率领数十万蒙古铁骑，用弯刀强弓开始了一段漫长的征程。几十年时间，欧亚大陆就被铁蹄踏出了一个世界上版图最大的蒙古帝国。

蒙古铁骑是第一支把马镫应用到战斗中的武装力量。这是蒙古大军战无不胜的第一个秘密武器，确保了骑兵在战场上高速冲杀时，不会倒栽葱或是嘴啃泥摔下马背。

第二个秘密武器是结构独特的蒙古弯刀。这种有效的杀人凶器并不以锋利见长，因为再锋利的刀砍杀久了也会卷刃。但是蒙古弯刀的弧形刀身配合战马高速奔驰产生的冲撞力，就能很轻易地把敌人一刀了结。

在烽烟滚滚的战场上，蒙古铁骑凭借这两种武器，姿态优美地杀入敌阵，如秋风扫落叶一般彻底把笨重的战车扫出了历史舞台。

暗地里，蒙古人又开辟了一条看不见的战线——间谍。他们是第一个把间谍提升到国家利益高度的民族。每逢战前，他们都会派出间谍。一拨负责收集有关敌人的各种小道消息；另一拨到处散布关于蒙古势力强大、任何抵抗都无济于事的谣言，使敌人士气低落。

间谍的闪亮登场给蒙古人粗犷豪迈的形象，涂上了一抹阴险狡诈的色彩。但甭管后人如何评价，让敌人内外交困、夹气伤寒的效果明显是收到了。

蒙古帝国鼎盛时期，面积高达 4400 万平方公里，占地球陆地面积三分之一。差不多是现今俄罗斯的两倍。将近一亿的各色人等战栗在蒙古人的武力之下。

西征路上的成吉思汗

现在有部分国人一厢情愿地认为，蒙古帝国就是中国元朝。其实更准确的定位是，蒙古帝国包括中国元朝。蒙古帝国建立了大汗汗国、察合台汗国、钦察汗国、窝阔台汗国、伊利汗国。其中大汗汗国的继承者就是中国元朝。

跟亚洲同宗同种的黄皮肤人打成一片后，蒙古人开始对西边的白皮肤人产生浓厚兴趣。他们几乎征服了大半个欧洲，在莱茵河畔野炊、在多瑙河略饮马、在维也纳烤羊肉串儿……

幸亏那时候还没发明望远镜，蒙古人看不到大洋彼岸，蒙古马的游泳技术也欠佳。不然这个马背民族说不定真能漂洋过海，冲出欧亚，走向世界。

历史上出现了蒙古这样的极度军事国家，任何距离稍近的国家都难逃劫难。马蹄声声踏碎万里河山，紧挨着蒙古草原的罗斯公国更加不能幸免。

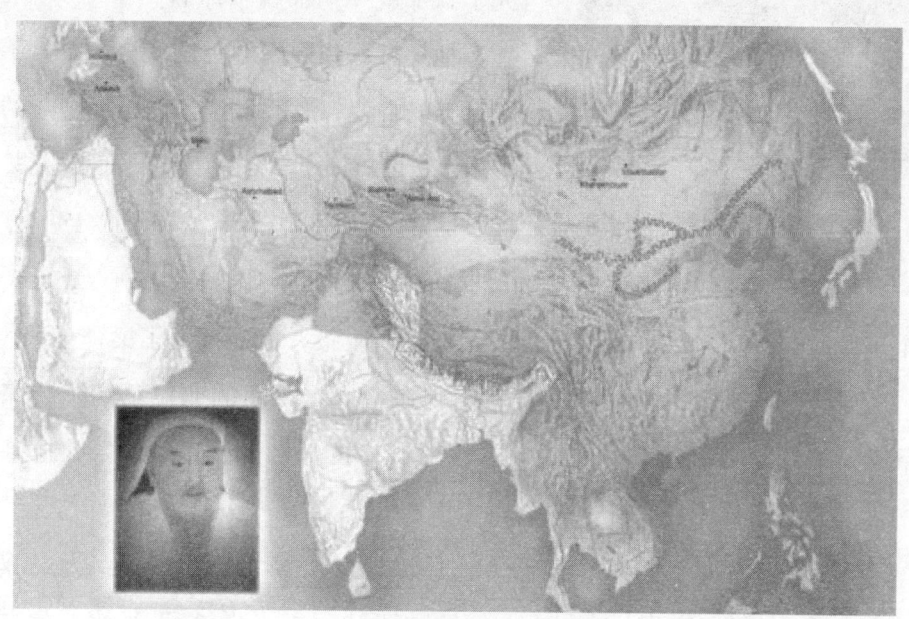

蒙古帝国版图（12～14 世纪）

二、罗斯也没脾气了

在很多人的印象中，俄罗斯从未被异族战胜过，事实不然。俄罗斯的历史就像一条蜿蜒的巨蟒，本来在气吞山河的过程中越加肥壮，却被从天而降的利剑拦腰斩为两截。

拔都

1236 年，成吉思汗的孙子拔都统帅蒙古铁骑玩儿一样扫荡了俄罗斯地区。把罗斯诸国打得落花流水。

首先遭难的是梁赞公国。1237 年冬，蒙古军打到了梁赞公国，勒令其投降。梁赞大公颇有骨气地回答："如果我们都死了，那就一切都属于你们！"

他是打算和周围的公国联合起来，一起打击侵略者。他就没想到，分裂已久的罗斯人早已习惯了"各人自扫门前雪"。关键时刻，没一个伸出手拉兄弟一把。

经过五天激战，孤军奋战的梁赞公国终因寡不敌众而失守。蒙古大军进城后实行烧光、杀光、抢光的"三光"政策，彻底摧毁了梁赞公国。

梁赞公国被毁灭后，紧接着就轮到在一边看热闹的弗拉基米尔公国倒霉了。1238 年 2 月初，蒙古大军包围了弗拉基米尔。这时候，弗拉基米尔大公才切身体会到什么叫"唇亡齿寒"。

今生不能相助，只好黄泉路上作伴。他以梁赞大公为榜样，大义凛然地表示："我们宁肯死在城门口，也决不让蒙古人进城。"很快，蒙古人就成全了他的心愿。弗拉基米尔公国沦陷。

攻打莫斯科，蒙古人不光显示了他们骑兵骁勇善战，工兵也很有两把刷子。只用了几天工夫，他们就修筑了足够三四辆大车并排而行的道路。然后，他们架起投石机，仅用五天时间就把莫斯科轰了个稀巴烂。

仅在1237年年底到1238年年初的两个月时间里，蒙古铁骑就踏遍了除诺夫哥罗德以外的整个罗斯，并把那里变成了一片屠宰场。

罗斯王公平时好吃懒做不干活，把心思都花在内斗上，也没时间习文练武。碰上真格的战争，他们就只剩下慷慨就义的份儿了。这还是好的，被俘的王公更惨了。

蒙古骑兵攻打罗斯

善于发明创造的蒙古人把捆成大粽子的罗斯俘虏扔在地上，上面放上木板，然后在木板上载歌载舞、饮酒作乐。折腾不了几个回合，白白胖胖的罗斯王公被压成相片了。

1240年深秋，蒙古军打到了基辅。基辅大公早被蒙古人的暴行吓得彻底没脾气了，丢下基辅狼狈逃窜。进城的蒙古人又是一通三光政策，罗斯人的伟大首都被毁于一旦。

蒙古人入侵前，基辅被当时的旅行者描绘成是一座有豪华的宫殿、8个市场和400所教堂的大都会。

经过蒙古人的蹂躏，天主教方济会修士经过基辅，看到的是一片累累白骨的荒野。昔日人烟稠密、繁荣壮观的基辅只剩下了不到 200 所房子，多少年来的开发和经营付诸东流。

到此为止，团结一致的蒙古人彻底战胜了窝里反的罗斯人。森林和大草原之间的古老斗争，随着游牧民族的完胜而决定性地解决了。

蒙古的征服给内讧不断、走向衰落的基辅罗斯最后一击。

从此，罗斯人在铁蹄的践踏中，经受了长达 240 年的野蛮统治和掠夺。

三、蒙古主导的"全球一体化"

中国人、波斯人、阿拉伯人、俄罗斯人……共同生活在蒙古帝国广阔的疆域中。各族人民语言不同、信仰不同，也承袭了不同的文化传统，如何管理这个前所未有的大帝国呢？

和其他的征服者相比，蒙古统治者采取了相当务实的态度。他们在势力范围内推行了"全球一体化"政策方针。不论哪个民族全都一视同仁——除了他们自己。

蒙古民族人丁不是很兴旺。如果分散治理广阔的领地，很快就会被淹没在当地人的汪洋大海中。他们采取的对策，是在战败国扶持傀儡政府。由各民族的"亲蒙人物"帮他们奴役老百姓。

所有罗斯城邦的大公都是由蒙古金帐汗国任命，即位时也得有蒙古特使在场监督。各个公国除了要向金帐汗国交粮纳税，还要在战时提供兵源、车马和其他作战物资。

为了加强对罗斯的控制，蒙古人在罗斯实行了被称为"上帝之鞭"的"八思哈"制度。"八思哈"为突厥语，意为镇守官。根据这一制度，罗斯各公国建立由十户长、百户长、千户长、万户长统领的准军事组织，总司令当然由蒙古将领担任。

这批当地人组成的军队，主要任务是充当社会宪兵，替蒙古人进村抢粮食，监视人们的政治生活，防止和镇压反抗行动。

血管里流动着维京海盗血液的罗斯人民，一贯以欺负别人为能事，岂能忍受别人的欺负?! 他们责无旁贷地加入到蔓延整个欧亚大陆的反蒙运动中。

蒙古统治240年，让罗斯人民饱尝了被人欺负的滋味。但罗斯人民的软磨硬泡，也拖住了前进势头很猛的蒙古大军，间接地拯救了欧洲文明。

在反抗蒙古统治的斗争中，一个原本默默无闻的小公国悄然兴起，最终成为金帐汗国的掘墓人。这就是令"长臂尤里"一往情深的莫斯科公国。

四、蒙古入侵的"后遗症"

现在俄罗斯人对待蒙古人的态度，是爱恨交加、若即若离、难舍难分。铁蹄下的那段屈辱岁月，让所有俄罗斯人恨得咬碎了后槽牙。

蒙古人不但大肆屠杀过他们的祖宗，还阻碍了俄罗斯与西方的交往，从而使俄罗斯落后于西方几个世纪。更让俄罗斯人脸红的是，蒙古人还强迫他们与之通婚。

于是乎，俄罗斯民族原先的东斯拉夫、维京血统里，又被强行注入一股大草原上的新鲜血液。为了找点心理平衡，他们把今天俄罗斯酒鬼众多，归咎于蒙古人爱喝酒的基因。

欧洲有句俗语，"剥开一个俄罗斯人，就会看见一个蒙古人"。俄罗斯的皇帝，被西方称为"沙皇"，被东方称为"扎根汗"（蒙古语，意为"白色大汗"）。直到19世纪，西方国家还将俄罗斯称为"白色蒙古"。

被打趴下的罗斯公国给很多蒙古人提供了就业机会，而且100％都是白领。俄罗斯历史上有蒙古血缘的大公就多达92个，另外还有50个王、

13 个公侯、300 多个贵族姓氏。连"苏维埃之父"列宁都有蒙古血统。

蒙古人不仅把血统传给了俄罗斯人，还把政治制度、税收制度、海关制度和军事战略战术也传给了俄罗斯人。赶走蒙古人后，一大批蒙古血统的俄罗斯将领，率领俄罗斯军队把蒙古铁骑的强横发扬光大。

大草原上燃起的烽火把俄罗斯历史隔断了两个世纪，对俄罗斯民族的影响极其深远。以至于形成了这样的观点：俄罗斯人是西方的东方人，是东方的西方人。

在苦水里泡大的俄罗斯，以深沉的忍耐悟出了东方以柔克刚的真谛，学会了在广袤疆域上后发制人的苦战功夫。这为他们日后东征西讨、重塑辉煌打下坚实的基础。

第四节　谨小慎微谋大业

伊凡三世继位时，莫斯科大公国经过他祖辈的苦心经营，已经在罗斯诸公中鹤立鸡群。制定一个足以存身立国的发展战略，成为年轻的伊凡大公面临的首要任务。

这位自幼吃足了苦头，以"谨小慎微"闻名于世的大公，在与蒙古帝国的对峙中，又能成就什么样的伟业呢？

一、完成统一大业

在俄罗斯由小到大的量变、由弱到强的质变过程中，出现过几个关键性的人物。伊凡三世就是其中之一。

他爷爷是人称"钱袋"的伊凡一世，不光会敛财，更会花钱。他靠贿赂蒙古高官取得了代替金帐汗国收税的特权，然后千方百计"贪污"了部分税金，以充实本国国库。这种从国家利益出发的"贪污"手段，得到全体罗斯人民的一致拥戴。

他们在"钱袋"的带领下，团结一致，把个偏远小镇莫斯科一口气鼓捣成罗斯各个城邦中最强大的公国。

有这么一位能捞金的爷爷打基础，到孙子伊凡三世即位时，莫斯科公国的优势已经很明显，被金帐汗国立为罗斯诸公之首。

虽然出生于王公之家，伊凡小时候也没享多大的福。毕竟是蒙古人的傀儡政权，干什么都得看蒙古人的脸色。

他出生的时候，因为莫斯科公国被金帐汗国高看一眼，惹得其他公国羡慕忌妒恨。在一次政治仇杀中，他爹瓦西里二世被仇家挖掉双眼。小伊凡藏身于修道院才幸免于难。

幼年时的不幸成了伊凡心中抹不去的阴影，也使得他对残酷的现实有了超前的认识。他早熟了，以饱满的热情投入到工作当中。

伊凡三世

不满十岁，伊凡就被他爹"瞎眼大公"抓去当了童工。从此，莫斯科大公国的所有官方文件均以瓦西里二世和伊凡三世两个人的名义签署，也就是说一个公国出了两个大公。

在树立儿子威信的同时，"瞎眼大公"还鼓励儿子继承海盗作风，学会用拳头跟人打招呼。早熟的伊凡12岁便光荣参军，加入到骚扰邻国的队伍中。

由于瓦西里二世的多年培养，伊凡从小就立下远大的志向：为完成俄罗斯国家的统一而战。被这样的壮志鞭策着，伊凡成长为文武双全的领袖。

在即位之前，他已经制定了第一个目标——富裕的诺夫哥罗德共和国。1462 年，"瞎眼大公"瓦西里二世去世，22 岁的伊凡三世正式登上大公的王位。他立马开始实践他的壮志。

幼年的经历，让伊凡三世养成了凡事反复权衡、谨小慎微的性格。他谨慎到"连一口樱桃都要分两次吃"的地步。在不断的扩张决策中，他抱紧"稳打稳扎"的四字诀，终于一路走向成功。

这种有野心却无霸气的风格，在众多大胆泼辣、作风凶狠的俄国沙皇中显然是一个异类。当然，幸运之神的多次眷顾，也是成就这位"全罗斯君主"的一大原因。

在吞并诺夫哥罗德共和国时，伊凡充分发挥了谨小慎微的优势。他打一巴掌给个枣，恩威并重，一共分三次才把这颗肥美的樱桃吞了下去。

被啃烂了的樱桃被迫签订条约，保证"真诚而严格地拥护"伊凡三世大公的统治。这还不算完，伊凡三世在撤军时，还把城中议政大厅上的大钟拆下来，运回莫斯科。

夺取诺夫哥罗德，无疑对莫斯科具有重大战略意义。伊凡三世兵不血刃，未放一枪一弹，成功地把领土向北方扩张了数百里。莫斯科公国的领土由此扩张到北冰洋。

在特维尔公国被伊凡三世稳扎稳打吞并之后，其他的王公基本都没脾气了，服服帖帖地担任地方长官。就这么着，分裂了 300 多年的罗斯公国，统一在莫斯科大公伊凡三世的手中。志得意满的伊凡三世给自己戴上了"全罗斯君主"的桂冠。

在完成俄罗斯的统一大业后，打击侵略者就成了水到渠成的事。特别是当时的蒙古人已经盛极而衰、四分五裂。不趁此良机一战功成，更待何时？

二、赶走蒙古人

罗斯人和蒙古人看起来是不共戴天的仇家，暗地里又眉来眼去。蒙古人没有强迫俄罗斯人改变信仰，也没有进行直接统治。在蒙古的统治下，俄罗斯人不仅没有绝望，反而更加自立自强。

他们还从蒙古人那儿学到了不少东西，在许多方面继承了蒙古人的衣钵，军事战略战术就是其中之一。把蒙古人的老底儿掏空后，接下来，三血合一的罗斯人就要反戈一击了。

后期的蒙古帝国，已经被历代天骄们的穷奢极欲搞得摇摇欲坠，对罗斯的控制早已名存实亡。但是国库见底的时候，蒙古人还是想靠敲竹杠的老把戏占点便宜。

1476 年，金帐汗国特使觍着脸来莫斯科大公国敲竹杠了。他们一厢情愿地以为，瘦死的骆驼比马大，罗斯人怎么也得给老东家一个面子，好歹也得给几个钱意思意思。

面对蒙古人的勒索，一向行事谨慎的伊凡三世一反常态地大发雷

伊凡三世准备集合军队与金帐汗国对峙

霆。他不光把东家的账本撕得粉碎，还把东家派来收账的管家砍了。他肯定是成心的，就为了跟蒙古人决裂。蒙古强盛的时候，他就算把自己砍了，也不绝敢动人家半根汗毛。

在伊凡三世撕书斩使之后，强弩之末的金帐汗国没有马上出兵报复莫斯科，而是找了个没起子的靠山立陶宛。双方来了个弱弱联合。合计着同时出兵，从东西两线夹击莫斯科。

1480 年，金帐汗国的阿合马汗亲自领兵攻打莫斯科。大军迅速推至乌格拉河南岸。但是他没敢马上动手，想等着立陶宛军队来了，再合伙报复罗斯人。

谨小慎微的伊凡三世猜出了阿合马汗的用意。他急忙派自己的儿子伊万和弟弟安德烈率领精锐骑兵，兼程赶往乌格拉河北岸，列阵迎战蒙古大军。

两支大军隔岸摆开大阵，像两只大眼瞪小眼的乌龟，谁也不敢冒进。随着炊烟袅袅升起，出征的将士们守着乌格拉河两岸，过上了田园生活。过往的客商都纳闷，哪来这么两批野营拉练的学生哥？

秋去冬来，乌格拉河终于上冻了。阿合马汗急得眼都蓝了，朝也盼晚也盼，就盼着亲人立陶宛。可是等得花儿都谢了，立陶宛援军还是没有到来。

望北兴叹一番后，阿合马汗咬牙跺脚发了狠：撤！很惬意地过了一段田园生活的蒙古大军，两手空空地撤回故乡的热土。

就这样，两个都很谨慎的敌手没来得及兵戎相见，就结束了这场史称"乌格拉河对峙"的战役。两军将士像被银河隔断的牛郎织女一样，幽幽地隔岸相望，连口水战都省了。

乌格拉河对峙，标志着莫斯科大公国彻底摆脱了长达 240 余年的异族统治，再也不受蒙古人的欺负了。金帐汗国不久因为内斗分裂为几个小国。它们不但不再构成莫斯科的威胁，还开始成为莫斯科威胁的对象。

罗斯人民从此站起来啦！

三、双头鹰展翅

1453 年，老朽的东罗马帝国终于被奥斯曼土耳其帝国所灭。"无可奈何花落去"的东罗马首都君士坦丁堡，本来是东正教大本营，如今却被插上了伊斯兰教的新月旗帜。

东罗马灭亡之后，实力强大的俄罗斯人，当仁不让地扛起基督教大旗。从此，莫斯科代替君士坦丁堡成了东正教的宗教中心。

1472 年 11 月，莫斯科敲锣打鼓地庆祝伊凡大公二婚。他这次迎娶的是东罗马帝国的末代公主索菲娅·帕列奥洛格。与没落的东罗马帝国联姻，意味着莫斯科大公国名正言顺地成为东罗马的合法继承人，可以堂而皇之地登上国际舞台。伊凡三世的地位也将由大公一跃成为帝国之君。

新娘索菲娅公主无疑是个有教养的文化人。她嫁入莫斯科的时候，带来了大量从君士坦丁堡抢运出来的书籍。俄罗斯人从中学到了东罗马文化的精髓。这对俄罗斯的文明发展产生了极其深远的影响。

莫斯科大公国的宫廷制度就是照搬东罗马帝国的标准。在东罗马帝国公主的调教下，俄罗斯人的各种规章礼仪日渐完善，骂街打架、随地吐痰的陋习有所收敛。宫廷内举行的各种仪式也变得进退有节，处处体现出大国风度。

1497 年，东罗马帝国的双头鹰国徽首次出现在伊凡三世的国玺上。从此，曾经代表罗马帝国的双

伊凡三世在位期间莫斯科大公国国徽

头鹰，也成为俄罗斯的一个象征。

鹰是视野广阔的猛禽，更何况是左顾右盼的双头鹰，天下美景尽收眼底。新兴的欧洲强国俄罗斯，像鹰一样野心勃勃地注视着欧亚大陆。

在此后的岁月里，俄罗斯人宗教精神上的自豪感，督促他们时不时地想着要拯救世界。而世界人民则应该对他们的拯救报以热烈的欢迎。谁要是拧着劲儿不愿意被俄罗斯人拯救，一定会让俄罗斯人民义愤填膺。

伊凡三世在位 41 年，最大的成就就是把俄罗斯的版图扩大了 6 倍。他不仅是俄罗斯中央集权国家的一把手，也是沙皇俄国对外扩张的老祖宗。

四、领土像吹气球

蒙古铁骑的入侵，使俄罗斯人感到自己的国家就像没有护栏的婴儿车。没有天然的屏障阻挡来自东西方的危胁，他们就没有安全感。

被蒙古人欺负得一塌糊涂的俄罗斯，刚缓过气儿来就开始大规模扩张。魄力十足的俄罗斯人，一瞬间就完成了由受害者到害人精的角色过渡。

为了获得"人不犯我，我只犯人"的安全感，他们宁愿把战火无限延伸到国土以外。历代沙皇的共同愿望，就是把"婴儿车"改造成领土广阔、令人生畏的"无敌战舰"。

伊凡三世统一国家后，罗斯国的面积从 1462 年的 43 万平方公里扩大到 1533 年的 280 万平方公里，人口共有 500 多万。到 15 世纪初，罗斯国已变成欧洲幅员最辽阔的国家。

纵观整个俄国历史，就是一部没完没了的领土扩张史。公元 1370 年到 1895 年的 525 年里，俄罗斯有 329 年在跟人打仗。通过战争，俄罗斯的领土像吹气球一样越吹越大。

俄罗斯人还踏上了由西向东的扩张征途。蒙古人专爱找人多的地方凑热闹，俄罗斯人则把矛头对准了人烟稀少的地区。

也算是"前人杀驴，后人拔橛"吧。蒙古人的三光政策制造了很多无人区，在东方留下了广阔的真空地带。这就为俄罗斯的扩张运动提供了唾手可得的现成空间。他们在东进的过程中基本没有遇到什么阻力，迅速完成了对"婴儿车"的改造工程。

瓦西里二世

除了在东部开荒，伊凡三世念念不忘在西部和西北方向上开疆拓土。立陶宛大公国曾经和蒙古人勾勾搭搭，他早就看立陶宛大公国不顺眼了。1500年，伊凡三世找了个借口，莫斯科和立陶宛之间爆发了全面战争。仗打到一半，伊凡三世中风瘫痪。他把开疆拓土大业交给了23岁的长子瓦西里三世。

瓦西里即位之后，很争气地完成了老伊凡的遗愿。在西线，莫斯科军队节节胜利。一通刀砍斧剁，彻底收拾了立陶宛公国。接着，瓦西里一鼓作气，兵锋直指乌克兰城邦。

乌克兰各个城邦的大公们都是识时务的俊杰。他们没等巴掌落到身上，就纷纷向莫斯科宣誓效忠，甘愿成为莫斯科大公国的藩属。

在随后的若干世纪，霸气十足的俄罗斯人秉承先民遗志。他们刻苦用功，发愤图强，不断侵夺骚扰周边国家，扩张领土面积。在磕磕绊绊、有得有失的发展过程中，崛起于东方的弹丸小国终于成长为称霸世界的军事强国。

第五节　雷倒众生的雷帝

"虎父无犬子"，瓦西里三世之子伊凡四世更是生猛无比。刚一继位，他就以残酷的政治手段安内攘外。其霹雳火暴的脾气和作风足以雷倒众生，故此，人送伊凡四世一号："伊凡雷帝"。

1547 年，当腻了大公的雷帝，干脆把"沙皇"的皇冠戴到自己头上，成为俄罗斯历史上的第一位沙皇。莫斯科公国也成为封建专制的俄罗斯帝国。

一、"罗刹"变成"俄罗斯"

"罗刹"一词源于梵语——一种古印度语言——是印度神话里一种长相磕碜、专门祸害人的妖怪。"好事不出门，坏事传千里"，与全人类为敌的罗刹鬼随着印度文化的传播，很快引起亚洲人民的警惕。

可是只闻其名不见其形的罗刹，到底长什么样呢？人们对这种传说中的恶鬼既害怕又好奇。就在这个当口，来自偏远地区的一群自称为"罗刹"的怪物，很应景地进入人们的视野。

"罗斯"、"罗刹"本来听着音就挺相似，再加上他们迥异于黄种人的长相，所以中国古代又把罗斯称作"罗刹"。

15 世纪末，伊凡三世带领众"罗刹"摆脱了蒙古人的统治后，对国家进行全面的整改。国家的名称也开始了微妙的变化，"俄罗斯"这个名称开始出现在正式的官方文件中，原有的国号"罗斯"逐渐为"俄罗斯"所代替。

在清朝以前，从官方到民间，从中央到地方，中国人对俄罗斯的称呼基本上就是"罗刹"。再有就是流行于东北民间的昵称"老毛子"。金大侠的名著《鹿鼎记》里面提到的罗刹国，其实就是早先的罗斯国。

　　到了乾隆年间，官修《四库全书》时，大学士们已经认识到这些高额深目的"罗刹"其实也算人——尽管在他们看来，属于不讲文明礼貌的野蛮人。不过，清朝政府还是很大度地把"罗刹"改译为"俄罗斯"。

二·恐怖雷帝初长成

　　1533年，瓦西里三世在对外扩张的途中去世，才三岁的伊凡四世即位。伊凡四世的母亲叶莲娜垂帘听政。但是叶莲娜很快就发现她们娘儿俩落在白眼狼群里了——朝中的大贵族们都憋着坏要欺负这孤儿寡母。一场你死我活的权力之争不可避免地爆发了。

　　1538年，叶莲娜被政敌毒死。朝中的权力之争并没有因为太后的死而终结。她的兄弟格林斯基摄政后，继续强力打击贵族势力，一方面给老姐报仇，一方面加紧控制朝政。格林斯基也没得意多久，就在一次大火灾引起的民变中，被贵族买通的流氓打死。

　　这一连串的争权、倾轧和谋杀，把小伊凡吓得够呛。从那时起，他就很清醒地意识到，皇上是个危险的职业。他下定决心，登基后一定得自己当家做主人，再不能由着外姓人把持朝纲。

　　自幼生长在动物凶猛的环境中，把天真无邪的小伊

伊凡四世

凡培养成一个意志坚强、冷酷无情的冷血动物。他知道要想活命，就得比别的野兽更凶残。为达目的，不择手段！

刚上位，伊凡就磨刀霍霍向贵族。13 岁的时候，他就处死了跟他作对的世袭大领主。接下来，在一次次惊心动魄的大清洗中，一拨拨养尊处优的贵族领主，尝到了欺负孤儿寡母的苦果。他们被这个未成年的孩子治得胆战心惊，再也不敢对皇权有什么非分之想。

在铲除异己的过程中，伊凡四世绝不手软，翻脸不认人，连自己的儿子也不放过。因为怀疑太子想要谋朝篡位，他决定用手杖教育一下这倒霉孩子。没成想，盛怒之下手底下没准儿，一家伙楔在太子的太阳穴上。被开了瓢的太子等不及太医赶到，就毅然决然地离开了这个没人情味儿的世界。

从此，"恐怖的雷帝"声名鹊起，伴君真成了伴虎。很多宫女看到雷帝发怒时的眼神，能吓得当场昏倒。

恐怖的伊凡打死了儿子（油画，列宾，1885 年）

有一次，雷帝在开会的时候，坐在宝座上睡着了。周围的大臣只好垂手站在他周围，谁也不敢吱声。议政大厅里，除了雷帝打雷一样的打呼声，寂静无声。直等到夕阳西下，雷帝一觉醒来，会议才继续进行。

三、平地风雷称沙皇

"沙皇"这个词最早是对罗马帝国第一任皇帝恺撒的尊称。

罗斯人的强悍掩盖不住势利的一面。谁比他们厉害，他们就管谁叫沙皇。罗马人厉害，罗马人的头儿就是沙皇；蒙古人厉害，蒙古人的头儿就是沙皇。到了雷帝这一辈儿，他们寻思着，整个欧亚大陆就数自己最厉害了。于是，他们就把沙皇这个称号挪到自己家里。

1547年1月19日，16岁的伊凡雷帝在克里姆林宫正式加冕，成为俄国的第一任沙皇。他改国号为"沙皇俄国"，又称"俄罗斯"。

这位早熟的沙皇用实际行动，向全世界人民宣告了他重塑罗马帝国辉煌的野心。在历史上，他被视为俄罗斯封建专制国家的奠基人和军事扩张路线的开拓者。

在他执政之前，莫斯科的大公权力很小，受到领主们很多限制。走上前台的雷帝，开始以他雷倒众生的独裁方式统治这个国家。

1565年，他为了打击地方割据的贵族势力，建立了沙皇特辖地区制。这个举动标志着中央集权制度的确立。

紧接着，他对从中央到地方的行政、法律、财政、军队、宗教各个方面进行全面的翻新。为了更有效地占别人便宜，他把随机抢劫的俄罗斯民兵编成正规军。这就使得俄罗斯军队的破坏力，呈几何速度增长。

伊凡雷帝把蒙古人的间谍组织发扬光大，一度实行特务恐怖统治。他组成了一支人数为1000人的"特辖军"。看谁不顺眼，"特辖"你没商量！

这些黑衣黑帽黑斗篷的沙皇鹰犬，在马鞍上挂着扫帚和狗头，专门打听谁对沙皇不服，替雷帝铲除异己干坏事。这就是早期的"克格勃"。

伊凡雷帝的暴政基本是为了维护统一和中央集权的需要，对老百姓的毒害不是很深。所以在多数俄罗斯人的心目中，他仍然是一代杰出的沙皇。后来威震四方的彼得大帝、斯大林都是雷帝忠实的粉丝。

四、雷霆万钧荡八方

伊凡雷帝的母亲叶莲娜是金帐汗国大汗的后裔。蒙古人放眼天下荡八方的天性，也由叶莲娜传给了雷帝。他不单学会了使用特务巩固统治，还学会了许多蒙古人的战略战术，并很快运用于实践之中。

国内各阶级被整治得服服帖帖后，雷帝以雷霆万钧之势把战火延伸到四面八方。罗斯时代遮遮掩掩、羞羞答答的小规模掠夺，被沙皇俄国明目张胆、没羞没臊的大规模侵略所代替。

在 1547 年至 1552 年的远征中，俄军以大刀阔斧的人海战术和从瑞典买来的火炮炸药，消灭了装备了火枪但只有三万守军的喀山汗国。这是俄罗斯历史上重大的转折点。在此之前，蒙古的力量和俄罗斯的力量基本平衡，攻克喀山彻底打破了这种平衡。从此，嚣张一时的蒙古与俄罗斯相比渐渐处于劣势了。

1556 年，兴头上的雷帝一挥而就地吞并了阿斯特拉罕汗国、大诺盖汗国和巴什基尔亚。北高加索许多民族被雷得一塌糊涂，纷纷归顺俄罗斯。从那时候起，俄罗斯开始成为多民族的国家。

1572 年，雷帝又以不管不顾的大无畏精神，撅断了被称为"奥斯曼土耳其之鞭"的克里米亚汗国。这给当时正处于鼎盛时期的奥斯曼土耳其帝国当头棒喝，挫败了其妄图侵占东欧、统治俄罗斯的图谋。

伊凡雷帝是俄罗斯历史上举足轻重的一位人物。他在位期间，通过各种雷人的手段，使俄罗斯跻身于欧洲强国之列。

关于伊凡雷帝的神话传说在俄罗斯多得不胜枚举，至今还在广为流传。

第二章
煽风点火

　　在伊凡雷帝的英明领导下，伟大的俄罗斯人民彻底摆脱了蒙古铁蹄下的唯唯诺诺，重新拾起老祖宗的雄心壮志。维京海盗的生猛劲儿又在他们的血液中迸发出来。

　　欲火中烧的沙皇俄国看哪个国家都像是风姿绰约的美女，恨不能全都揽入怀中。接下来的历代沙皇，甭管有没有那个能耐，都义无反顾地继承了先辈们争夺土地的崇高理想。四面煽风，八方点火，在欧亚大陆上掀起了阵阵血雨腥风。

第一节　罗曼诺夫不甘寂寞

随着时间的推移，俄罗斯从牛气烘烘的"留里克王朝"过渡到气吞山河的"罗曼诺夫王朝"。虽然罗曼诺夫家族的第一任沙皇是个与世无争的雅士，一辈子也没做过什么主，但是他的后代却一个比一个生猛。

在接下来的300年统治期间，不甘寂寞的罗曼诺夫王朝在广阔的欧亚大陆上左突右撞，鲸吞牛饮。瘦小的北极熊逐渐肥壮起来。

一、留里克王朝出局

雷帝用手杖把唯一一个属于正常人类的太子弄挂了后，还留下了两个儿子：长子费多尔是个没头脑的弱智；次子季米特里是个不高兴的病夫。

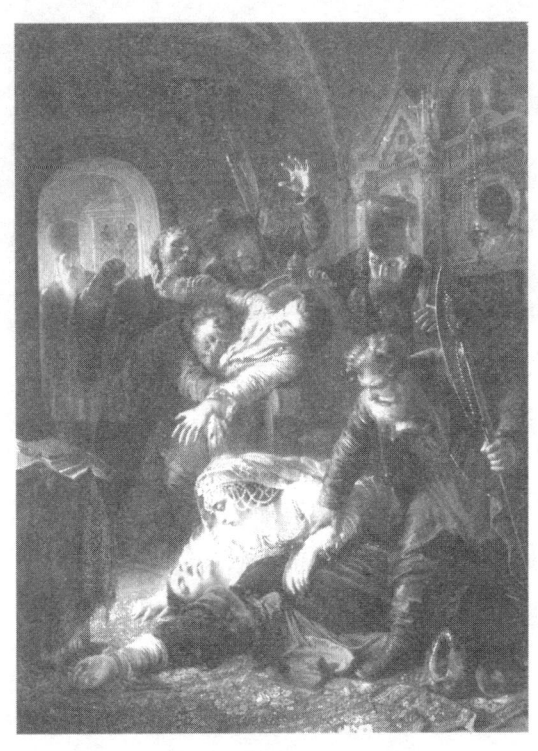

鲍里斯·戈东诺夫的儿子遇刺

等到雷帝咽气以后，沙皇的宝座只能传给智商奇缺的费多尔。他的最大乐趣就是看满朝文武在他跟前装疯卖傻扮小丑。这样的白痴权力很快就被权臣架空。1598年，可怜的费多尔也被权臣谋害，没留下个一儿半女就找他爹团聚去了。

1591年，俄罗斯发生了一起离奇的命案。而杀人和被杀的都是雷帝的次子季米特里。

据说当时只有九岁的小王爷与几个小朋友玩一种叫做"插刀入地"的游戏。正玩得高兴，小王爷突发羊角风，一头栽向竖在地上的钢刀，被一刀穿喉，呜呼哀哉。留里克王朝打这儿就算绝了后。

忠于沙皇的大臣想立皇后伊琳娜为沙皇。但是伊琳娜跟着暴力老公和弱智儿子受够了罪，宁愿跑到修道院当尼姑，也绝不顶这个雷。

就这么着，伊凡雷帝亲手打下的大好河山，拱手让给了别人。这时候，沙俄朝廷中势力最大的，就是参与谋害费多尔的戈东诺夫。在东正教全俄大主教的主导下，沙俄贵族一致推举这个阴谋分子当皇上。

一开始，戈东诺夫还羞羞答答地再三推辞，最终在大伙儿一再的央求下，"勉为其难"地登上沙皇的宝座。

上台后，戈东诺夫名正言顺地开始了排除异己的工程。在众多被发配的政敌中就包括罗曼诺夫家族——也正是从这个家族走出了俄罗斯新王朝的开创人。

靠阴谋诡计当了皇上的戈东诺夫美了没多久，就现世报地被政敌毒了个七窍流血，一命归西。戈东诺夫死后，俄罗斯进入了长达数十年的"混乱时期"。

早在戈东诺夫还美滋滋地坐在沙皇宝座上，琢磨着怎么坑人时，俄罗斯国内就流传着一个神秘的小道消息：伊凡雷帝的幼子季米特里竟然还活着，已经从波兰领兵前来进攻俄罗斯。

其实这个自称季米特里的人，原本就是戈东诺夫家的一个奴才。不知道惹了什么祸，逃到了俄罗斯的老对头波兰立陶宛联合王国，并且得到了国王认可。

1604 年 10 月份，小道消息成了前线快报。伪皇子统帅从波兰借到的军队进入俄罗斯境内。对戈东诺夫早就不满的大贵族们，也顾不上什么真的假的，纷纷投向波兰大军的怀抱。由各色人等组成的倒戈队伍，裹挟着沿路的盲流，浩浩荡荡地向莫斯科进发。

在毫无抵抗的情况下，伪皇子一路高歌猛进，很快兵临莫斯科城下。城中贵族大开城门，热烈欢迎伪军到来。可是人家还不买账。

伪皇子庄严宣布：只要戈东诺夫家族的人还在沙皇位子上，他就不进城。于是城中的大贵族们联手干掉了戈东诺夫全家，把他的女儿送给伪皇子做小老婆。伪皇子这才率军进城，当上了波兰的儿皇帝。

波兰人从此在俄罗斯作威作福，一直到诺夫哥罗德的好汉米宁和波扎尔斯基率领义勇军起义，把波兰侵略军赶出了莫斯科。

二、罗曼诺夫王朝上岗

国不可一日无君。赶走波兰人和伪沙皇以后，贵族们开始寻找新一任沙皇的合适人选。由于长年的混乱，在沙皇的血统继承上也只能因陋就简了，他们把目光瞄准了被戈东诺夫发配到边疆的罗曼诺夫家族。因为按照家谱算起来，只有这个家族跟雷帝一脉算是远亲。

罗曼诺夫家族受到俄罗斯人民拥护的主要原因，是因为在内忧外患的"混乱时代"，这个家族曾经表现出威武不能屈的气节，宁受权臣欺负，也绝不向外敌投降。

当年戈东诺夫不光把罗曼诺夫家族赶出莫斯科，还强迫族长费奥多尔·罗曼诺夫进修道院当教士，改名为神父菲拉列特。到了伪皇帝季米特里时期，为了利用罗曼诺夫家族的声望，和波兰人搞好关系，菲拉列特神父被任命为俄罗斯东正教大主教。

面对波兰人和伪皇帝的威逼利诱，菲拉列特大主教软硬不吃，坚决不和侵略者同流合污，在民族利益上不作丝毫让步。因此，这位俄罗斯东正教大主教遭到逮捕，并被押送到波兰长期关押。一直到波兰人被俄罗斯义勇军赶出莫斯科后，英勇无畏的菲拉列特大主教仍在波兰的监牢里忍受着铁窗生活。

1613 年 1 月，俄罗斯的大贵族、大商人、大地主齐心合力，把他的儿子米哈伊尔·费多罗维奇·罗曼诺夫推上了沙皇的宝座，开始了长达 304 年的罗曼诺夫王朝的统治。

三、赶鸭子上架

米哈伊尔当时还是一个名不见经传的 16 岁少年。虽然也算是一位开国之君，但他并不是凭本事打江山，而是全体俄罗斯贵胄众志成城的结果。最重要的，他自己压根儿也没想过当皇上，纯属赶鸭子上架，被逼无奈。

当俄罗斯有了新沙皇的消息传到波兰国王耳朵里的时候，他心里那个悔呀。早知如此，当初还不如让自己儿子去做沙皇。现在可好，伪皇帝被赶下了台，波兰人被赶出了境，鸡飞蛋打两头空。

明抢不成，就来暗夺！恼羞成怒的波兰国王决定施行恐怖主义的下三滥手段——暗杀。

得知波兰派人暗杀的消息，米哈伊尔吓得和母亲躲进了一座修道院。可是甭管他们躲到哪儿，莫斯科来的贵族使团都会跟到哪儿。这些比刺客更擅长侦查的家伙，死皮赖脸地非要米哈伊尔进京当皇上。

这样的内外夹击更让躲在修道院里的娘儿俩惊慌失措："咱们这是招谁惹谁啦？干嘛非得咱们受这份儿罪？还让不让人过安生日子啦？"

米哈伊尔的忧虑有充分的理由。前面几位沙皇不是让人打死，就是让人毒死，没一个善终。当沙皇就意味着把脑袋交给政客当球踢。而此时家里的主心骨菲拉列特大主教还待在波兰人的集中营里。加上乱世中的俄罗斯生灵涂炭，在这个时候登基当沙皇，肯定是凶多吉少。

但是全体俄罗斯人一往情深地要把国家命运硬塞进这个陌生的少年手里。莫斯科来的使者们用顽强的毅力死守修道院。动之以情，晓之以理：

"这就是天意呀！还有民意呀！你不怕遭天谴，得为你爹你娘着想呀！他们把你养这么大容易吗！反正你不答应当皇上，我们就不走！咱就一块儿烂死在这儿算了。"

米哈伊尔被这歪理逼得实在没辙，就提出各种苛刻的条件，想以此让使者们知难而退。没想到无论他说什么，使者们一概应允。"只要你当皇上，上不上朝都没关系，照样过你的安生日子，我们绝不给你添麻烦。"

话都说到这份儿上了，米哈伊尔再也不忍心用冷屁股对着那些严重期待的热脸。他只能认命，长吁短叹地被赶上了沙皇的架子。

四、老爹很强势

米哈伊尔压根儿没什么思想准备要治理国家，对政治也提不起半点兴趣。而且他的性格特别随和，东斯拉夫人的血统盖过了维京海盗的血统。这样的鸭子被赶上了架，也就剩下任人摆布的份儿了。所以，米哈伊尔只是名义上的沙皇，实权掌握在朝中的大贵族们手中。

1619年，太上皇菲拉列特大主教被波兰释放，回到了俄罗斯。米哈伊尔这才算找到了主心骨。他把所有的皇权都交给老爹，自己躲一边儿享清福去了。

经过多年的铁窗洗礼，当年的民族英雄已经变成了冷血的政治强人。由阶下囚一跃成为太上皇的菲拉列特大主教很快进入铁腕人物的角色。一番激烈的角逐过后，菲拉列特大主教重掌朝纲，彻底将大贵族踩在脚下。

也就在这个时候，俄罗斯才正式结束了自留里克王朝散伙后开始的"混乱时代"。

经过太上皇一系列卓有成效的整改措施，层层迷雾中的俄罗斯人终于找着了北。他们又看到了小康的盼头，马力十足地为国库堆金砌银。

广袤的东欧平原为俄罗斯人创造了
大量财富。他们也顾不得可持续发
展了，用各种破坏生态环境的粗暴
手段开发，向欧洲出口大量的裘皮
和木材。

滚滚而来的财源把贵族们喂得
滚瓜溜圆。1633 年，太上皇驾崩，
财大气粗的贵族们卷土重来。对
此，沙皇米哈伊尔仍保持着神仙一
般超然物外的态度，将手中的权力
拱手让出。

贵为沙皇的米哈伊尔，一辈子

阿列克谢·米哈伊洛维奇（米哈伊尔之子）

没做过自己的主。连婚姻都是在父母包办下，娶了个病歪歪的小媳妇。
婚后不到三个月，皇后就因病而亡，米哈伊尔还得再婚。

1645 年 6 月 12 日，这位从小被父母管，长大了被大臣管，自己从来
没有承包过一段的沙皇，受够了听喝的命。在病床上，他下诏立皇子阿
列克谢·米哈伊洛维奇为罗曼诺夫王朝的第二任沙皇。没等到第二天，
米哈伊尔就撒手人寰了。

五、由弱变强的北极熊

罗曼诺夫王朝统治俄国 300 多年，是俄罗斯历史上第二个也是最后
一个王朝，经历了 18 个沙皇的统治。即使在大权旁落，外戚当权的时
期，仍袭用罗曼诺夫王朝的名号。

尽管头几任沙皇比较疲软，但是这个王朝却在彼得大帝、叶卡捷琳
娜大帝时代，仗着越来越强大的军事力量，从所有邻国身上吞下肥肉，
成长为膀大腰圆、人见人怕的北极熊。

在该王朝统治期间，甭管周围哪个国家闹革命，关不关它的事，它都要横插一杠子。

但是革命的潮流是阻挡不了的。进入20世纪的俄罗斯，也顺应潮流地闹起了革命。推翻万恶的农奴制！消灭作威作福的封建阶层！劳动人民再也不能忍受剥削，说啥也得当家做主！

1918年7月17日，随着一声清脆的枪声，曾经残酷镇压人民革命的末代沙皇"血腥的尼古拉二世"，一头栽进烂泥坑。俄罗斯历史上的第二个王朝罗曼诺夫王朝，也就终结。不过直到它覆灭后，俄罗斯仍然是世界一流的强国。

第二节　一母同胞乌克兰

"乌克兰"一词最早见于1187年编写的《罗斯史记》，本意为"边区"。是谁的边区呢？其实就是俄罗斯的。它跟俄罗斯的关系属于一母同胞的血亲。

公平地说，乌克兰不属于俄罗斯对外抢夺的地盘，更具有领土回归的意思。若干世纪里，这一对被仇敌拆开的同胞兄弟分分合合，演绎了多少爱恨情仇……

一、骨肉至亲

大家还记得由东斯拉夫人一手建立，被称为"罗斯诸城之母"的基辅吧？（不是"俄罗斯之母"莫斯科。千万别把这俩当妈的弄混。）

1237年到1241年，基辅被蒙古铁骑攻克。罗斯部族逐渐被切割成俄罗斯人、乌克兰人和白俄罗斯人3个分支。所以说，乌克兰和俄罗斯是打断骨头连着筋的一家人，被蒙古人硬生生给拆散了。

现在有一种学说："俄罗斯人、乌克兰人和白俄罗斯人源于同一个祖先——那就是建立了基辅罗斯国家的古代罗斯民族。"这一学说在强调了三个民族同宗同源的同时，也等于间接承认了哥儿仁对基辅罗斯有同等的继承权。

基辅城门：金门

骨肉分离后，乌克兰人慢慢忘了自己姓什么。他们在特殊的环境中，形成独特的语言、文化和生活习俗，并以此为纽带，形成了一个新的民族。然而，早期的乌克兰只是作为一个民族概念存在，地图上不存在乌克兰这样一个国家。

从 14 世纪起，乌克兰地区被波兰立陶宛联合王国霸占。从那时候起，乌克兰就成为一个丧失了自己国家的民族。用现代移民术语来说，似乎应该是波籍俄裔。只不过他们是被迫成为波籍的。

二、兄弟联手打波兰

17 世纪中叶，俄罗斯在罗曼诺夫王朝的统治下，结束国内的混乱，重返国际的战乱。俄罗斯绝不能容忍自己的"边区"被外人霸占，更不能坐视自己的哥们儿被外人欺负。收回乌克兰那是刻不容缓。

但是波兰和土耳其结成了铁血同盟，恨不能合起伙来把俄罗斯一口吞掉。所以，沙俄要想将乌克兰并入版图，首先得过波、土两国的关。这两块硬骨头随便哪块都能让俄罗斯崩掉门牙。

正在俄罗斯一筹莫展的时候，乌克兰主动要求加入俄罗斯。这回哥儿俩想到一块儿去了。

生活在他人屋檐下的乌克兰人饱受欺压凌辱。他们被波兰农奴主称为"牲畜"或"奴才"，而且随时可能被残忍地杀害，简直是贱似蝼蚁、命如草芥。

从驰骋沙场的英雄好汉，一下子沦落成无比悲催的奴才畜牲，搁谁也受不了这份儿窝囊气，更何况是维京加蒙古加东斯拉夫的嫡系。不甘忍受奴役的乌克兰人纷纷揭竿而起。

乌克兰人的起义爆发后，波兰的农奴主们又惊又怕。他们一面给自己壮胆儿，要用农奴的鲜血浇灭乌克兰的火焰；一面从克里米亚汗国搬来野蛮的鞑靼大军，敞开了对乌克兰人进行烧杀劫掠。乌克兰大批男丁被掳掠到克里米亚，乌克兰眼看着就有灭种的危险。

1654 年 1 月 8 日，乌克兰紧急召开大会。会上，多次起兵造反的民族领袖博格丹发表了好莱坞电影中常见的煽动性演说：

你们都知道，万恶的波兰人是不打算给俺们活路了，连提一下基辅罗斯这个名字都是杀头的罪过。现在俺们面临四个选择：

第一个是土耳其皇上，他专门欺负东正教徒；第二个是克里米亚皇上，他是喝我们的血长大的；第三个是波兰皇上，我们今天这么惨，都是他闹的；第四个是俄罗斯的皇上，他是我们的亲兄弟。到底投靠谁，你们看着办吧。

话音未落，台下数千代表齐声答道："我们投奔俄罗斯！"于是，阔别很久的小弟乌克兰向老大哥俄罗斯发出了求救信。

小弟落难，大哥岂能不管！1654年，沙俄的救兵抵达波兰。整个乌克兰全民总动员。哥儿俩里应外合整治波兰。经过13年的浴血奋战，沙俄虎口拔牙，从波兰嘴里拔出了大半个乌克兰。

到了18世纪末，叶卡捷琳娜二世三次瓜分波兰，终于将乌克兰完整地并入版图，此后的200年间，沙俄一直掌握着乌克兰，直到苏联解体。

三、爱恨情仇几百年

自乌克兰并入俄罗斯后，虽是爱恨情仇，分分合合，但共同的祖宗、

基辅街景

宗教、文化却把哥儿俩牢牢地拴在一起。经过几代沙皇的苦心经营，乌克兰被慢慢改造成"小俄罗斯"。

回收乌克兰这个"边区"，打开了俄罗斯通往欧洲的大门。欧洲的洋文化通过乌克兰的黑土地，源源不断地传入土里土气的俄罗斯。

回归俄罗斯也使乌克兰改头换面，重新做人。此前，乌克兰的文化主要受西方影响，老祖宗的箱子底被折腾得所剩无几；回归后，乌克兰重新转向本土文化，跟大哥俄罗斯长得越来越像。在俄罗斯，至今还盛传着"尊敬圣彼得堡、畏惧莫斯科、热爱基辅"的说法。

随着国际局势的动荡加剧，大哥小弟的感情也面临着前所未有的考验。1991年，苏维埃的红旗刚一落地，乌克兰立马宣布独立。而独立后的乌克兰首都正是"俄罗斯文明的摇篮"基辅。

美国学者布热津斯基说："没有乌克兰，俄罗斯就不能成为帝国。"

对俄罗斯而言，乌克兰是阻挡西方势力的最后屏障。"失去乌克兰就像失去了灵魂"，丢了什么也不能把魂儿丢了。对欧美而言，控制了乌克兰，就能把布热津斯基的假设变成现实。

2008年8月8日，北京正在鸣放历史上最大的奥运焰火之时，地处欧洲东西方交界的格鲁吉亚和俄罗斯爆发了激烈的"五日战争"。弱小的格鲁吉亚被肥壮的北极熊一巴掌打得找不着北。

既然连北都找不着了，格鲁吉亚索性就一头扎进西方资本主义怀抱。格鲁吉亚这么做的一个直接后果，就是把邻国乌克兰置于俄罗斯与西方对峙的最前沿。

一方面，西方做着"乌克兰将成为下一个格鲁吉亚"的美梦；另一方面，俄罗斯摆出一副拼老命也要保住乌克兰的架势。乌克兰夹在当中，就像三明治中间的一片火腿，怎么看也是难逃一口。

就坡下驴地投西还是顾念亲情地投俄，这是个严肃的问题，乌克兰应该做何选择？在东西方夹缝中求生存的小弟，还要和大哥演绎多少爱恨情仇？我们只能拭目以待。

第三节 生死冤家两对头

长年累月的开疆拓土，俄罗斯以大无畏精神四面树敌。有几个对头的实力相当雄厚，俄罗斯真要和他们拼，也是输不起的。

地处欧洲西北的瑞典就是俄罗斯的老对头。瑞典人属于维京海盗纯正血统的嫡系传人。甭看他们现在蜷缩成一小团，不再张扬。早年间，他们可是威风八面的北欧一霸，也是净欺负别人的主儿。

一、本是同根生

从历史角度来看，瑞典人和俄罗斯人原本也是同根生的亲戚。他们的血统里都流淌着维京海盗的狂野。只不过瑞典人比较纯，因为他们固守着海盗老巢——斯堪的纳维亚半岛；俄罗斯人比较杂，因为什么就不啰嗦了。

大约 9 世纪时，窝在老巢里的瑞典人闷得发慌，决定去外面的世界走走看看。他们留下一部分最不愿意挪窝的人看家，其余的驾着小舟四面出动，寻找更能让他们展示强盗本色的栖身之地。其中最远的一支东征队伍，一路跋涉，抵达伏尔加流域。

早在古代斯拉夫人的《奈斯特编年史》中，已经实事求是地承认是瑞典人给俄罗斯带来了"秩序"。留里克大王就是东斯拉夫人请来的纯种维京海盗——瑞典人。所以说，由于瑞典的入侵和殖民的刺激，才使俄罗斯走上了国家文明的发展道路。听起来有点犯贱，事实确实如此。

有个阿拉伯商人在日记中这样描述瑞典人：

"我从没见到比他们更威猛的人。那些个头高大，脸色红润的瑞典男人，身披粗糙的斗篷，一只手伸在外面，随时准备抽出宝剑，跟谁血拼一场。在瑞典人看来，不随身佩剑的男人不是好男人。他们的宝剑像宽阔的门板……他们把交易所得的金钱收藏在腰带里……"

谁要是不知死活地招惹了这帮来自北欧的煞星，下场一般都很悲惨。瑞典人打起仗来骁勇无比。不把敌人整绝户了，那就算失败。这就不难理解，同样是大块头的东斯拉夫人为什么要请瑞典人来做大王——杀人越货也是需要勇气和技术的。

瑞典人在俄罗斯地区掌权之后，有一部分愿意在这块富裕的土地上长久扎根，他们同东斯拉夫人融为一体，形成新的俄罗斯民族。接着，这批被同化的混血儿开始驱逐保持原汁原味的瑞典人。从此，兄弟反目成仇。原始海盗和混种海盗之间的较量，不可避免地一代代持续下去，鲜有宁日。

二、大战前的开胃小菜

瑞典的意思是"安宁的王国"。名字起得好听，这意境多么超脱、多么与世无争。其实，早先海盗出身的瑞典人一点也不安宁。它和俄罗斯是历史上一对著名的生死冤家。在继承老祖宗的强盗逻辑上，他们保持了高度的一致：我的是我的，你的也是我的！

千百年来，两国刀兵不断，互把对方视为饭桌上的饕餮之餐。两个有血缘关系的民族都卯足劲把对方往死里掐。他们要么是暗地里勾心斗角，要么是明火里刀兵相见，忙得不亦乐乎。

据瑞典史料记载，为了报复混血儿把纯哥们儿赶出界外，瑞典海盗在 1040 年左右对俄罗斯发动过一次袭击，但是因为人少吃了大亏，挂了一大批兄弟。而俄国人则在他们的史书中吹牛：英勇的俄罗斯人民奋起反抗侵略者，并且把他们赶回老家。

13 世纪初，俄罗斯在蒙古铁蹄下饱受蹂躏。瑞典人不但不拉兄弟一把，反而干起了趁火打劫的勾当。他们伙同堂兄弟——德意志的日尔曼骑士团，打着十字军东征的旗号从背后捅了俄罗斯一刀。

1240 年，瑞典军队出现在俄罗斯地界儿，领头的是比尔格尔伯爵。诺夫哥罗德大公亚历山大·雅罗斯拉维奇统帅大军在涅瓦河口迎战。

瑞典军队满以为能在蒙古人的铁蹄下拾个大便宜，没成想刚在涅瓦河口登陆便挨了俄军一闷棍。受了蒙古人一肚子气的俄国人，终于找到了个送上门来的出气筒，兴高采烈地把瑞典人痛殴一顿。

狭路相逢勇者胜。在这次抗击侵略者的战斗中，俄罗斯人民敢打敢拼，涌现出很多"可歌可泣"的英雄人物。

有个叫加夫利洛的俄罗斯猛男，面对仇敌二话不说，跨马扬鞭冲向敌船。结果，忘了自己骑兵身份的猛男连人带马落入了水中。这不能算完，马淹死了，他就改步兵，爬到岸上重新投入战斗。

另一个异能超人米沙飞身一跃，隔老远就飞上敌船，一口气鼓捣沉了瑞典三艘战船。

还有一个名叫萨瓦的英雄简直就是俄版黑旋风。他抢着一把开山大斧，一猛子扎到瑞典的中军大帐，照直就抢了过去。比尔格尔一见来者不善，撒丫子就跑。只听"喀嚓"一声响，支撑帐篷的柱了被劈成两段。中军大帐在全体将士面前轰然倒塌。

刹那间，俄军士气直线上升，瑞军士气垂直降落。瑞典的海军陆战队全线溃败。战船纷纷扬起风帆，从哪儿来的滚回哪儿去。贼不走空的瑞典海盗在撤军过程中顺路把弱小的芬兰纳入囊中。这为日后整整七个世纪俄瑞争夺芬兰埋下了伏笔。

15 世纪末，刚从蒙古统治下挣脱出来的俄罗斯还很虚弱，就被瑞典人惦记上了。他们巴不得趁此良机狠咬俄罗斯一口。可是没过多久，俄罗斯就和强大的丹麦拜了把子。有了靠山的俄罗斯决定先下手为强。

1495 年，俄罗斯主动出击，和瑞典大打出手。出征前，俄国人还放出狠话："在没有见到斯德哥尔摩之前，决不回国！"

结果它食言了。

由瑞典的传奇枭雄卡尔·克奴特一手建立的克奴特军，是一支装备精良、训练有素的队伍。他们用超强的战斗力热烈地把俄国人欢送回家。俄罗斯也真正领教了北方强邻的军事实力。

这两场双方各挨 50 大板的俄瑞战争，和以后日益升级的大战相比，只能算是饭前的开胃小菜。

三、战争大餐上席

到了 16 世纪中叶，俄瑞战争的大餐被隆重地端上了历史这张饭桌上。沙俄同瑞典为争夺波罗的海控制权打得头破血流。早期的几次大战，战争呈现一边倒的局面。血液里融入了东斯拉夫温良性格基因的俄罗斯，基本上处于光吃亏不占便宜的被动挨打地位。

1563 年，在"北方七年战争"中，同样是纯种维京海盗的丹麦人战胜了瑞典人。为了弥补战败带来的损失和耻辱，瑞典人决心把西边失去的东西，在东边找回来。他们再次挑衅俄罗斯。

当时俄罗斯的大公正是伊凡雷帝。伊凡雷帝是谁呀？能吃这哑巴亏？！只有他雷人的份儿，岂能容人雷他？！还没正式开战，他就通过书信对瑞典国王一通人身攻击。但是战场上，由于年幼的北极熊还处在营养不良阶段，在和瑞典的战斗中始终处于下风。

1580 年，瑞典国王任命了一个为战争而生的法国人做瑞典军队的统帅。这个名叫庞塔斯的大帅酷爱奇袭，经常带着少量部队绕道敌人后方打游击。

1581 年，庞大帅的游击战术取得辉煌战果，一举击溃人数占优的俄军部队，攻克俄罗斯的门户纳尔瓦。接着，瑞军长驱直入，在俄罗斯境内兴风作浪。大批俄罗斯城池落入瑞军之手。

1583 年，雷倒众生的伊凡雷帝终于被瑞典这个老对头雷死。对瑞战争成了他光辉岁月中的一段痛苦回忆，只能留给后人去解决。雷帝刚断气，被战争拖累得疲惫不堪的沙俄就向瑞典举手投降，把纳尔瓦和芬兰湾全部海岸割让给瑞典。

1590 年年初，恢复元气的俄军大举西进，企图夺回纳尔瓦。瑞典人民决不答应。两下里撕扯了好几年，于 1595 年议和。瑞典虽然把一些无关紧要的穷乡僻壤归还俄国，但是仍把持着纳尔瓦。

17 世纪初，俄国和波兰为了争夺乌克兰爆发战争。杀红了眼的沙俄估计是失去了理智，居然向老对头瑞典求援。结果都不用猜，肯定是引狼入俄。

1609 年春，由瑞典组织起来的一支多国雇佣兵团，作为盟军理直气壮地开进了俄罗斯。解放了被波兰蹂躏的乌克兰人民之后，俄国人把生死冤家请到莫斯科犒劳。他们以为把瑞典王族传人封为"莫斯科国沙皇"，就能满足海盗的贪婪。

但是瑞典国王查理九世根本不领这个人情。他的如意算盘是，先伙同俄国人赶跑波兰人，再让自己的儿子——"北方雄狮"古斯塔夫·阿道夫做全俄罗斯的沙皇。

在瑞典国王鼓动下，刚尝到点胜利甜头的俄军，将二杆子精神发扬光大，冲上前线充当瑞典人的炮灰。在对波兰的硬战中，俄军碰上了实力居欧洲第一的波兰皇家骑兵。战争的形势向有利于波兰的方向发展。

见大势已去，以雇佣兵为主的瑞典杂牌军，在波兰的马刀下纷纷倒戈。请神容易送神难，盟军瞬间变敌军。瑞典士兵赖在俄罗斯不走，再一次干起了趁火打劫的勾当。

"不让我当皇上，我可以自个儿争取！"1614 年，20 岁的"北方雄狮"统帅近卫军来到了俄瑞战场，并且亲自上马冲锋陷阵。看到老大身先士卒，瑞典士兵个个像打了鸡血一样兴奋。他们嘶吼着冲向敌人，用马刀收割了大批俄军的脑袋，以此来表示对"北方雄狮"的衷心爱戴。

精明的古斯塔夫深知远程作战的弊端，后勤补给一旦跟不上趟，后果凶多吉少。而正处于"混乱时期"的俄罗斯，被引来的狼搅和得更加混乱。于是，晕头转向的北极熊只得乖乖地坐下来跟瑞典人谈判。

瑞典人漫天要价，俄罗斯人坐地还钱。双方边打边谈，终于在1617年签订合约。瑞典又是以小换大，将地处内陆的五座城市归还给了俄罗斯，换取了环绕芬兰湾的五座城。俄罗斯通向波罗的海出海口的通道再次被切断。

1656年，俄罗斯幻想着能收复瑞典占领下的北方领土。俄瑞战争再次爆发。这场劳民伤财的围城战一打就是六年。结果，俄军又输了。

1661年，俄国被迫同瑞典签订《卡尔迪斯和约》。双方领土丝毫没有变动。实际上吃闷亏的还是俄罗斯，耗费了六年的心血一无所得，出海口仍牢牢掌控在洋洋得意的瑞典人手中。

到此为止，沙俄在同瑞典的武力对决中，占小便宜吃大亏。连吃败仗的前方将士心里拔凉拔凉的。俄罗斯到底啥时候能出一位真命天子，率领俄罗斯士兵挥师西进、报仇雪恨呢？

第四节　苦大仇深土耳其

1299年，中亚突厥人的头头们聚在一起合计：咱这到处流浪的苦日子啥时候是个头呀？干脆咱也攒个国家得啦。于是，一个信奉伊斯兰教的奥斯曼土耳其帝国就此诞生。

土耳其和俄罗斯这两个民族、信仰截然不同的国家，称王称霸的野心却是毫无二致。无限膨胀的野心把这两个原本互不相干的国家，逼成了苦大仇深的死对头。

一、狼族崛起

突厥人自称他们的祖先不是人，而是人和狼杂交的品种——狼人。这可能就是狼人传说的最原始起源。

狼这种动物，外貌丑陋，生性贪婪、凶残。非得把自己跟野兽扯上血缘关系的突厥人是个什么样的民族，也就可想而知了。他们要是不把狼子野心发挥到极致，那就算对不起祖宗。

奥斯曼土耳其帝国的建立，把一小群一小群流浪在中亚平原上的狼人们聚拢到一堆儿，形成一个庞大的狼群。贪婪凶残的狼族在东方啸月崛起。

成立国家的狼人仍改不了流浪的本性。不论流浪到哪个地界儿，谁敢不远接高迎，跟伺候祖宗似的伺候这帮流浪汉，那就算跟他们结下仇啦。从奥斯曼土耳其帝国成立，为了夺取新的土地和战利品，狼人就一刻不消停地发动对外侵略。

玩过经典电游《帝国时代》的人都应该领教过突厥骑兵的厉害。这些掠夺成性的狼人经常神出鬼没地出现在敌国后方，杀人放火抢东西。没等你的援军赶到，他们已经不知道流窜到哪个地界儿祸害人去了。

其实作为炎黄子孙，对这些中亚狼人更不应该陌生。早在六七世纪的隋唐时代，狼人们就嗷嗷地跟咱们叫过板。结果唐朝大军在皇帝唐太宗的领导下，一鼓作气把突厥人赶出了中原。

被唐太宗赶到天山脚下的狼人们，绝不甘心领土扩张的失败。东方的汉民惹不起，他们掉头向西：东罗马这个软柿子，不捏白不捏。没费多大劲儿，东罗马在小亚细亚的领土全部收入土耳其的囊中。在 1389 年的科索沃战役中，狼人又大败塞尔维亚、保加利亚、匈牙利联军，成功地把战火延伸到欧洲。

突厥狼人遗传了狼的凶残和人的狡诈，打起仗来既英勇无畏，又诡计多端。战略战术相结合，这是奥斯曼帝国的大军所向披靡一个重要原因。

另一个重要原因，是他们和当时东欧的一个强大势力克里米亚汗国拜了把子。300多年以来，克里米亚一直是奥斯曼土耳其的忠实盟友。

蒙古四大汗国之一的金帐汗国分裂后，变成很多小汗国。克里米亚汗国就是从金帐汗国分裂出来的小汗国之一，他的建立者是成吉思汗的直系后代，所以也算是蒙古人建立的汗国。这些留在东欧的蒙古人，无论从哪个方面来说，都和欧洲的文明格格不入，所以穷得只剩下一膀子力气和不畏死的精神。

他们对战争、掠夺和战利品充满渴望。如有需要，克里米亚汗国中的男性成员无不蜂拥而至。即使很多人连兵器、马匹都没钱置办，他们也不愁。"没有枪没有炮，敌人给我们造。"到了战场上，敌人手中的武器就是我的！

咱们返回来继续说突厥人。由突厥人组成的轻骑兵机动性很强，能忠实地履行骚扰和侦察的任务，把欧洲部队搞得晕头转向。而狼人们重盔重甲的重骑兵，则负责向已经晕菜的敌军发动强力猛攻。

突厥人建立的奥斯曼土耳其帝国是世界上第一个给冷兵器升级的国家。战斗时，狼人使用了火枪和一种短阔的加农炮。这在当时无疑是高档的现代化武器。

奥斯曼土耳其帝国的胜利震动了欧洲各国信奉基督教的统治者。他们这才醒过神儿来：原来中亚还埋伏着这么一个异类。基督教国家慌手忙脚地组织起一支联军。但是亡羊补牢，为时已晚。冲入羊群的大灰狼尝到了血腥，已经势不可挡地疯狂了。

被打得丢盔卸甲的欧洲联军，彻底没了脾气。他们只能眼睁睁地看着奥斯曼帝国冲向欧洲的东正教中心——东罗马首都君士坦丁堡。

1453 年，土耳其毫无悬念地灭掉东罗马帝国，把东罗马的首都改名叫伊斯坦布尔，并且定都于此。狼人们以罗马帝国的继承人自居，而他们的头狼则视自己为天下之主。

这就跟同样自称为罗马帝国继承人的俄罗斯结下了梁子。就冲这一点，他俩不掐起来都没天理了。随后的 200 年里，横扫欧亚非的狼人大军，不可避免地跟北极熊斗上了。

二、与狼共武

17 世纪至 19 世纪，为了争夺领土和"罗马帝国合法继承人"的头衔，俄罗斯与奥斯曼土耳其大动干戈。战争断断续续缠绵了 241 年，平均不到 19 年就有一次较大规模的战争，是欧洲历史上持续时间最长的战争。几乎所有的欧洲国家都先后跟着起哄。和对瑞战争相比，北极熊在与狼共武的狂欢中比较露脸，败少胜多。

公平地说，土耳其卷入这场战争纯属活该。因为是它先侵略了欧洲的基督教国家，这才招来俄罗斯打着"基督教领袖"旗帜解放基督教兄弟国家。尽管这背后隐藏着俄罗斯对土地的病态需求，但毕竟是出师有名。更何况，先自称是罗马帝国继承人的是北极熊，现在中亚狼也来争这个名分，俄罗斯能善罢甘休吗？

在饱受奥斯曼土耳其帝国奴役、欺凌的欧洲人民强烈呼吁下，俄罗斯决定发兵征讨突厥人。可是没等它动手，先挨了狼一口。1672 年，突厥人从波兰手里夺取了波属乌克兰，又于 1676 年出兵俄罗斯，打算熊口夺食，吞掉俄属乌克兰。

刚和同胞兄弟乌克兰团圆的俄罗斯义愤填膺：我们哥们儿和和美美地在一起，咋就这么招人眼热？全国上下同仇敌忾，和乌克兰兄弟联起手来，誓死跟拥有现代化武器的侵略者血拼到底。

到了 1681 年，卷入战争漩涡的俄罗斯和奥斯曼土耳其谁也灭不了谁，再打下去，各自国内的老百姓就要造反了。双方只得各让一步，签订《巴赫奇萨赖和约》。和约规定以第聂伯河为界，左岸的乌克兰归北极熊，右岸的乌克兰归中亚狼。

1686 年俄国加入由奥地利、波兰和威尼斯组成的"反土神圣同盟"。找到了志同道合的盟友，北极熊于 1687 年、1689 年两次对土耳其的死党克里米亚汗国进行了远征。但是，克里米亚汗国实在太穷了，俄国虽然胜利，也没捞到多少油水。

1695 年至 1696 年，年轻有为的彼得大帝两次亲统大军，远征土耳其重镇亚速。这时候的中亚狼已经在全欧洲人民的声讨中显出疲态。彼得大帝一战功成。亚速和延伸到米乌斯河的亚速海沿岸尽归俄国所有。

不自量力地跟北极熊较量的结果，直接导致了土耳其的衰亡。随着其领上不断被沙俄蚕食，1922 年，奥斯曼土耳其帝国彻底被推翻。国号也和国土一样减半，改名为土耳其。

第五节　轻取西伯利亚

打开俄罗斯地图，可以很明显地看到，俄罗斯在亚洲有大片的领土，那是广袤的西伯利亚平原。与欧洲领土的激烈争夺不同，俄罗斯十分轻松地占领了西伯利亚这片土地。

俄罗斯的武装商队在向北亚探险的过程中，一不留神，就把西伯利亚 1300 万平方公里的土地轻易收入囊中。

一、西伯利亚的诱惑

欧洲与亚洲的分水岭是地处亚欧大陆北部的乌拉尔山脉。山的东面是亚洲，西面是欧洲。

在乌拉尔山脉以东，是灌溉西伯利亚平原的四大河流：西面的鄂毕河、中央的叶尼塞河、东北面的勒拿河和东南面的黑龙江。

整个西伯利亚的地势是南高北低，像个大翻斗车，前三条河流都向北倒进了北冰洋。而第四条河黑龙江沿着翻斗车边，向东流进了太平洋。

西伯利亚的长川巨流，又分别延伸出纵横交错的大河小溪。驾着小舟优哉游哉地从一条河流驶入另一条河，是俄国人很早就发现的一种集休闲、娱乐、发财于一体的交通方式。

他们把处于两条相近河流中间的地带称为"连水陆路"。数不清的"连水陆路"构成了一张直通太平洋的天然交通干线网。即使到了冬天河面结冰，也可以套上马车，拉着爬犁涉冰而行。

俄国人只要能越过乌拉尔山，进入"连水陆路"的西伯利亚平原，费不了多少工夫就能从一条水路转入另一条水路。无论是野外郊游，还是商务旅行，都可以缩短许多路程。

他们顺着弯弯曲曲的河流不断东进。伐木、打猎、做生意，珍贵的动物皮毛着实让一部分俄国人先富了起来。

而位于西伯利亚南面的泰加森林带，占了世界森林总面积的五分之一。它为俄国人埋锅造饭、建小木屋提供了源源不断的柴火和原木。

在森林环绕中，俄国人感到非常安逸。他们时时刻刻都能重温老祖宗东斯拉夫人茹毛饮血的浪漫生活。翻毛的熊皮大氅和烤得半生不熟的各种肉排，都让俄国人乐在其中。

高尔基在小说《在人间》中的描写，很到位地表露了西伯利亚的美丽森林："森林是上帝的花园。它不是谁种植起来的，是上帝的风，神圣的呼吸把它吹大的……是呀，这一切都是无穷无尽的、神奇的……"

无穷无尽的、神奇的西伯利亚虽然冷起来能冻掉鼻子，但依然诱惑着不怕冷的北极熊。为了及早占有这座"上帝的花园"，俄罗斯人开始了翻越乌拉尔山的旅程。

二、欺负少数民族

在西欧人集中精力向海外探索新世界的时候，俄国人开始了陆上横贯欧亚大陆的探索。

从 1547 年到 1900 年，沙俄以平均每天占领 130 平方公里土地的速度向四面扩张。扩张就意味着战争，因而战争成了俄罗斯人的一种重要生活方式。必要的时候，全国上下的老少爷们儿都能拿刀动枪，随时进入一级战备状态。

相对于欧洲而言，俄国对亚洲显得有些漫不经心。他们连正规军都

哥萨克骑兵

没出动，只是把进入西伯利亚的任务漫不经心地交给了武装商队。可偏偏是这种不怎么费劲的扩张，给俄国带来的土地却比他们在欧洲所得到的大得多。

1556 年，沙皇召见了与西伯利亚汗国相隔不远的斯特罗甘诺夫家族，授权他们武装起来，"抵挡"西伯利亚汗国的入侵。其实，说白了，就是让他们找个什么茬儿，把那个边远小国给灭了。无奈，斯特罗甘诺夫家族死心眼，没有明白沙皇的真实意图。

看着西伯利亚大片的土地，沙皇这叫一个着急！1574 年，沙皇再次下令，这次不再遮遮掩掩了：斯特罗甘诺夫家族光抵挡不够，还要主动出击！

1579 年，斯特罗甘诺夫家族勾搭上了曾被沙皇判处重刑的劳改犯——哥萨克首领叶尔马克。

这里，我们需要先简单介绍一下哥萨克。

13 世纪开始，一些斯拉夫人为了逃避金帐汗国的统治而流落到俄罗斯南部地区，包括顿河流域、第聂伯河下游和伏尔加河流域。15 世纪至 16 世纪，一些不愿成为农奴的俄罗斯农民、乌克兰农民又迁徙到俄南地区。

这些人被称为"哥萨克"，即突厥语中的"自由人"。哥萨克人以英勇善战著称。哥萨克人组成的骑兵，以骁勇善战和精湛的骑术著称，一直是俄罗斯最精锐的武装力量之一。直到二次世界大战期间，哥萨克骑兵仍然活跃在战场上，并且为沙俄、苏联屡立功勋。

沙皇一般通过收买哥萨克领袖而控制哥萨克人。对待叶尔马克也是如此。

高官厚禄、封地美女……一通天花乱坠许愿、收买，这个哥萨克人心目中的英雄就这样入伙了。斯特罗甘诺夫出钱，叶尔马克卖命，一起去征讨西伯利亚汗国，为沙皇开疆辟土。

1581 年，在斯特罗甘诺夫家族武装下的一支 840 人的小队伍，由叶尔马克率领，前去征讨西伯利亚汗国。

西伯利亚汗国是白帐汗国的后裔。相对于他们在南方大草原上的亲戚来说，这个老林子里的部落可谓小国寡民。最大的战斗规模也就是几百人对几百人的群殴，从来没见过什么大阵仗。

1581年10月，西伯利亚汗国的首都被哥萨克轻松攻破。一年后，西伯利亚汗国的新首都又被轻而易举地摧毁。叶尔马克一伙为俄国扩张立了下战功。沙皇决定赦免叶尔马克，并且发给他一大笔奖金。

战败的西伯利亚汗国退入荒漠草原积蓄力量。1585年8月6日的深夜，他们趁着月黑风高，发动奇袭，杀死了一大批欺负他们的哥萨克人。叶尔马克也为进入"连水陆路"却不先学会游泳付出了惨痛的代价。在撤退时，他一脚跌入河中，淹死了。

叶尔马克在这次探险中最杰出的贡献，就是在他掉进河里淹死前，精心测绘了"西西伯利亚地区的主要河流"，为以后的俄罗斯东进提供了宝贵的第一手资料。靠着这张地理图，北极熊向着西伯利亚大踏步进发。

俄军的侵略暴行彻底摧毁了西伯利亚人民安贫乐道的小日子，激起了广泛的公愤。抵抗北极熊的斗争一直坚持了20多年。但是弓箭长矛到底敌不过火枪火炮。1598年，俄军打败了库楚姆汗，西伯利亚汗国灭亡。库楚姆汗逃到南方草原的亲戚那里求援，结果被落井下石的亲戚杀死。

沙俄之所以能轻取西伯利亚，原因有二：

第一，面积1300多万平方公里的西伯利亚超乎想象的大，走上个把月也很难见着个人影儿。地广人稀，遇到的抵抗也很少。

第二，西伯利亚的原住民相当原始，甚至连铁器是什么东西都不知道。俄国人与西伯利亚人，显然不是一个级别的对手。

三、巩固胜利果实

俄国对西伯利亚的征服是一个以最小代价换取最大空间的非凡成就。以几个小汗国为屏障的西伯利亚就像一个薄皮鸡蛋。一旦鸡蛋皮摔破，俄国人就能势如破竹地占领整个西伯利亚平原。

大批为了躲避农奴制离乡背井的难民加入了拓荒队伍。他们一边推进，一边修筑碉堡、小型要塞，来保护他们。

在叶尼塞河流域，俄国人遇到了最后一个抵抗他们的好战民族——布里亚特人。这支西伯利亚硕果仅存的武装不断破坏俄国人的交通线，把俄国人惹烦了。

一场野蛮的灭绝性战争过后，布里亚特人被北极熊从人类历史上连根拔掉。大获全胜的俄国人继续东进，一直抵达贝加尔湖。至此，沙俄对西伯利亚的远征取得了完胜。

将辽阔的西伯利亚平原收入囊中，沙俄随即派出国内选拔的干才入驻，实施殖民统治。整个西伯利亚由中央衙门总揽军事、行政、司法、经济等一切权力。各地区分设督军辖区。每个辖区管制几个县。

事实证明，干才们对西伯利亚诸部落的统治是灾难性的。一方面，他们假模假式地表示，要以宽厚、仁慈对待土著；另一方面，他们又贪得无厌地从土著那里搜刮民脂民膏。被缴了械的土著除了选择忍气吞声受剥削，就只有死路一条。

北极熊对土地的无限热情把扩张发挥到极致。但是扩张就会遇到更强大的对手。西边，有西斯拉夫兄弟波兰和苦大仇深的土耳其；西北，有维京哥们儿、北欧一霸瑞典；南边，有虎伤威风在的蒙古人。

人口数量的不足，加上地域分布过于分散，让北极熊手脚并用都忙活不过来。本该更加强壮，反倒成了虚胖，沙俄对殖民地的控制力被大大削弱。

不过，就在此时，俄罗斯诞生了一位伟大的领袖。他把俄罗斯带入了真正的强盛时代。

第三章
彼得大帝

俄罗斯总统普京的办公室里只挂着一幅肖像，那就是霸气外露的彼得大帝。这个身高 2.05 米的大块头在俄国人心目中占多大的分量，由此可见一斑。

彼得大帝一生所取得的丰功伟绩，和他的块头完全成正比，有力地驳斥了"四肢发达，头脑简单"的谬论。他用实际行动展现了一个男人的英雄主义情怀和一个最高统治者的极端做派。

他驱动俄罗斯走上了民族复兴的道路。在此过程中，他的灵魂已经与俄罗斯这头庞大的北极熊融为一体。

第一节　打小不顺当

彼得打小不顺当。不到 4 岁，他的父亲就去世了。彼得 10 岁继承皇位后，却一直游离在权力的边缘。为了活命，他不得不加入权力争夺战中。前途未卜之际，他智用奇谋，总算牢牢地抓住皇权。

在位的 35 年中，彼得没过上一天安生日子。他的一生都是在与政敌斗争的无奈中度过。国内外的反动势力被他挨个斗了个遍。

一、迷离的出身

1672 年 5 月 30 日这天黎明，天还蒙蒙亮，克里姆林宫内的大钟带头扰民。莫斯科各教堂和修道院的几百口大钟齐声响应，交相轰鸣。被敲醒了的市民纷纷跑上街头广场，揉着眼互相打听："这是哪儿地震了吗？还是着火了？"

很快，他们得到了答复：是大喜啦！莫斯科宫廷用这种扰民的方式宣告皇家添丁进口。人们在欢呼雀跃的同时，不由得对皇上阿列克谢满怀敬意。偌大年纪居然还能为延续皇家香火尽心尽力，实在是全俄男人的楷模。

掐指一算，这是第十四个皇子了。刚出生就带来一

彼得大帝

片喧嚣的小皇子被取名为彼得·阿列克谢耶维奇，是沙皇阿列克谢·米哈伊洛维奇和第二个妻子纳塔利娅·纳雷什金的独生子。

彼得长着卷曲的暗栗色头发、一双大大的黑眼睛、丰满的粉红色面颊。肥壮结实的身体行动敏捷。而且，这娃的好奇心很强，瞅什么都新鲜，见什么都想弄个明白。这样健壮的体格与活泼的性格，使周围的人赞叹不已。

由于纵欲过度，沙皇的其他孩子都不属于优良品种，一个比一个丑陋颓废。而这次生下的却是一个健壮、漂亮、活泼的异类，这让宫中爱传闲话的人们有了新的话题：这娃是不是优秀过头了？

一些人隐晦地暗示，被后宫佳丽掏空了身子的沙皇，在上了年纪且疾病缠身的情况下，不可能出如此健壮的儿子。甚至有人开始掷骰子判断，到底谁是彼得的生父：是大主教尼科纳呢？还是跟陛下关系很铁的蒂科纳·斯杰什涅夫？

迷离的身世像沼泽里的冷雾，总是困扰着年幼的小彼得。一次晚宴上，小彼得痛苦地问一位大叔："谁能告诉我，我的亲爹到底是谁？"

二、继承皇位

老沙皇阿列克谢驾崩之前，将皇位传给了儿子费多尔。可是这位先天免疫力失调的皇子根本不是当皇上的料。登上皇位没几年，他就被头上的皇冠压垮了。

才刚 20 岁，费多尔只剩下躺在床上倒气的份儿，随时都有可能发生不幸。满朝上下又开始物色确立皇位的继承人。

伊凡是老沙皇大老婆的儿子。他的后面，是米洛斯拉夫斯基家族的支持。彼得则是沙皇小老婆的儿子。他的后面，是纳雷什金家族的支持。双方力量基本持平。

彼得呢，头脑灵敏，身体结实，主意比谁都大；伊凡呢，智力低能，体弱多病，随你怎么摆布他都行。两个都还是年幼无知的毛孩子，两个都有有权有势的亲戚。选谁呢？彼得还是伊凡？几个老臣左右为难。这时，他们想起了老百姓。

大主教纡尊降贵，扎进皇宫外等信儿的百姓堆里，问："两位皇子，你们中意哪一位？"人群中发出这样的喊声："我们就要彼得·阿列克谢耶维奇！"

大主教返回头又去问王公贵族同样的问题。

这次衣着华丽的王公贵族和破衣烂衫的穷苦百姓，很默契地达成了一致："就让彼得当我们的沙皇！"

结果，10岁的小彼得被扶到大得能给他当床的宝座上。对这样的殊荣，这娃也表现出了大家风范。他毫不慌张地注视着一张张面孔。谁对他好谁对他坏，这娃心里门儿清。

三、克里姆林宫的哗变

纳雷什金家族在皇位争夺战中获得胜利，米洛斯拉夫斯基家族又惊又怕。家族成员紧密团结在长公主索菲娅的周围，密谋着怎么才能摆纳雷什金家族一道。

他们收买了一批喜欢传闲话的家庭妇女四处放风，说费多尔就是纳雷什金家族毒死的。这个家族还犯下了罪恶滔天的虐童罪，天真的伊凡皇子随时都有被虐身亡的危险。而彼得迷离的身世更是谣言的中心：咱皇家的娃都长得这么秀气，咋就出了个农夫一样的粗胚子？

大街小巷中弥漫的蜚短流长取得了显著的效果。偏听偏信的莫斯科人民怒了：敢情纳雷什金家族这么坏！

在索菲娅的秘密策划下，京城卫戍部队射击军突然围攻了克里姆林宫。宫外是怒不可遏的人群，宫里是惊恐万状的小彼得。沙皇娘儿俩紧紧地抱在一起，浑身颤抖。

为拯救整个家族，彼得的舅舅伊凡·纳雷什金决定牺牲小我。这个打小没吃过苦、性格开朗的年轻人是个虔诚的基督徒。他去教堂进行了忏悔，领了圣餐后，以一种泰然自若的淡定慷慨赴死。临死前，他用息事宁人的口吻对泪流满面的妹妹说："我唯一的心愿，是让我成为最后一个洒下鲜血的人。"

残暴的射击军把国舅伊凡大卸八块之后，人群中发出一片嘈杂的叫喊："我们要伊凡做皇帝！""让两个都做皇帝！""我们要索菲娅！"就这样，沙俄历史上出现了两个沙皇共坐江山的奇观。

1682 年 6 月 15 日，在"圣母升天"大教堂里举行了两个沙皇的加冕仪式。被加冕的两个娃并肩坐在一对珠光宝气、完全相同的御座上。一个呆头呆脑，一个惊恐万状。

两个娃还太小，加一块儿也整治不了庞大的沙俄帝国。这时候，他们的姐姐索菲娅公主很应景地挺身而出，把摄政王的重担挑在自己的肩上，开始了她对俄罗斯的七年统治。

刚上位的摄政王，顾不上整顿乱七八糟的国务。她做的第一件事，就是果断地把彼得娘儿俩赶出了克里姆林宫。

四、落难的凤凰不如鸡

被索菲娅赶出克里姆林宫以后，彼得和他娘住进了莫斯科郊外一座简陋的行宫里。彼得的妈妈纳塔利娅整天为儿子的命运担惊受怕。

为了让大家面子上都过得去，索菲娅派四位大臣隔三差五到太后的宫里来侍候。可是他们来了也没什么好气儿。落难的凤凰不如鸡。侍候被打入冷宫的太后、皇上，能混出个啥前程来？

他们唉声叹气地下马，唉声叹气地请安，然后开始唉声叹气地抱怨。这哪是来侍候，简直就是传播抑郁症来啦。纳塔利娅本来就已经很灰暗的心情，被搞得更糟糕了。

满头大汗的彼得跑进屋子里，几位大臣便会痛心疾首地对太后说："皇上也太活泼了吧？您瞧瞧啊，腮帮子这是让树枝刮的，还是让人挠的？哎呦嘿，手怎么也冻裂了？知道的是皇上调皮，不知道的还以为我们虐待您娘儿俩呢。"

听了这话，纳塔利娅恨不得当初上刑场的是她。她忧郁地看着傻淘的儿子，心想：这苦日子估计是熬不出头了。

在这样充满着郁闷、哀伤的环境中，活泼好动的小彼得快要憋疯了。他可劲儿往嘴里塞东西，身量一天比一天大。俄罗斯的食品也比较单调：列巴、烤肉、红菜汤，彼得只好把注意力投向念书和游戏。

彼得兴趣广泛、好奇心强的特点从小就已经显出来了。在他诸多爱好中，有两件对未来有重要影响。

一个是对航海和造船的强烈兴趣。这使他打小就立下了扬帆远航、周游各国的雄心壮志。日后他能顺利地建立一支强大的海军，也得益于此。

另一个就是玩军事游戏。在打打闹闹的游戏中，彼得积累了一定的军事常识。这为他以后在整个欧亚称王称霸奠定了基础。他为了玩儿打仗的游戏，建立了两个儿童团，这两个儿童团后来也演变成他最得力的近卫军团。

彼得属于精力极度旺盛的超人，玩起来可以一天一宿不睡不吃。歇上四个小时，他又能活蹦乱跳地投入战斗。只要玩起打仗的游戏，他就能把愁事忘得一干二净。

每当彼得为了走走过场不得不去克里姆林宫时，都耷拉着脑袋，提不起精神来。相比较宫廷里那些破烂儿规矩和又臭又长的国事报告，当然玩游戏更能吸引一个十来岁的孩子。

他冲着仆人大喊大叫："当皇上有什么意思？与其在这儿当皇上，还不如到荷兰去当学徒。"这话传到太后耳朵里，太后差点儿没一头撞死。

可是抱怨归抱怨，既然天生就是当皇上的命，想躲也躲不掉。坐在宝座上的彼得，身穿沉重的织锦缎皮里长袍，头戴紧箍咒一样的王冠，雕像般严肃认真地接见各国大使。他旁边陪绑的，是木瓜一样的伊凡。

即使在落难当中，彼得与生俱来的王者风范，仍然引起了一些独具慧眼的使臣注意。

荷兰侨领范·凯勒在一份报告中说："身材高于所有大臣的年轻沙皇，引起了人们对他的最大注意。他的聪明才智和他对军事知识的了解，跟他的健壮的体质一样，完美地发展着……我敢断定，要不了多久，他将要行使君主的权力。"

第二节 老姐忒霸道

在老沙皇阿列克谢的诸多儿女中，最强悍、霸道的当属长公主索菲娅。彼得长大成人之前，没少挨他老姐的欺负。

这个精明、狡诈、精力充沛、体态肥胖的公主在帮着亲弟弟伊凡上位时，心里已经盘算好了：国家的真正领袖应该是她自己。当上摄政工，不过是她迈向沙皇宝座的小过门儿而已。

一、索菲娅的图谋

在王位争夺战中，索菲娅公主作为米洛斯拉夫斯基一派的首领起着重要作用。

她趁着兄弟费多尔还没咽气，就在他耳边可劲儿吹风："咱可都是米洛斯拉夫斯基家族的人。肥水不流外人田。皇位继承人就得从咱家出。要不你可对不起列祖列宗。"可怜的费多尔到死耳根也没清净过。

把费多尔烦死以后，为了帮发育迟缓的弟弟伊凡早日当皇上，索菲娅决定抛头露面去争取最后的胜利。

索菲娅公主

当时莫斯科最强大的军事力量，是射击军。它相当于皇家御林军兼京城卫戍部队。为了笼络这支部队，索菲娅用了各种手段。请客吃饭时为射击军将领斟酒布菜，发给设计军战士特赦诏书，保证他们将来不会因为叛乱受到任何起诉。

射击军的大老粗哪受过这样的优待？没多久就成了索菲娅的死党。在索菲娅的唆使下，他们扛着长枪巨斧聚集在克里姆林宫前闹事。要伊凡和彼得两个沙皇一块儿坐江山的闹剧，就是索菲娅公主和射击军一起策划的。索菲娅公主的想法是这样的：彼得毕竟受到人民和大臣的拥护，如果直接废掉他，恐怕心急吃不了热豆腐。索菲娅公主先把伊凡的地位提高到和彼得平等，然后再找机会废掉彼得。

见时机成熟，索菲娅找到太后纳塔利娅："这是人民的意愿啊！咱惹得起人民吗？赶紧开会拿主意吧。"

秀才遇上兵，有理说不清。平时养尊处优的特权贵族早就被凶神恶煞的射击军吓破了胆。在接下来的杜马会议上，他们恨不能把脚丫子都举起来，同意射击军这个离奇的要求。

然而，这只是索菲娅的第一步棋。她的第二步棋是要自己大权在握。两天后，射击军举着刀枪又来了，大喊大叫地提出让他们爱戴的公主索菲娅当摄政王。驯服的杜马贵族又一次屈从了军队的意志。

这个身材魁梧、飞扬跋扈、鲁莽粗暴的女人，通过阴谋诡计，成功地排除了阻碍她野心发展的一切障碍，爬上了拥有至高无上权力的地位。

她早就设计好了下几步棋，就看能否成功了……

二、摄政王的手段

1654 年，东正教大主教在老沙皇阿列克谢的支持下，对圣经和礼拜仪式进行了修正。历来的改革都会遭到保守的反动势力阻挠，宗教改革也不例外。坚持沿袭传统的保守派，慢慢演变成教会分裂派。

这批人在墨守成规的老百姓当中，影响力越来越大。他们的势力甚至渗透到军队中。特别是在射击军中，越来越多的官兵加入教会分裂派。

由于索菲娅在争权夺势的过程中，曾大力吹捧过射击军，使这帮平时就作威作福的兵痞们更加得意忘形。

两位小皇上刚刚手拉手排排坐，一批分裂派的射击军就闯进克里姆林宫，要求教会恢复过去的礼拜仪式。他们耀武扬威地挥动着长枪大戟，发着狠地骂大街。从东正教的神职人员到教会，从王公贵族到皇室成员，没有他们不敢骂的。

有六个骨瘦如柴的分裂派教徒三天不吃不喝，坐在克里姆林宫的地上耍滚刀肉。耍到兴头上，居然有个家伙脱口说了句："还是请索菲娅公主进修道院吧，别跟这儿添乱啦。"

这可犯了索菲娅的大忌。本来她是躲一边看热闹的，这下不能不表态了："你们甭拿六个不学无术的二货气我！逼急了，我们走。哪儿的庄稼不养活人？看全国人们怎么收拾你们这帮叛逆！"

射击军也开始当起了墙头草："做礼拜是神父们的事，干我们什么屁事？打死分裂派教徒！"众人把几个分裂派教徒包圆了。一个当场被砍掉了脑袋，两个被活活地掐死，其余三个人间蒸发，连根骨头都没找到。

莫斯科一下乱套了。无组织骚乱蔓延到全市。街头市集，到处都横陈着尸体，已经分不清改革派还是分裂派，或者是趁乱报私仇。到了第四天，克里姆林宫已人去楼空。两个小皇上和太后、索菲娅公主神秘地消失了。

原来在骚乱刚开始的时候，索菲娅就收到一封匿名检举信。信中反映：射击军正阴谋造反，还要杀光全体皇室成员，一个不留。

索菲娅收到这封检举信，美得差点背过气去。甭管真的假的，这也算是控告射击军的铁证。她拿着这份铁证，一把鼻涕一把泪地给所有手握军权的大贵族过目。为了让表演更完美，索菲娅干脆领着俩弟弟和太后，从皇宫"仓皇出逃"。

这还了得！沙俄立国以来，还没出现过军队阴谋犯上的先例。大贵族们热血沸腾地中了招。

正当射击军在莫斯科可劲儿得瑟的时候，一支庞大的贵族武装已经兵临城下。这回轮到兵痞们傻眼了。曾一度妄想统治俄罗斯的射击军，如今唯一希望的是得到索菲娅的宽恕。

3000 名射击军自己把绳索套在脖子上，手拿着木砧和斧子，带着妻儿老小上路，去跟索菲娅负荆请罪。

跪在索菲娅面前的罪犯们彻底没了得瑟的底气，光剩下哆嗦了。他们的老婆孩子号啕大哭着央求索菲娅手下留情。最后，连东正教大主教也出面为肇事者求情。索菲娅大度地答应了众人的请求。

到此为止，索菲娅干净利落地完成了卸磨杀驴的工作。蛮横一时的射击军被缴了械，御林军的光荣称号也被一笔勾销。最不可靠的射击军兵团将被远远地发配到边疆喝西北风。

1682 年 11 月 6 日，两位小皇上和女摄政王由几万人护送，开进了已然平安无事的莫斯科。

看着沿路纷纷屈膝下跪的人群，小彼得深深地领悟到：一旦暴乱发生，就要血腥地镇压；而祸患一解除，又要宽恕幸存者。这是他一生受用的宝贵教训——从霸道的老姐那里学来的。

在克里姆林宫刚刚重新坐稳的索菲娅，又做出一项不容商量的决定：

弟弟伊凡随她留在宫中；而彼得与太后则被送到偏僻的乡下居住。于是，太后纳塔利娅和彼得开始在莫斯科郊外的行宫中生活。

这样，索菲娅一鼓作气从身边清除了一个沙皇、大部分射击军和最不安分守己的教会分裂派。印堂发亮的摄政王干脆要求人们直呼她为"女皇大帝"、"至诚公主"、"女君主"，准备和情郎瓦西里·戈利琴一起统治整个国家。

三、送情郎上战场

索菲娅一生中除了热衷于争权夺势，就是对谈情说爱表现出的狂热。刚当上摄政王不久，她和情郎瓦西里·戈利琴出双入对的身影就出现在各种正式场合中。这种超凡脱俗的婚外情，在奉东正教为国教的俄罗斯被视为伤风败俗。朝野内外一片哗然。

情虫上脑的索菲娅对此冷然一笑："只许男人偷腥，不许女人纵情，天理何在？老娘堂堂一国摄政王，搞个把小白脸，关尔等鸟事？！"众卿家背后的指指点点，在索菲娅的冷笑中戛然而止。想想也是，她都长成那样了，有个知冷知热的情人也实属不易。

身材高大、英俊潇洒的瓦西里是沙俄宫廷中的帅哥。那些闲得难受的贵妇们利用一切机会对帅哥放电、抛飞眼。对此，瓦西里表现出铁石心肠。他以一种受虐狂的心态，把忠贞的爱情献给了索菲娅这么一个凝眉恶目、丑陋不堪的肥婆，忠实地充当着她的床上伴侣。

索菲娅对瓦西里的爱情成分却相当复杂。她对自己长什么样还是比较有自知之明的。因此，她老是担心比自己年轻很多的情郎，会被漂亮的女人抢走。

于是，帅哥瓦西里被索菲娅送上了前线。

1686年，波兰邀请沙俄一块去毁灭奥斯曼帝国的铁哥们儿克里米亚。这是个建功立业的好机会。为了证明自己除了擅长内斗，还擅长外斗，对军事一窍不通的索菲娅毫不迟疑地答应出兵。

她一往情深地认为，既然瓦西里床上的功夫了得，战场上的功夫也一样了得。于是，她决定由瓦西里率兵去征服克里米亚。

可是浪漫的瓦西里是个彻头彻尾的"鸽派"。他脑袋里有很多不着边际的理想：把野蛮的俄罗斯人变成文明人、把小木屋改造成石头大房子、对西方国家实行边境开放、提高全民福利待遇……唯独对打仗一点兴趣没有。

"我们不能打仗！"瓦西里·戈利琴痛苦地嚷道。"我们也没有钱！噢！我那伟大的计划！完全落空了！有谁赏识这些计划？有谁了解这些计划？天哪……"

尽管他再三推说自己没有打仗的能耐，索菲娅仍旧是吃了秤砣铁了心。宁可床头空荡荡，也要情郎去打仗！

朝野上下对索菲娅的草率出兵提出了严重抗议。领主们找出各种借口逃避兵役，不是害病了，就是哭穷，要不就是凑不齐人手。脑子灵光的干脆找来故事大王编瞎话吓唬人。

一时间，各种离奇古怪的事传遍大街小巷。有人看见一群白狼在草原上凄厉地嗥叫，牲口无缘无故地倒毙了……有个月黑风高的夜里，一头公山羊用人的嗓音嘶哑地叫着："咩，如果打仗，大祸就要临头了！咩！"……

这些恐怖故事吓唬老百姓很见效，可是对一意孤行的索菲娅并没有用。5 月底，瓦西里领着 10 万怨声载道的远征军开拔，前往天苍苍野茫茫的克里米亚大草原。

这样的出征，一开始就注定要以失败告终。战场上，晦气的俄军基本上是被克里米亚骑兵撵着屁股打，几乎没有任何抵抗。连克里米亚人都纳闷："俄军这是来打仗的吗？好像是免费给我们运军火来了。"

打到半截，瓦西里出人意料地活着回来了。这时的帅哥脸上像被狗咬了一样沧桑。他是回来要钱的。前方的辎重全都援助给了贫穷的克里米亚人。舍己奉献的俄军官兵连双鞋都没给自己留下。

满朝文武都以为迎接瓦西里的，是索菲娅愤怒的唾沫星子。没想到，她却用粘湿肉麻的亲吻和大量的赏赐款待情郎。索菲娅拒绝承认自己决策和用人上的失败。

1688 年，索菲娅决定进行第二次远征。盲目的爱情遮住了她的眼睛，她拒绝考虑瓦西里以外的任何人来统率军队。情郎没能耐打赢战争，在战场上成仁也算给她争口气。

第二次远征比第一次的结果还惨。克里米亚人不光是靠着沙俄送上门的战略物资丰衣足食，还很没良心地打死了 3 万名俄军士兵，把俘虏的 15000 人当成牛马不如的奴隶。

四、淫荡无耻的肥婆

法国外交官拉·纳维尔在日记中曾对索菲娅有过一段描述：

她体形丑陋，胖得出奇，头大如斗，脸上有毛，矮小和粗俗。她的思想却十分敏锐、狡诈和富有权谋。……这个没有一点女性特点的悍妇，却包藏着极为强烈的情欲。她一方面迷恋于情夫瓦西里·戈利琴，一方面又毫无顾忌地同射击军的军官们调情。

在克里米亚战场上遭罪的瓦西里还蒙在鼓里：他充当索菲娅床上伴侣的角色，已被别人取代了。当他在大草原上给克里米亚人送军火时，淫荡的索菲娅已经和第二任情夫沙克洛维奇上了床。

灰溜溜的瓦西里带着灰溜溜的第二波远征军撤回莫斯科，再也没有热吻、奖赏迎接他。他只得待在豪华公寓里等着索菲娅的宠幸。可是索菲娅冰冷的眼神明确地告诉他：你出局了。

提起这位瓦西里，也算是中国人民的大恩人。想当年，满清政府在与沙俄签订《尼布楚条约》时，多亏瓦西里在外交上软弱无能，被沙俄霸占 30 多年的黑龙江流域才得以顺利回归祖国的怀抱。

已经热衷于掌握权力的索菲娅，越来越不甘心于只当摄政王。有朝一日，两个小皇上长大成人肯定会亲政。到那时，她又会沦为没权没势的普通皇亲，连争夺情人的优势都会失去。万人之上的索菲娅决不甘心就此一落千丈。她决心以果断的行动来捍卫自己的权威。

身心俱废的伊凡算不上是一个障碍，关键是彼得那野小子。怎么才能一劳永逸地把他赶出政治舞台？是命人暗杀，还是自己亲手把他掐死？

镶满宝石的皇冠就在眼前。独霸天下的野心如蔓延的野火，在索菲娅的心头乱窜。

第三节　操刀上阵显威风

在逆境中长大的彼得，身材高大魁梧，性格坚韧不拔。成婚后的小皇上就要从后台走上前台亲政。但是一系列棘手的问题摆在未成年的彼得面前。这其中首当其冲的，就是要霸道的老姐让位。

为了亲政，彼得开始了一连串令人瞠目结舌的"壮举"……

一、建立儿童团

彼得的老爹阿列克谢给儿子唯一珍贵的礼物，就是给他请了一位苏格兰籍家庭教师——佐托夫。他除了教彼得识文断字，还教他读圣经、唱赞美诗。

为了让活泼好动的彼得踏踏实实学文化，佐托夫会在喝了两杯小酒之后，唾沫横飞地讲述俄罗斯的英雄史：历代皇上怎么带兵打仗呀，俄国军队怎么英勇善战呀，俄国人怎么一步一步扩大领土呀……

甭管真的假的，这个苏格兰人嘴中的俄国历史演义，让小彼得听得热血沸腾，恨不能立时就跟谁拼了。彼得起初的玩具都跟打仗密切相关，尽是一些锦旗、鼓、刀、小斧头和小型火炮。

为了亲身感受打仗的刺激，小彼得成立了两支儿童团。这些出身高低贵贱各不相同的男孩子，为了共同的理想——陪小皇上寻开心，跟着他没日没夜地玩打仗。

无论是做游戏、饮酒作乐，还是去老乡家偷鸡摸狗，彼得都和这些小伙伴混在一起。慢慢地，他在小伙伴的心目中已经不是高高在上的小皇上，而是能同甘共苦的铁哥们儿。

在索菲娅看来，披头散发、舞刀弄棒的彼得如此不着调，显然是被残酷的政局吓疯了。而他手下的一群冒失鬼更没什么可怕的。受了刺激的彼得不过是分不清理想和现实的差别而已。

然而，彼得正一步一步把儿童团训练成能打硬仗的近卫军……

二、老姐靠边儿站

1689 年，彼得完婚。按照皇室传统，沙皇结了婚就应该亲政。但索菲娅一点权力移交的意思都没有。精于世故的大臣们都心知肚明，摄政王这是打算把小皇上扶上马，再一辈子送下去。面对朝中的非议，索菲娅决定给不知趣的大臣一个下马威。

1689 年 7 月 8 日，在克里姆林宫大教堂举行的宗教典礼上，蛮横霸道的索菲娅再一次向传统发出挑战。她竟然张开一双戴满戒指的胖手，贪婪地从大主教手里抢过只有沙皇才能举起的圣像，趾高气扬地走在游行队伍的前面。

这一举动震惊了所有在场的人，彼得更是怒不可遏。他当即骑马回村，临走时留下的凌厉眼神，让索菲娅起了一身鸡皮疙瘩。她第一次感到了迫在眉睫的威胁。她知道长大的彼得不服管了，姐弟俩日积月累的矛盾，到了需要一次性解决的时候。

种种迹象表明，摄政王已经铁了心要向小皇上下手。有一次，彼得在玩打仗，他刚离开战场，一颗炸弹就真的炸响了；皇上的近卫军还三更半夜抓到了个怀揣利刃的刺客，没等审问就自我了断；彼得在打闹之余想喝口小酒，抢先舔了一口酒的爱犬却七窍流血……

彼得受够了他的老姐！打小就欺负我，现在我都长成顶天立地的大老爷们儿了，还想置我于死地！做你的弱智无敌晴天白日梦去吧！

从前没心没肺、傻吃傻玩的彼得就此消失。他完全变了一个人，没事就跟最信任的大臣列夫·基里洛维奇和鲍里斯·戈利琴关在一间屋子里悄悄商量，该怎样粉碎索菲娅的阴谋诡计。

任人唯情，索菲娅早已失去朝中大臣的拥戴。鲍里斯·戈利琴不是别人，正是她的帅哥情人瓦西里·戈利琴的堂弟，全名鲍里斯·阿列克谢耶维奇·戈利琴公爵。除了模样长得不那么帅，他哪点都比瓦西里强，要钱有钱、要势有势，更可贵的是有学问、有心计。

彼得用人不看脸，只看有没有大脑。于是一大批有头脑的大臣投到年轻皇上的麾下。但是单靠这批有头脑的文臣再加上两个近卫军，就想从索菲娅手里夺回政权，纯属天方夜谭。别的不说，光是克里姆林宫的御林军就能轻易把他们灭了。

鲍里斯向彼得建议，带着近卫军去谢尔盖圣三一修道院寻求庇护。那里易守难攻，守上个一年半载没问题。到时候，说不定各路勤王大军就能赶到。彼得采纳了这个建议。

谁也没想到，第一支向彼得投诚的队伍，是京城里残留的射击军。这帮曾经被索菲娅甜蜜利用，又被卸磨杀驴的兵痞，恨不得这倒霉娘们儿早点死。他们争先恐后地向皇上表忠心，把索菲娅干过的缺德事一件不落地全抖落出来。

得知射击军倒戈，索菲娅吓懵了。她贴出一张恐吓告示："凡胆敢投奔圣三一修道院者，一律处斩！"

针对这张告示，彼得也给各地兵团发出一道诏书："不来圣三一修道院报到者，一律处以死刑。"

这样一来，你去了，得掉脑袋；你不去，一样得掉脑袋。左右是个死，为皇上尽忠听着比较顺耳，说不定死后还能落个好名声。识时务者为俊杰，各地的俊杰纷纷涌向了修道院。

被架空的索菲娅又派东正教大主教到修道院去劝和。大主教欢欢喜喜地领命而去，然后欢欢喜喜地留在那儿，连信也没写一封给索菲娅。

在修道院里的彼得一改往日的急躁性情，变成听话的好孩子。一连三个星期，他没有走出过修道院的围墙，没抽过一斗烟，也没喝过一滴酒，按时洗澡，跟人说话也不吹胡子瞪眼。只要别人说的在理，不论是他妈、大主教，或是鲍里斯，他都言听计从。

太后纳塔利娅眼泪汪汪地跟身边的闺蜜说："我不知道该怎样感谢上帝。皇上可算活明白了。你们看他变得那么认真，那么规矩……"

落难的皇帝多少年都没人待见了，现在名门望族又争先恐后地赶来巴结。看那份忠诚的架势，只要太后一声令下，甭管多难的事，他们一准儿能赴汤蹈火。纳塔利娅的嗓音恢复了从容沉静，眼神也变得很威严。

一通奉承过后，手握重权的"智库"不慌不忙地跟太后谈论起国事来：怎么样整治逆贼索菲娅、谁应当被发配流放、谁应当被处死、哪一个领主该掌管哪一门行政……

众叛亲离的摄政王索菲娅独自在人去楼空的殿堂里游荡。此时，她痛苦地意识到：权力和生命正从她身上流失。再不及时补救，等待她的将是无比悲催的命运。权衡再三，她终于下决心亲自往圣三一修道院走一趟。亲情是她手中最后一张牌了，夺不到皇位，能保住公主的地位也能接受。

一厢情愿的长公主走到一半，就被射击军拦住了："皇上有旨，您就跟这儿呆着，原地待命。"自打索菲娅被"原地待命"，凡是脑子没进水的俄国人都知道：在和小皇上的较量中，摄政王索菲娅已经输定了。

大势已去的索菲娅公主孤独地吞咽着苦水，周围一片白眼儿。老情人瓦西里、沙克洛维奇全都不敢露面，找借口躲着这个破鼓万人捶的灾星。这是最后的、也是最沉重的一个打击。索菲娅最后一点意志都被摧毁，多少脂粉都遮不住她面容的苍凉。

一个静悄悄的夜里，索菲娅被送进一家小修道院，没闹出多大的动静。索菲娅的政治生涯以轰轰烈烈开场，以悄无声息结束。

在如何处理老姐的问题上，彼得表现出宽大为怀的态度。毕竟是一个爹生的，她也不可能继续作威作福了，老姐想留条命？这个可以有。

发育不良的伊凡接受既成事实，主动让出他本来也没想坐的皇位。帅哥瓦西里被流放到遥远的北方。在那儿，他每天靠领取一个卢布来维持一家五口人的生活。他那诸多不靠谱的理想也随流放而流产。

1689 年 10 月 10 日，胜利的彼得光荣返回莫斯科。跟随他的是皇室、贵族、近卫军团和射击军。莫斯科的所有大教堂同时响起了钟声，再次以扰民的方式欢迎他凯旋。那一年，彼得刚满 17 岁。

后来，趁彼得跑国外留洋的时候，不甘寂寞的索菲娅再次挑动善变的射击军造反。没等把事闹大，就被彼得的铁哥们儿镇压了。

回国后的彼得新账老账一起算，他不光亲自操刀砍下射击军叛军的头颅，还逼着大臣们跟着他一起下手。1000 多人被杀。他派人把腐烂的尸体挂在索菲娅公主的窗外。这种原始的行为艺术把当了修女还不老实的索菲娅吓得魂飞魄散，从此再也不敢有什么非分之想。

在一片血雨腥风之中，彼得树立了绝对的权威。

幼年的遭遇给彼得留下了终生难以磨灭的创伤。他神经质的摇头晃脑就是小时候留下的病根儿。带来伤害的同时，这个霸道的老姐也算是彼得政治上的启蒙老师，从她那里学到的政治手段令他终身受益。

三、亲政强国

17 世纪的俄罗斯在西方人的眼中，是一个贫穷、落后、没教养的野人国。在这儿，不做强盗的只有两种人：一种是傻瓜；另一种是比傻瓜还傻的知识分子。欧洲人偏颇地认为，侵略是这些野蛮人最以为光荣的事。

在完成欧洲考察以后，亲政的沙皇彼得开始在俄国进行全面改革。

改革的首要目标瞄准了腐败无能的国家行政机构。他撤销了一切光拿钱不干活的行政单位，把政权完全抓到自己的手中，实现了当家做主的初步梦想。沙俄也由此变成了绝对君主专制的国家。

为了鼓励工商业发展，彼得除了允许企业主把整村的农奴弄到工厂做工，还积极引进外资，批准外国人在俄国开办工厂。一批脑子活泛的个体户被优惠的商业政策吊足了胃口。他们先后开办了冶金、纺织、造船等 200 多家工场。

有了商品还得有销路。他又征召大批农奴开凿运河，建设通商口岸，大开海外通商之门。

1722 年，彼得制订了一份《官职秩序表》，规定无论哪种出身，官至中校即为贵族。所有的官员不管门第出身，都要从最低一级做起，靠功绩晋升。俄罗斯的官员彻底告别了世袭的陈规。

任人唯才的政策使得一批出身贫寒的青年人才脱颖而出。比如后来当上大元帅的缅希科夫，他原本是在莫斯科街头卖大饼的小商贩。

当时，俄罗斯与瑞典狠掐了 21 年，史称北方战争。所以改革的重点自然放在怎么有效地克敌制胜上。除了开办军事学院，彼得不惜血本地大兴兵工厂。造船、铸炮、改良武器的同时，他又扩大征兵范围，腿脚利索的俄罗斯男人都被抓了壮丁。

一番折腾过后，彼得建立了一支拥有 130 个兵团 20 万士兵的强大陆军，和一支拥有 48 艘战舰、800 多艘划艇、2 万 8 千人的波罗的海舰队。

为了加强对老百姓的控制，彼得鼓励邻里之间互相监督，一旦发现敌情，立马跟政府打小报告。他还设立"秘密办公厅"，负责抓捕和审查政治犯，开始了秘探和特务制度。"秘密办公厅"与之前雷帝的"特辖军"、苏联的"克格勃"一脉相承。

1721年，俄罗斯国家杜马把国号改为"俄罗斯帝国"，同时，把彼得捧为"祖国之父"和"大帝"。彼得大帝用他的实际行动，为继承者们上演了一出领土扩张大戏。

第四节　天天向上

从12世纪到16世纪中期，处于多事之秋的俄罗斯被隔离在欧洲文明以外。文艺复兴啦、科学启蒙啦，都没带俄国人玩儿。在欧洲贵族眼中，贫穷落后的俄罗斯就是一只耍狠的土鳖。

堂堂东欧霸主居然落这么一雅号，彼得很痛心。痛定思痛，他下定决心，好好学习天天向上，带领全俄土鳖大步流星追赶世界文明的潮流。

一、寻师问道好学生

18世纪中叶，欧洲的一批"懒人"感觉光靠手工劳动，受累多、出活儿少，忒不划算。于是，他们发明了能连轴转不怕累的机器，把人们从繁重的体力活儿里解放出来。此招一出，立刻得到全世界"懒人"们的积极响应，一场轰轰烈烈的工业革命蔓延到世界各地。

荷兰、英国、法国、奥地利……飙着劲儿奔小康，老百姓的日子越过越红火。

"人比人该死，货比货该扔。"当彼得从外国哥们儿口里得知这些新鲜事，他才醒过神儿来：原本自我感觉还怪不错的沙俄，跟人家欧洲邻居的滋润一比，那就算穷得没法儿活了。

当时，俄罗斯全国总共就那么几十个作坊，还一水儿的纯手工。95％的人口是极度穷困的农奴，吃口饭都得看老天爷的脸色，老天爷给多少吃多少，不给就饿着。半数的孩子没等满岁就夭折了。能活到40岁的俄国人全是撞上大运的，能活过60岁再死的，绝对属于老喜丧。

文化更别提了。连好多贵族都是文盲。他们的文化水平停留在识数上，这也是为了方便收租。俄罗斯以外的世界对俄罗斯人来说过于缥缈。封闭的思想把他们的想象封闭在眼前的一亩三分地上。

得知真相的彼得开始有了新的念想：要去遥远的地方走一走，看看这世界到底有多少他还不知道的花样。他一生最中意的就是三件事：战争、海洋、外国的先进技术。

还在乡下受气的时候，彼得就从外侨区请来了两个外国人。一个精通数学和建筑；另一个精通航海业务。前者教彼得识数和修城墙；后者手把手地教他怎么造船。

他们在货棚里翻出了一条烂得露底的破船，开始敲敲打打、修修补补。彼得一天到晚跟工匠们呆在一起。木工、锻工、搬运工，他什么活儿都抢着干，不怕脏不怕累。

那些工匠都惊讶：这娃到底受了多少委屈呀，这么急急渴渴地要离家出走？

经过一番努力，修补得将就能使唤的破船下水了，而且很有毅力地坚持着没沉底。彼得美疯啦。他鼓起风帆，把船开到宽阔的利雅斯拉夫沃湖上。在船上，他理论结合实际，学到了丰富的航海知识。外面精彩的世界即将展现在他的眼前……

1696年12月6日，一个由大使、随从、志愿者组成的"高级考察团"从莫斯科出发，出访西欧诸国。他们不是去观光旅游、公款吃喝，而是去拜师学艺、求取真经。

在36名志愿者当中，有一个名叫彼得·米哈伊洛夫的壮小伙儿，这便是隐姓埋名的沙皇彼得。出国前，他特意给自己做了个学生证，上面只有简单的一句话："我是一个寻师问道的学生。"

混迹于人群当中的彼得，既能像普通人一样大吃大喝、放屁打嗝不洗澡，又能指挥一切、观察一切、学习一切。年方 23 岁的沙皇用隐藏身份的方式过足了当特务的瘾。

他亲自下基层，到荷兰一家最大的造船厂当木匠，一干就是四个月。他不仅学会了船舶建造学和绘图技术，而且已达到"专家所能掌握的程度"。师傅和工友们一致推荐他为年度"优秀工匠"。厂长还踮着脚尖给这个高大魁梧的猛男披上绶带，颁发了证书。

对一切新鲜事都好奇的彼得，还高价购置了全套的牙医设备。他就此认为自己有了行医资格，动不动就给人拔牙。跟他一块儿留学的兄弟们很快就学会了笑不露齿的矜持。彼得药箱里排列的结实坚硬的"蛀牙"，颗颗都在诉说着一笔笔没处报销的血泪账。

由于留学期间勤于深造，彼得没工夫在洗澡这样的小事上浪费时间。有一次，英国国王想去慰问一下远方来的客人。刚一进考察团宿舍，英王就被比芥子气还猛烈的味道熏了一溜跟头，转身落荒而逃。

大帝彼得用他无敌的汗臭、腋臭加脚臭，差点把日不落帝国的国王给办了，用事实证明：不洗澡的俄国人，任谁也伤不起！

在伦敦，他参加了王宫的化装舞会，马上被贵族身上花里胡哨的行头和简洁明快的礼仪迷住了。他第一次意识到，不爱洗澡是一种可耻的野蛮行径。

空闲的时候，彼得除了去参观机械化工场、博物馆，就是往著名的学者、科学家那里跑。他用十二万分的真诚挖墙脚，聘请他们去俄国工作。贫穷的俄罗斯经过他的一通海吹，成了处处鲜花盛开，等着有心人去采摘的处女地。

其实俄罗斯正陷于多么悲惨的境遇，彼得比谁都门儿清。在留学欧洲的 18 个月当中，他深刻地感受到俄罗斯与西欧各国的差距。

西方的先进科技和制度，在彼得心中描绘出一幅清晰的改革蓝图。

回国后，他立马在俄罗斯大地上刮起改革的飓风。

二、破除陋习搞改革

1698 年，镀了一层金的彼得海归了。当贵族大臣们热情洋溢地前来迎接在国外疯够了的皇上时，看到的是一个西服革履、脸蛋儿干净、浑身喷香的西式彼得。

看到第一批送上门的有待改良品种，彼得兴奋得两眼放光。他二话不说，张牙舞爪地扑向喜洋洋的大臣们。随着手中剪刀"咔嚓咔嚓"响，大臣们下巴上"上帝赐予的饰物"大胡子像羊毛一样纷纷落地。原本喜庆的欢迎仪式上一片嚎啕。

他们闹不明白，留了一趟洋的陛下干嘛这么跟人过不去。其实原因很简单：在彼得看来，长胡子是俄罗斯落后的象征。俄国贵族的传统审美观就此被野蛮地颠覆，情形跟民国早年的剪辫子运动相仿。

剪光了欢迎队伍的大胡子，彼得接着宣布：剪胡子是全体居民的义务。要想留胡子就得缴重税。贵族每年 60 卢布，平民 30 卢布。税金全部用来添置武器装备。

剪胡子只是开始，彼得接着改革了礼仪制度。俄国人的传统长袍被西欧的西装革履代替；旧的历法被通行的公元历法代替。他硬逼着保守的俄国贵族接受西方习俗，要他们头戴撒了香粉的假发、脚穿喇叭口的长统靴，带着妻子儿女出席各种社交场合。

一时间，全俄上下男女老少齐上阵，涂脂抹粉，打扮成稀奇古怪的假洋鬼子形象。贵族们也拿腔作调地说起了法语，谈论着关于文化和艺术的话题。

破除诸般传统陋习的同时，彼得开始了大刀阔斧的一系列改革。从经济到农业、从行政到军事、从地方到中央……改革的领域如此广泛而庞杂，几乎超过了世界文明史所承载的任何一次改革。这个精力充沛的大块头把几代俄罗斯人的活儿全干完了，剩下的只能是发扬光大。

三、兴办教育强国民

彼得在全国范围兴起了扫盲运动，鼓励老百姓讲文明树新风，好好学习天天向上。谁敢抵制文明，一律以野蛮相待。

他照搬西欧模式，创办了数学、海洋、炮兵、工程、造船等各种学校，并要求每个省必须设立两所技术学校。20年后，原先连一所现代学校都没有的俄国，已经在42个城市开办了技术学校，共有2000多名学生。

为了对付挖空心思逃避学习的纨绔子弟，彼得规定：贵族子弟必须学会数学和一门外语，否则将被剥夺贵族身份，永世不得结婚。如果有哪家的少爷宁可吃糠咽菜、断子绝孙，也不愿意认真学习，那么这样的少爷一律发配前线当炮灰。

俄罗斯的第一份报纸《新闻报》也是彼得创立的，主编就由他亲自担任。

平时省吃俭用的彼得把大笔资金投入到建设博物馆和图书馆的工程上。他的动力就是"希望人们能够在这里见识到以前闻所未闻的玩意儿"。1719年，莫斯科的博物馆和图书馆正式开放，免费供大家参观、阅览。

图书馆里除了收藏了大量翻译成俄文的西欧哲学、地理、历史、科学等文献，还堆放了大量古物和古文学的手抄本；博物馆里的展品则是彼得满世界搜刮来的稀罕物件儿：已灭绝的鸟兽骨头、三条腿的婴儿标本、四只眼睛的羊……甚至还触目惊心地摆着一颗没爆炸的炮弹。

彼得将个人对西方科学的痴迷转化成国家行为。1725年12月，俄国科学院正式成立。从那时起，对科学研究的重视成为俄国的传统，并一直延续至今。如果说教育提升了整个民族的素质，那么科学则让俄罗斯受用无穷。

教育最重要的是身教，老师要用自己的行动给学生作出表率。彼得大帝深谙此道，他用自己的行为给全体俄罗斯人民树立了一个好榜样。

四、身先士卒好榜样

推动俄罗斯这个守旧国家大踏步前进的强大动力，来自彼得说一不二、决不妥协的强硬态度。天大地大老子最大，皇上的意志就是国家的意志。他以野蛮的方式推动文明的进步。用普希金的话说，彼得的某些诏书"是用鞭子写成的"。

彼得的鞭子像家常便饭一样成为他生活、工作的一部分。从剪胡子到剪长袍，从小额罚款到没收全部财产，从流放做苦役到处死……呼啸的鞭子让整个俄罗斯为之战栗。

挥舞着鞭子的彼得不是逮谁咬谁的疯狗。他这么干是为了达到两个目的：一是惩罚和威胁；二是教育和引导。在要求别人尽忠职守的同时，他自己就是尽职尽责、克己奉公、身先士卒的楷模。

作为一国之君，彼得对自己抠得要命，一年的开支也不过 1000 卢布。好多贵族的生活都比这个穷皇上滋润得多，时不时还得接济他一瓜俩枣。对此，彼得从来也没感到过难为情。

1712 年建成的新首都圣彼得堡，配套设施还不完善，每年总要着上几场大火。这是彼得表现个人英雄主义的良机。法国驻俄大使儒埃尔这样描述他救火的情形：

我多次看见他第一个来到失火地点，雪橇里带上他的消防水泵。他参加全部的灭火工作。由于思想异常敏捷，他能立即判断出应采取什么灭火措施。他爬上房顶，哪里最危险就到哪里去。

在接见海归人士时，彼得伸出一双满是老茧的大手，说："各位请看，我堂堂一个皇上还得参加劳动改造，为祖国效力。想继承我的事业该怎么办，你们自己好好掂量掂量。"

俄帝国的改革就这样在鞭子的驱动下开始了。吃苦在前享受在后的彼得大帝，像船长一样引导着俄罗斯这条陈腐的巨轮破浪前行。在不到30年的时间里，他将落后的俄国带进了先进的欧洲。北极熊称霸欧洲的前景已是如此明朗……

第五节　后院起火真闹心

一生波澜壮阔、充满了传奇色彩彼得大帝，却常常被后院冒起的火苗搞得心烦意乱。失败的第一次婚姻、另觅新欢的情人、与他针锋相对的儿子……最后不知是老天爷的惩罚还是奖赏，被称为"俄罗斯之父"的彼得竟然还差点绝了后。

一、大帝的两次婚姻和一段恋情

1689年1月27日，还没摆脱厄运的太后纳塔利娅，为只有17岁的未成年皇上举办了一场婚礼。到场的人少得可怜，"一字并肩王"伊凡没来，摄政王索菲娅也没来，这倒是让彼得少了些恶心。

他在婚礼上第一次见到了自己的新娘。这个蒙着面纱的瘦弱女子名叫叶夫多基娅，是个保守贵族的女儿。比她的身份更保守的是她的长相：皱皱巴巴的小脸、哭得发肿的眼睛、软塌塌的小鼻子……

看着眼前没长开的花季少女，彼得觉得有一股冰冷的泡沫在他胸脯里涌起来：难道我要跟这么一个抽象派过一辈子？当他领着抽泣的新娘走向圣殿时就已深知，不论是她的顺从还是她的柔弱，都不可能拴住他的心。

蜜月生活只维持了一周，彼得就再也不能忍受没有爱情的婚姻。他撇下年轻的新娘，一口气逃到遥远的西方。回国后，迎接他的叶夫多基娅模样虽然还是没长开，野心却像野草一样长疯了。她已经不甘心只做个有名无实的皇后，而是想跟索菲娅一样成为强势女人。可她偏偏又没那份能耐。

彼得像发现一个从未见过的新鲜玩意儿一样，上上下下仔细打量了一遍年轻的皇后。然后他得出结论："亲爱的，你不是吃错了药，就是大脑短路了。傻瓜我见得多了，可是傻成这样的……我求求你，别给我丢人现眼啦！"

为了有效地防止皇后满世界丢人，在叶夫多基娅 26 岁时，彼得把她送进了一所修道院。大帝的第一次婚姻就这么以失败告终。

平心而论，彼得是个好皇帝，却不是一个好丈夫。这件事彼得大帝办得很不厚道。当初，和叶夫多基娅结婚的时候，彼得自己也是朝不保夕，叶夫多基娅为自己的前途而伤心难过，是人之常情。因为不喜欢叶夫多基娅，彼得就把自己的原配妻子送进修道院——人家叶夫多基娅才刚刚 26 岁啊！在彼得看来，皇上结婚不过是走走过场而已。至于青少年萌发的爱情乐趣，他早已从女仆们身上得到了。

在第一次婚姻之前，彼得就在外侨区认识了一位德国酒商的女儿安娜·蒙斯。他很快就被这个笑口常开、能歌善舞的美丽少女俘虏了。

跟宫廷里那些沉闷呆板的女仆相比，安娜的热情开朗、无拘无束时刻都在挑动着少年彼得的心。他有事没事就往酒馆里跑，泡妞儿的同时，还练就了千杯不醉的酒量。

与皇上保持了 10 年恋情的安娜，虽然没有名正言顺地进驻宫廷，却一直是彼得深爱的女人。这段本该写成煽情小说的美好爱情，终归因安娜的移情别恋告终。

又羞又怒又伤心的彼得把安娜的新情人暴揍一顿，然后把安娜软禁在她自己的公寓里。1711 年，安娜死于肺炎。彼得周围的人看到他那副伤心欲绝的模样，都寻思着：看样子皇上这辈子再也找不回初恋的甜蜜了。

　　最出人意料的是，安娜死后的第二年，彼得娶了第二任妻子——叶卡捷琳娜·阿列克谢耶芙娜。这是彼得钟情的第二个女人。他吸取上一段恋情失败的教训，牢牢把住爱情关，克服千难万险，也要将爱情进行到底！

　　提起新皇后的身世，赛过黄连苦，不让苦菜花。她本来是一位立陶宛农夫的女儿，三岁时父母双亡，成了孤儿。长大后，嫁给了瑞典骑兵。结果丈夫在北方战争中牺牲了。她自己沦为俄军的战俘。

　　美丽对于女人来说非常奇妙，有时候能让她们陷于危险；有时候又能让她们一步登天。

　　叶卡捷琳娜有着非常出众的容貌，在由战俘过渡到女奴的过程中，她被各个阶层的俄军官兵当作玩物转来转去。几经倒手，她被卖给了彼

彼得大帝的第二任妻子：叶卡捷琳娜

得的发小儿缅希科夫，充当他的情妇。

彼得第一眼看见她，就如触电般浑身一抖，傲视群雄的帝王之心立马被这个温柔的女奴征服。善于察言观色的缅希科夫一见此景心领神会，很知趣地把刚到手的情人拱手让给了大帝。

体魄健美的叶卡捷琳娜，对牛高马大的猛男彼得也是一往情深。无论条件多艰苦，只要彼得一声召唤，她可以顶风冒雪、排除万难为心上人摆平一切。

一国之君与一个无名女奴成婚，这又是彼得的一大改革创新。这分明是不把祖祖辈辈延续下来的神圣传统放在眼里，捎带着还藐视了欧洲众多盼着成为沙俄皇后的公主们。此举引起朝野上下和欧洲各国王室的强烈抗议。

彼得横眉冷对千夫指，对反对的呼声充耳不闻，坚决捍卫爱情堡垒。1712年2月，他迎娶叶卡捷琳娜入宫，三个月后，正式册立她为皇后。两口子婚后恩恩爱爱，堪称模范夫妻。他俩恩爱到什么程度呢？据当时一位驻莫斯科的外国外交官记载：

饭后，沙皇和皇后举行舞会。这个舞会持续了约三个小时。沙皇和皇后跳舞时，不时地亲吻她。在这种场合，他对皇后流露出更多的柔情。说句公平话，尽管她的出身寒微，但她对这位伟大君主的宠爱当之无愧。

彼得知道叶卡捷琳娜未必有什么治国大才，但她一定会按部就班地沿着自己开创的道路发展俄罗斯，所以他将整个俄罗斯的命运交给了叶卡捷琳娜。1725年，在生命的最后时光里，他为叶卡捷琳娜举行了一个隆重的加冕典礼，授予她"女皇"的尊号。

叶卡捷琳娜一世在彼得死后伤心欲绝，想起两个人恩爱的美好时光就痛哭流涕。

二、倒霉儿子不争气

彼得的第一任妻子给他生了个儿子叫阿历克谢。

他娘被他爹打入冷宫，这孩子心里很受伤。加上他爹整天忙着国家大事，也没多少工夫搭理他，偶尔关心一下，也是板着脸臭骂一通。

在彼得看来，这是当爹的威严。可是在阿历克谢看来，这么不待见我，你还是我爹吗?! 关在修道院里的亲娘始终是这孩子的一块心病。他没有沉香劈山救母的志气，却有跟他爹闹别扭的逆反心理。

随着时间的推移，这爷儿俩大眼瞪小眼，越看对方越不顺眼。

彼得规定贵族子弟必须学文化。阿历克谢就想方设法逃避学习。他甚至朝自己手掌上开了一枪，试图用这种自残的极端方法翘课。

彼得一生勤政。阿历克谢则偷懒耍滑，还把装病的能耐用到逃避工作上。他更乐意把时间精力花在女人身上，再不就是饮酒作乐。大醉之后他还没酒德，信口胡诌，把他们家那点糗事添油加醋，四处张扬。

彼得锐意改革。阿历克谢却继承他娘的保守思想。彼得"以野蛮对付野蛮"的改革手段，正是保守派攻击的重点。于是，阿历克谢在一批老顽固的支持下起来反对他爹。这伙人凑在一起没别的事，就是琢磨着怎么搞复辟、走回头路。

本来就脾气火爆的彼得终于对这个不肖之子失去了耐心。他给阿历克谢发了最后通牒：要么好好学习，迎头赶上；要么去修道院跟他娘做伴。好好学习和去修道院清修，阿历克谢都不喜欢。他最擅长的是吃喝玩乐。

于是，他打定主意，离家出走。1716 年，他不顾太子的身份，溜到奥地利。反正丢脸也是丢老爹的。

彼得这下可真的怒了：亲生骨肉竟然是个叛徒！这已经不仅仅是一出家庭悲剧了，更重要的是有可能引起两国之间的对立。

连蒙带唬把儿子骗回家之后，彼得巨眼一翻，开始大规模收拾帮助儿子开溜的相关人员：有的割掉舌头和鼻子、有的五马分尸、有的用烧红的铁块烫死……对儿子，彼得不想自己处置。他组成一个临时法庭，要求对阿历克谢公平正义地判决，而不必顾及他的太子地位。

也不知道是在奥地利中了什么风，还是自己不想活了，阿历克谢在法庭上表现出少有的英勇。他宣称自己不仅想煽动暴乱，而且要把他老爹和改革派的大臣一网打尽。这还不够解气，他还要血洗俄国。

改革派组成的审判团听得冷汗直冒，当场判处阿历克谢谋反和叛国通敌罪。1718 年，小谢被送进了监狱。

彼得大帝崇拜的偶像是伊凡雷帝。在对待倒霉孩子不争气的问题上，他决定向偶像看齐。当时在气头上的彼得可能也没深想：雷帝把太子弄挂了属于失手。而自己这么干可是成心。

彼得决定对阿历克谢处以鞭刑。他倒是没跟雷帝似的亲自动手，而是把行刑的重任交给了刽子手。他就站在旁边看热闹。阿列克谢没扛几天就被打死了。

这个故事可以警告那些为屁大点事就离家出走的孩子：离家出走是很危险的。

大帝学习雷帝好榜样，连处死太子的后果都一样。虽然彼得和第二任妻子叶卡捷琳娜生了 11 个孩子，但只活下来 个安娜公主，所有男嗣统统死光光。叱咤风云的大帝差点和雷霆万钧的雷帝一样绝了后。

1724 年，彼得在海滩闲逛时，看见几个士兵落水。他奋不顾身地跳进冰冷的海水去救人。几个遇险的士兵得救了，见义勇为的大帝却着凉受病。

52 年的斗争生涯透支了彼得的全部精力。1725 年年初，一代伟人彼得大帝去世。他所留下的，是一个强大而生机勃勃的帝国。俄罗斯人为了纪念他为祖国所作的贡献，尊称他为"俄罗斯之父"。

第四章
帝国养成日记

　　陈腐守旧的俄罗斯在彼得大帝的鞭子下，一溜小跑跟上欧洲文明进步的步伐。在改革春风的抚育下，贫穷落后的俄罗斯终于成长为一个名副其实的"大帝国"。从此以后，欧洲的任何国际问题，必须得有俄帝国出面干涉。

　　"大帝国"刚过了几天舒坦日子，又把对外扩张提上了议程。东方不行，没人惹得起能文能武的康熙大帝。于是，彼得把凝重的目光投向了西北方，首要的进攻目标就是曾让俄国丢人现眼的北欧霸主瑞典。

第一节　打垮瑞典老对头

但凡一个国家自称为"帝国"，它就得为帝国事业多少作点贡献。几个帝国凑一堆儿，不是一块儿欺负别人，就是狗咬狗窝里反。

俄罗斯和瑞典这两个生死冤家，为了争夺波罗的海和芬兰湾的控制权，展开了持久战。这一架整整掐了 21 年，双方拼了个你死我活。

一、是冤家总要碰头的

对任何一个内陆国家来说，出海口都意味着一个通向世界的窗口，对俄罗斯更是如此。

所以，想要获得一个能真正带来巨大效益的出海口，俄国人只能往西北面使劲。通过波罗的海能到达大西洋；通过黑海能到达地中海。当然，通过的先决条件是拥有。

"俄国需要的是水域。没有出海口就不能生存。"这是彼得大帝的座右铭，而他的先辈们早已为"水域"而努力了。谨小慎微的伊凡三世就曾壮着胆子，在纳尔瓦河口处建造了通往波罗的海的要塞，但很快被胆大妄为的瑞典人霸占了。

被冠以"北方雄狮"、"冰雪之王"、"铁血君主"和"现代战争之父"之名的古斯塔夫二世，把瑞典推到了历史上的鼎盛时期。他亲率

查理十二

大军把刚起步的俄国打得落花流水。瑞典从此成为"波罗的海的绝对霸主"。而俄国通向波罗的海的道路被拦腰截断。

1656年，彼得的老爹阿列克谢也跟瑞典干过一仗，还是没打过人家。夺取出海口的夙愿再次搁浅。

1699年，彼得趁着波罗的海沿岸的几个国家跟瑞典闹矛盾，俄罗斯与萨克森、丹麦、波兰等国结成了"北方同盟"。当瑞典国王查理十二得知"北方同盟"准备对瑞作战，决定先下手为强。

此时的瑞典已经与英国、荷兰拜了把子。1700年5月8日，有了英荷联合舰队做后盾的查理十二率领43艘战舰、15000名精兵突袭丹麦，迫使其退出了"北方同盟"。

彼得得知此讯表现得震怒异常：这还了得！欺负我兄弟就等于欺负我！其实丹麦的死活，彼得压根儿不关心。他关心的是借此良机得到纳尔瓦河沿岸的领土，冲向波罗的海。

于是，高举正义宝剑的彼得在1700年8月30日对瑞典宣战，决定俄瑞两国命运的北方战争正式爆发。两个几个世纪纠缠不休的老冤家再次碰头。

二、纳尔瓦战役

1700年，彼得与他生命中最重要的敌人在纳尔瓦第一次交锋。

亲率一万精兵强将向纳尔瓦疾进的瑞典国王查理十二只有18岁，却已经被誉为"世界最杰出的军事家"。彼得比他大10岁，自然打心眼儿里瞧不起这个半大小子。在大战一触即发之际，他居然离开了前线。失去主心骨的俄军被半大小子统帅的瑞典军队打了个魂飞天外。

纳尔瓦一战，使俄军的名声直线下降，全世界艳羡的目光都集中到查理十二身上。彼得也终于见识了老对头瑞典和"世界最杰出的军事家"的威力。

得胜的查理没有乘胜追击，反而转头冲向波兰。他犯了和彼得一样的错误——轻敌。这样的失误很可能成为整场战役的转折点。

彼得的一生中打过许多败仗。但是他总能越挫越强，在战争中学习战争，直到取得最后的胜利。战争对于彼得来说，就像去欧洲拜师学艺一样，是一种意志、体能、技巧的锻炼。经常进行这种另类锻炼的彼得，日益成为一个成熟的军事家。他既不因战败而气馁，也不因胜利而忘形。

查理的失误给了彼得重整旗鼓的机会。在接下来的 5 年时间里，他紧紧抓住瑞典难得的"仁慈"，内外兼修，组建、装备了一支现代化的新军队。

除了投入大把银子建设强大的海军，他开始训练陆军使用火枪、火炮。造兵器的原材料紧缺，他下令全国每三个教堂交出一口铜钟。这时候，原始的俄国人才闹明白，原来扰民的大钟还能变成杀人的凶器。一年之后，俄国铸出了 300 门大炮。

为了解决兵员，俄国全民总动员。甭管贵族还是平民，只要是胳膊腿利索的壮丁都有责任杀敌上战场。立了战功肯定有赏，升官发财、光宗耀祖。很快，一支 20 万人的陆军在彼得大帝手下建立起来。

上足了发条的彼得大帝跑到每个愿意接待他的国家煽风点火。争取土耳其中立、争取波兰支持、争取全世界人民联合起来打垮瑞典……他甚至把招募军官的广告贴满了欧洲各国的街头——除了瑞典。

北极熊等待着报仇雪耻的机会。

三、波尔塔瓦会战

"北方联盟"名存实亡，已无后顾之忧的查理十二再次挥师东进。正在加紧操练人马的彼得认为反攻的时机尚未成熟，所以决定装一回孙子，派出使者主动要求议和。

可是这招示敌以弱被查理十二看穿了。这几年彼得在欧洲各处乱窜，干了些什么勾当，地球人都知道。他给彼得一个铿锵的答复：议和可以，就在莫斯科城墙上吧。

1707 年秋，查理十二挥师 5 万，直捣莫斯科。

面对如狼似虎的老对头，彼得沉着应战，严阵以待。他把驻守边防的俄军撤回到大后方。撤军之前，所有辎重物资全被销毁，一口粮食也不给瑞军留下。这一招坚壁清野取得了巨大成功。

缅希科夫指挥波尔塔瓦会战

瑞军跋涉在空旷的俄罗斯原野上，前不着村后不着店。虎狼们终于理解了什么是巨大，什么叫辽阔。他们看见了蓝蓝的天上白云飘、看见了鸟儿伴着白云飞，可就是看不见俄军的人影儿。这时候，他们才多少有了点地理概念：敢情莫斯科这么老远啊。

冬天临近了，眼看着将士们被西伯利亚的寒流和缺德的焦土政策搞得饥寒交迫，查理十二又犯了个致命错误。他没等携带大量给养的增援部队跟上，就掉头南下，杀向乌克兰。

这个冒失的决定，把瑞典人民辛辛苦苦攒起来的战略物资，拱手让给了俄军。1708 年 9 月 28 日，俄军把瑞典辎重部队拦截在列斯诺伊村。

一通激战过后，俄军不光抢劫了所有辎重，还让 8000 多前来增援的瑞典士兵当了炮灰。

失去所有援助的查理十二开始感到不安。他把士气低落的部队纠集在一起，向距离莫斯科 400 多公里的沃罗涅日进发。他这种随意改变作战计划的军事家世所罕见。这种神出鬼没的战略确实让敌人难以捉摸！

蹚着春汛的泥泞抵达沃尔斯克拉河畔时，强横的瑞典士兵已经一蹶不振。查理十二决定停下来，占领尚未遭受战争蹂躏的波尔塔瓦地区。在那里抢些葱头、大蒜、土豆之类的，吃饱喝足后，再一举拿下莫斯科。

这时候，内外交困的查理十二已经由军事家彻底转变成妄想狂了。

瑞军孤注一掷的进攻，遭到波尔塔瓦守军的英勇抵抗。尽管人数不多，他们还是用鲜血、生命和炮弹把侵略者挡在城墙以外。在进攻中，瑞军消耗了大部分弹药和几乎全部的大炮。

得到这一消息，彼得敏感地意识到，报仇雪耻的机会就在眼前。他要把全国的武装力量收拢成一只攥紧的铁拳，一拳搐在瑞典人的腮帮子上。集结号吹响了，全俄的精锐部队以急行军的速度迅速向波尔塔瓦集结。

1709 年 6 月 4 日，彼得亲临波尔塔瓦，与城内守军和赶来增援的乌克兰兄弟部队呈犄角之势，把老对头围困在当中。发动总攻之前，彼得向士兵们发表了著名的战前动员：

"兄弟们！决定祖国命运的时刻来到了。你们不是为彼得而战，而是为自己的父老乡亲而战。只要伟大的俄罗斯再也不受人欺负，我们纵然牺牲也无怨无悔！"

士兵们群情激愤，一起高喊："无怨无悔！无怨无悔！"

战斗于 1709 年 6 月 27 日凌晨 2 时打响。瑞军此次面临的，是装备精良、在人数和气势上占绝对优势的俄罗斯新陆军。这支军队已经作好了跟老对头算总账的准备。

亲临前线指挥的彼得，像座铁塔一样戳在战场上，子弹一个劲往他身上招呼。可是就算帽子、马鞍都被子弹开了洞，他也决不后退一步。要不跟瑞典这个生死冤家血拼一场，他这辈子算是白活。

经过 10 余小时的激战，瑞军在俄军的强大攻势下全线崩溃，扔下了 9000 多具尸体，落荒而逃。俄军只损失了 1300 名士兵。

6 月 30 日清晨，"馅饼元帅"缅希科夫指挥的俄罗斯骑兵抵达前线。已经在波尔塔瓦战场上输得毛干爪净的瑞典士兵，没等俄骑兵发威，就举着白旗主动往战俘营里跑，拦都拦不住。集体饿疯了的瑞军将士一准儿以为"馅饼元帅"是带足了馅饼出征的。

失魂落魄的查理十二带着一支不足 2000 人的残部渡过了第聂伯河，投奔俄罗斯另一个苦大仇深的冤家——奥斯曼土耳其帝国。

古斯塔夫二世的继承者们尽心尽力维护的"波罗的海绝对霸主"地位，随着彼得大帝在波尔塔瓦战役的完胜而终结。

这场战役为 18 世纪的俄罗斯取得一系列胜利开辟了道路。俄罗斯士兵第一次感觉自己才是欧洲当之无愧的战斗精英。而孤军深入到俄罗斯内陆作战的查理十二，成就了一个至今无人打破的诅咒——凡是远征俄罗斯的军队都会失败。后来，拿破仑和希特勒都不信邪，结果都被这个冰冷刺骨的诅咒整成了悲剧。

第二节　一纸合约成就帝国

打出自信的俄军将士乘胜追击，痛打落水狗。陆军节节胜利，海军也着实争气，一鼓作气把嚣张一时的瑞典海军彻底击败。

1721 年，随着一纸合约的签订，俄罗斯和瑞典这一对生死冤家总算决出胜负。原汁原味的北欧海盗从此失去了当年的霸气。而志得意满的北极熊，则一屁股坐稳波罗的海，再也不肯挪窝了。

一、两位军事强人间的决战

1700 年打响的北方战争，别看那么多国家跟着起哄架秧子，其实真正对决的就是两个军事强人。一个是被称作"欧洲最后骑士"的查理十二；另一个是被尊为"俄罗斯之父"的彼得大帝。两虎相争必有一伤。结果年轻的查理十二很受伤。而年长 10 岁的彼得则表现出更加稳重成熟的风格。通过连续多年的血战，他终于实现了先辈们梦寐以求的夙愿——拥有一片属于自己的水域。

波尔塔瓦城内至今保留着彼得大帝作战前休息过的大教堂。他曾在此虔诚地祈祷胜利，并发誓和老对头死磕到底。

教堂外的广场上有座纪念碑。碑顶的俄军顶盔缠甲、手握凶器，威武不能屈地杵在日头底下。碑身和碑座上雕刻精美的双头鹰和雄狮，彰显着彼得大帝的光荣与梦想。

波尔塔瓦战役引起了俄国另一个死对头奥斯曼土耳其的不安。而且流窜至此的查理十二为了给自己拉个垫背的，不遗余力地宣扬"俄罗斯威胁论"，鼓动中亚狼人先下口为强。

所以当彼得要求土耳其引渡查理十二的时候，不但没见到战犯，反而被龇牙咧嘴的中亚狼狠狠咬了一口。

1711 年夏，土耳其出动 10 万大军，在克里米亚军的配合下，把俄军包围在普鲁特河畔。经过一场激战，弹尽粮绝的俄军被迫求和。最终，彼得以归还亚速及其附近地区为代价与土耳其达成停战协定。

查理十二的离间计虽然成功，但是瑞典也没落什么好。1714 年，俄海军在芬兰湾大败瑞典舰队，占领了芬兰与瑞典之间的海上跳板阿兰群岛，并以此为依托，迅速在瑞典本土登陆。

北极熊的势力越来越大，要是没个制约，俄罗斯在欧洲就为所欲为了。鉴于这种顾虑，俄国所有的拜把子兄弟纷纷同瑞典议和。

彼得大帝一琢磨也对，穷寇莫追，就给这个老对头留条活路吧。1718年，他准备主动和瑞典议和。可正在这时，发生了一件让彼得悲喜交加的事——查理十二死了。

查理十二真是个战争狂人，被俄罗斯打败以后，又跑去跟挪威打仗。结果他在前线挨了一枪，到底是被流弹击中，还是被暗杀，一直也无定论。

得闻此讯，一种绝顶高手才有的孤独感，在彼得大帝的心中油然而生。正在彼得唏嘘感叹之时，俄国高姿态的主动议和竟然被瑞典人拒绝了。瑞典新女王带着咸鱼翻身的幻想，终止和谈。

于是，烽烟又起。

二、一朝得势成霸业

瑞典女王这种浪漫得没边儿的幻想，终于把苟延残喘的瑞典送上了绝路。

1720年和1721年，俄海军接连两次大败瑞典舰队。陆军也在瑞典沿岸大规模登陆，直逼首都斯德哥尔摩。

1721年9月，瑞典终于招架不住了，服服帖帖地跟俄国签订了《尼斯塔得条约》。按照和约规定，北极熊拥抱了所有波罗的海沿岸地区。从此，俄国人可以跟去自家澡堂子一样，自由地进出波罗的海。

至此，历经21年的"北方战争"宣告结束。瑞典海盗几辈子辛辛苦苦从别人手里抢来的地盘，一战尽失。强横了几个世纪的北欧霸主从欧洲列强的名单上一笔勾销。俄国从此称霸波罗的海，成为了东欧最强大的国家。

距圣彼得堡30公里的夏宫里，有个巨大的喷泉池。池子中间是个寓意深刻的雕塑：一个力拔山兮气盖世的猛男双手奋力掰开了一头雄狮的嘴，泉水从狮口喷出。

这个猛男是《圣经》中的大力士参孙，象征俄罗斯海军。那头倒霉

彼得堡夏宫的雕塑：参孙掰开狮子的口

的狮子象征瑞典海军。参孙掰开狮口，意味着俄罗斯通过一场血雾弥天的持久战，从瑞典手中夺得波罗的海出海口。

俄国文学评论家别林斯基说过："曾有一堵墙把俄罗斯与欧洲分割开来。只有参孙一类的人物才能摧毁这堵墙。在俄罗斯，参孙是通过彼得表现出来的。"所以，这座雕像也表现了彼得大帝所取得的最大功绩。

随着北方战争的完胜，彼得大帝的威名达到顶点。1721年，自我感觉良好的彼得授意国家杜马，授予他"全俄罗斯皇帝"的头衔。

打通了波罗的海的出海口，为俄罗斯进一步发展制造了有利的条件。丰饶的中欧和寒冷的北欧都暴露在俄罗斯眼前。俄罗斯走上了争夺世界霸权的道路。

第三节　遍地撒种去殖民

翻翻俄国历史，好像随便哪个阶段它都在对外扩张。伊凡雷帝、彼得大帝、叶卡捷琳娜大帝、亚历山大一世……没有一代消停过。

与领土扩张相呼应的，是俄国的殖民政策。热情奔放的俄罗斯人走哪儿算哪儿，爱谁是谁。只要是有人的地方，他们就遍地撒播自己民族的种子。

一、冰天雪地的穷苦人

17 世纪 30 年代，沙俄在逐步向东北亚推进的过程中，沿途建立了不少城堡和营地，为日后大规模殖民做准备。到了 18 世纪，沙俄的殖民已遍布东北亚各地。

早期的殖民者多是国内转移过来的各类罪犯，有杀人越货的强盗，也有冒犯了皇威的政治犯。他们被装上马拉大车的笼子里，像牲口一样被拉到了西伯利亚，构成了殖民的坚实底座。

罪犯之上的是被沙俄政府忽悠过来的农民。这些没什么文化的农民是冲着免税权和不菲的国家补助而迁移来的，他们拖家带口、离乡背井，跑到冰天雪地的西伯利亚来开创新生活。

在农民之上的是政府官方代表。在国内得罪了权贵的倒霉蛋，最常见的惩罚就是被抓差到西伯利亚当官。那里除了堆雪人、打雪仗，像样的娱乐几乎没有。

这只是进入西伯利亚殖民的先头部队。他们用自己的生命证明，西伯利亚的寒流虽然很提神，还不至于很快把人冻死。这就引来了大批的逃荒部队。主力部队是被农奴制逼得没活路的农奴。

盛行在俄国的农奴制是为了方便贵族老爷欺压劳苦大众。而逃到西伯利亚的农奴差不多都是破衣烂衫的穷苦人，这里荒地很多，人烟稀少，农奴制也就失去了存在的意义。

为了避免落单的贵族被迫自己动手丰衣足食，沙俄政府曾明令规定：抓到逃跑的农奴，应送还给他们的主人。然而，西伯利亚地方当局对新移民的需要比遵纪守法更迫切。在他们的庇护下，逃难的农奴得以永久居留。

一份早年的西伯利亚人口统计很能说明俄国人殖民的热情。1622年，当地土著和俄国人的人数分别是17.3万人和2.3万人。到了1763年，两个数字分别是26万人和42万人。土著的人口增长0.5倍，而俄国人则增长17.26倍。

顺利地把西伯利亚变成殖民地后，俄国人开始向远东地区的堪察加半岛挺进。1697年年初，一支120人的哥萨克小分队，就把当地从事捕鲸、狩猎的爱斯基摩人制服了。到1711年，整个堪察加半岛并入俄国版图，成为俄罗斯最大的半岛。

北极熊在占领了东北亚和堪察加半岛以后，又把贪婪的巨掌伸向北太平洋的阿拉斯加。18世纪末，沙俄越过白令海峡占领了阿拉斯加，打算开荒殖民。

1867年，俄国把阿拉斯加以800万美元卖给美国，形成了今日俄美以白令海峡为界的局面。

二、四面撒种，八方结果

芬兰原是受瑞典保护的一个小弟。北方战争过后，输掉老底的瑞典一蹶不振。沙俄趁机夺得了芬兰的大部分领土。到了1809年，沙皇亚历山大一世当上了芬兰的老大。

在中亚战线上，黑海沿岸地区曾经长期处于奥斯曼土耳其帝国的统治下。经过和中亚狼人的长期撕扯，到了19世纪，北极熊稳稳地把这一片地区揽入怀中。

俄国人的一贯做派就是，把领土扩张到哪儿，就在哪儿辛勤播下民族种子。这种四面撒种、八方结果的殖民扩张政策取得了显著的效果。到1725年，俄罗斯总人口已达1560万人。

彼得大帝对外扩张大业的忠实继承者是叶卡捷琳娜大帝，她用武力吞并了立陶宛、白俄罗斯，把自己的西部边境从第聂伯河推进到了涅曼河和布格河，从此，俄罗斯与普鲁士及奥地利接壤。随后在三次瓜分波兰的饕餮大餐中，沙俄夺得了大部分波兰领土。

几个世纪以来，凡是和俄国挨点边儿的国家，乌克兰、斯洛伐克、匈牙利、罗马尼亚……几乎无一例外地成为俄国殖民政策的牺牲品。

这些国家或地区，很难保证本民族人种的纯洁性。迄今为止，他们仍无法斩断和俄罗斯爱恨交加、若即若离的暧昧关系。

值得一提的是，中国也没躲过俄国的殖民潮。老毛子通过各种卑劣手段及一系列不平等条约，从清朝手里夺去了中国 150 多万平方公里的领土。

1900 年，八国联军侵华，老毛子趁火打劫，占领东北全境，对中国东北实行殖民统治。东北随处可见的俄式建筑，都在控诉当年那段屈辱的历史。

从一个臣服于蒙古的城邦小国，变成了一个幅员辽阔、民族众多的超级大国。俄罗斯的殖民扩张大概可以算是世界殖民史上最成功的典范。

第四节　帝国养成的大贪官

17 世纪至 18 世纪的俄国宫廷秘史里面始终贯穿着一个重量级人物。他就是彼得大帝老朋友、女皇叶卡捷琳娜一世的旧情人、小皇上彼得二世的老丈人缅希科夫。

出身贫寒的缅希科夫凭着察言观色的小伎俩和奋勇杀敌的真本事，一路过关斩将，成为俄罗斯帝国最牛的大权臣，与当年乾隆朝的和珅有一比。

一、出身贫寒志气大

17 世纪末的俄罗斯，上至贵族、官员，下至工匠、农民、士兵，都领受了"马不吃夜草不肥"的真谛，兴起了经商、做小生意的热潮。

克里姆林宫附近的街头巷尾，就经常能看见一个手托货盘的馅饼哥。这个年岁不大的小贩除了在卖馅饼时表现出少有的精明，还能搞些别出心裁的恶作剧，给人们无聊的生活增添了欢快的色彩。看到自己的小把戏能逗得人哈哈大笑，馅饼哥有些得意忘形。

有一天，他居然拿横眉立目的射击军开起了玩笑。这下糠大了，馅饼哥的耳朵差点被扯下来不说，射击军还抢光了所有的馅饼，打着饱嗝要砸烂他的货盘。那可是吃饭的家伙，馅饼哥的眉毛也竖了起来。

就在馅饼引发的血案即将发生之际，一个救星从天而降，阻止了事态进一步发展。他就是年仅14岁的小皇上彼得。

当时他正无聊地在莫斯科的大街小巷闲逛，正好目睹了事情的整个经过，他不由得对这个又瘦又小却绝不屈服的馅饼哥心生惺惺相惜之感。要知道，当时彼得也正挨他老姐索菲娅的欺负，而射击军正是索菲娅的帮凶。

这还有什么说的？既然有共同的敌人，当然要站在一条战线上。彼得义无反顾地挺身而出，从射击军手里把馅饼哥救了下来，编入儿童团当了个小炮手。

因祸得福的馅饼哥算是找到了长久的饭碗。他用加倍的机灵乖巧讨小皇上的喜欢，没多久，就被提拔到彼得身边当了随身侍卫。他出的坏点子总能让小皇上耳目一新。有了小皇上做靠山，他更能把恶作剧导演得尽善尽美。

而在彼得的心中，这个只比他小一岁的机灵鬼正好替代了呆瓜一样的伊凡。

这个一肚子鬼主意的馅饼哥，就是后来在俄罗斯政坛上叱咤风云的亚历山大·达尼洛维奇·缅希科夫。他用无比的忠诚、勤恳博得了所有皇室成员的信任和好感。

彼得无论去哪儿，他都像跟屁虫一样寸步不离。在彼得去欧洲镀金的一年半里他也跟着，并且用超人的智慧和勇气保全了满口的牙齿。

在皇位争夺战中，他在彼得背后出谋划策；在镇压射击军的叛乱时，他抢枪上阵，新仇旧恨一起算；在打造新俄国的改革中，他冲锋在前，扫平一切保守势力；在开疆拓土打天下时，他跨马扬刀，立下赫赫战功……

虽然很长时期没有官职，缅希科夫也不在乎。实际上，满朝文武都知道皇上身边的红人非他莫属。有没有一官半职对他来说已不重要，关键是他有皇上。

二、大帅沙场显威风

北方战争期间，彼得把大兵交给信任的馅饼哥指挥。如此重用没有作战经验的新人，不能不说是一种冒险。但事实证明，缅希科夫完全胜任军事长官这一要职。他带兵打仗比卖馅饼更有技巧。

1708年9月，缅希科夫在被称为"波尔塔瓦大战之母"的列斯纳亚战役中指挥骑兵，表现出勇敢沉着的大将风范。在战斗中，他灵活机动、主动出击，打得瑞军屁滚尿流。

1708年11月，瑞典军队横扫波兰，兵锋直指乌克兰。在瑞军的强大压力下，乌克兰的军事首领马泽帕背弃了和俄罗斯的同盟，归顺瑞典。缅希科夫果断占领了马泽帕的老窝——巴图林城，缴获了城内为瑞典贮存的大量粮食、武器、弹药。

在1709年打响的波尔塔瓦战役中，他指挥的骑兵起到了决定战争胜负的关键作用。在交战中，像大仙附体一样的缅希科夫奔驰在沙场上，狗撵兔子似的追击逃窜的瑞军，光是自己的坐骑就累死了三匹。

最后，被赶到第聂伯河渡口的瑞军被这位瞻之在前、忽焉在后的"馅饼元帅"累到崩溃，集体举白旗投降。

由于在各大战场上的杰出贡献，1727 年，缅希科夫被授予陆军元帅军衔。他是现代陆军史上第一个元帅。后来设过元帅军衔的国家，也仅有苏联、西班牙和中国等少数国家，目前世界上已没有这一军衔的设置。

除了在战场上耀武扬威，缅希科夫还曾两度出任帝国陆军学院院长，把克敌制胜的本事传给下一代。

三、贪得无厌财迷疯

也许是打小做买卖留下的病根儿，馅饼哥把钱看得比他爹都亲。虽然爵高禄厚，他仍抓住一切机会"捞外快"，连蝇头小利也不放过。

缅希科夫把"爱国精神"发扬到国库，好像那就是他们家的存钱罐，随用随取。他过于肆无忌惮，以至于他的所作所为俄国人都知道了，彼得当然也不例外。但是，缅希科夫赤胆忠心、劳苦功高，彼得念在打小一块儿长大的情分，对此事一直是睁一只眼闭一只眼。

有一回，缅希科夫实在捞得太过界了，彼得把他诓到宫廷作坊的车

缅希科夫宫

间里暴揍一顿。可是揍完之后，看着满地找牙的发小儿，彼得又心疼了。于是，哥俩冰释前嫌，找个旮旯暴饮暴食。直到把酒量不如自己的缅希科夫灌得出溜到桌子底下，彼得这才长出了一口恶气。

1711 年，缅希科夫在波兰侵吞公款，把脸都丢到外国去啦。得悉此事的彼得又气又急又没辙。离那么老远，想揍他一顿都够不着。万般无奈之下，彼得只得央求馅饼哥："我求求您，俄罗斯国库的钱，您拿了我就忍了！别再为了这点小便宜到国外给我丢人现眼啦。"

这回缅希科夫倒是挺听劝，从此不捞小便宜而开始"干大的"。为给"大干"创造条件，首先他得打通皇上这一关。彼得喜欢什么，他比谁都门儿清。

1717 年，彼得出访法国时喜欢上了当地精美的丝绸制品，缅希科夫立马建立了几家生产高档丝绸的工厂。这一招一举两得，既能巴结皇上，又能为他从事商业活动提供强大的物质基础。

有一回彼得过生日，他居然从国外购置了一艘护航舰"萨姆松"号，作为寿礼献给皇上。缅希科夫这种不惜血本的贿赂，把彼得大帝的嘴封得牢牢的，再也不好意思干涉他贪污腐败。

无所顾忌的缅希科夫一见时机成熟，开始"干大的"。当时在俄国最有利可图的行当要数垄断粮食供应、哄抬粮食价格，这可是他的"强项"——别忘了，他以前可是卖馅饼的。他总揽了新兴城市所需的大量粮食。粮食主要来自他自己家日益扩大的田产。

改革中的俄国大搞城市建设，建筑材料又成了热门的抢手货。这桩好买卖岂能放过？缅希科夫一通上蹿下跳地忙活，把建材总承包商的肥差抓到手。然后他利用这便利条件给自己盖了座五星级大酒店。

巴洛克式风格的缅希科夫宫那叫一个奢侈，连彼得请客吃饭都得跟这儿吃——相比之下，克里姆林宫不上档次。贵族大臣们更别提了，举办个婚礼啦、开个派对啦，都得给馅饼哥作揖。难怪普希金称缅希科夫是俄罗斯的"半个皇帝"。

缅希科夫宫的顶层楼梯扶手的图案是 P 与 M 两个交织的拉丁字母花纹，即彼得和缅希科夫的花体字图案。这说明哥俩关系有多铁，除了不能一块儿坐江山，什么都能共享——包括情人。

四、攀龙附凤走捷径

1725 年，彼得大帝力排众议，趁着还没死，把第二任妻子叶卡捷琳娜·阿列克赛耶夫扶上沙皇的宝座。在众多非议声中，就缅希科夫跳着脚喊好。他没法不兴奋，因为俄国历史上的第一位女皇是他的旧情人。

出身卑贱的叶卡捷琳娜原来就是军中一个女奴，被当作玩物在各级军官中抛来抛去，最后落在了馅饼哥的手里。彼得去缅希科夫宫玩的时候，一眼就看上了美丽健硕的叶卡捷琳娜。

看着皇上魂不守舍的憨样，知趣的缅希科夫忍痛割爱，把刚到手的尤物拱手献给大帝，从而成就了一段美满婚姻。所以，缅希科夫无疑是叶卡捷琳娜命中的贵人，她能不感恩图报吗？

女皇上位的第一件事，就是豁免了缅希科夫应缴国库的全部债务（也就是说，他以前从国库卷走的一切银子名正言顺地归他自己了），还赏给了他梦寐以求的布土林城。

不过，此时富可敌国的缅希科夫对钱已经麻木了。他更关心的是国家大权。按公侯伯子男的顺序，缅希科夫已经是顶尖的公爵了，再往上就是皇上，他倒是没有谋朝篡位的野心。于是，他撺掇女皇封了他一个俄罗斯历史上绝无仅有的特级公爵。

当了特级公爵，他还是不过瘾。该怎么向权利巅峰攀登呢？攀龙附凤这条捷径自然成了特级公爵的首选。

为了实现这一计划，他首先编了一份族谱给自己镀金，证明他属于留里克家族的嫡系。随后他试制了一批"缅希科夫银币"，妄图让自己的大名在俄罗斯各经济领域流通。这回连女皇脸上都挂不住了。银币还没上市就夭折在缅希科夫的钱库里。不过缅希科夫倒没有为此而感到难堪。

死在鞭子底下的太子阿列克赛留下了一个儿子（当年第一个在阿列克谢的判决书上签名的就是缅希科夫）。缅希科夫把他接回自己家中抚养，还给他找了个童养媳——就是自己的长女玛丽娅。一方面培养感情，一方面培养爱情。

接着，他趁叶卡捷琳娜女皇卧病不起之机，劝说她签署了他所需要的遗嘱：把皇位传给自己的准姑爷。这样一来，辅佐小皇上的摄政王就非他莫属了。

1727 年 5 月 23 日，女皇去世后的十来天，在新任摄政王的操持下，举行了小皇上的婚礼大典。贵族大臣们随的份子钱都进了缅希科夫的腰包，一分也没让小皇上见着。

五、竹篮打水一场空

正当缅希科夫权势熏天之际，他犯了两个致命的错误。

一个是在巩固个人权力的斗争中，没有得到禁卫军的支持；一个是没及时消除敌视他的保守派贵族对小皇上的影响。

保守派先向小皇上打小报告，把当年缅希科夫撺掇他爷爷整死他爹的真相添油加醋地演义一番，然后以侵吞国家财产罪对特级公爵提出指控。

没定性的小皇上在保守派的把持下签署谕旨：先把老丈人软禁在家中，削除一切职务，没收财产和各种奖章。接着，俄罗斯第一权臣缅希科夫被赶出了首都。

1727 年 9 月 10 日，一支浩浩荡荡的流放队伍，在公爵的私人保镖——龙骑兵的保护下上路了。随行人员多达 133 人，其中有侍从、随员、仆役、厨师、裁缝、歌手、鞋匠……甚至还带着两个小矮人。

缅希科夫在别廖佐夫郁郁而终

缅希科夫力图用这场古今中外最排场的流放，保持自己的显赫身份和尊严，可是已难挡江河日下的命运。

两年后，俄帝国的三朝权臣、特级公爵、大元帅、最高枢密院长官、陆军学院院长、海军上将、法兰西学术院院士、英国皇家协会会员、各种勋章获得者亚历山大·达尼洛维奇·缅希科夫死于西伯利亚一个偏僻的小镇别廖佐夫。

不过在死前，缅希科夫已经成功地和皇室攀上了亲家。自此以后，缅希科夫家族一直是俄罗斯帝国最强大的政治势力。

第五章
一代女皇

　　彼得大帝死后，由其妻叶卡捷琳娜一世任女皇，从此开始了俄罗斯长达 75 年的女皇统治历史。

　　最后一位女皇叶卡捷琳娜二世是一位巾帼不让须眉的女中丈夫。她在位的 34 年，对内加强中央集权，施行开明专制；对外征战不休，欺负弱国小民，被称为"帝国的黄金时期"。

　　在沙俄历史上，只有两个获得"大帝"名号的沙皇：一个是男大帝彼得一世，另一个就是女大帝叶卡捷琳娜二世。

　　叶卡捷琳娜曾豪情万丈地说："假如我能够活到二百岁，全欧洲都将匍匐在我的脚下！"她把俄罗斯领土扩张到空前绝后的范围，就是彼得大帝从棺材里爬出来也会自叹弗如。

第一节　百忍成精夺皇冠

　　她压根就不是俄国人。她的原名也不叫叶卡捷琳娜。嫁给傻缺老公后，她的婚姻充满了不幸。霸道的婆婆压得她喘不过气来……

　　种种迹象表明，这个美丽的花季少女，没等开放就要凋谢。然而，她活下来了，用百忍成精的韧劲等来了扬眉吐气的一天。

一、老乡见老乡

　　安哈尔特—采尔勃斯特公国在德国是一个不起眼的小公国。

　　1729年4月21日，一个漂亮结实的小公主在安哈尔特—采尔勃斯特公国呱呱坠地。爹娘给她起名叫索菲亚·奥古斯特·腓特烈西亚。虽然勉强也算是公主，但是乡镇级别的小公国和坐拥欧亚大陆的俄帝国相比，充其量算是北极熊脚边的小企鹅。

叶卡捷琳娜二世的婆婆：

伊丽莎白·彼得罗夫娜女王

　　小企鹅在清新淳朴的乡下快乐地长成一只美丽的小天鹅。她幻想着有一天，能有一个英姿挺拔的王子骑着白马，带她到绿树长青、花香常漫的仙境，过上神仙般的日子。

　　在她14岁的时候，这种罗曼蒂克的幻想被沙俄的宫廷选秀彻底粉碎。一辈子光忙着勾引别人丈夫、自己不结婚的女光棍伊丽莎白女皇，钦点她为皇储彼得三世的妻子。从此，她进入了一个光怪陆离、尔虞我诈、生死相搏的诡异世界。

她就是后来大权独揽的沙俄大帝叶卡捷琳娜二世。她原本是一个地地道道的德国人。

凑巧的是，她的老公彼得三世也是个连俄语都不会说的德国人。彼得三世是彼得大帝长女安娜公主和瑞典公爵卡尔·腓特烈的儿子。按照父系家谱，他是瑞典国王查理十二的侄孙，也是彼得大帝的外孙。

所以，自幼在德国长大的彼得三世一直望眼欲穿地盯着瑞典王位，没打算跟又穷又野蛮的俄罗斯扯上任何关系。打从来到俄罗斯，他一直摆脱不了强烈的怀乡情结，压根就没把这儿当成自个儿的家。

这也是俄罗斯帝国史上非常怪异的一个时期：皇上、皇后全是舶来品，而非本地人。

彼得三世与皇后叶卡捷琳娜

德国小公主的到来，让彼得三世着实欢喜了一阵子。在这个穷人扎堆的异国他乡，终于遇到了一个来自同一祖国而又年纪相仿的小伙伴，彼得三世激动得手舞足蹈。想想大家同为德国人，老乡见老乡，两眼泪汪汪呀！

其实他这种热情完全是基于对故土的留恋。也就是说，假使把小公主换成任何一个年龄相当的德国丫头，他都会表现出同样的德行。可是作为爱情，彼得三世发育迟缓的脑仁儿里似乎还短这么根筋。

他和小公主和平共处的美好时光没有维持多久，俩人就变成了恨不能亲手掐死对方的生死冤家。这和很多故事的发展脉络极其相似，拔刀相见的仇敌一开始都是惺惺相惜的朋友。

导致两个德国小朋友彻底决裂的主要原因，是彼得三世孤僻、怪戾的性格，还有非一般的傻缺特质。

这也难怪，彼得三世小时候受过很大的刺激。

二、自小就是个碎催的命

按理说，彼得三世的亲外公是彼得大帝，亲叔祖是查理十二，这两位都是威震欧洲的军事强人，他也不应该差到哪儿去呀。可事实证明，古今中外所有帝王全装一箩筐里彻底筛一遍，也挑不出彼得三世这样的了。他用自己短暂而不靠谱的一生，生动活泼地诠释了"二"的真谛。

他最终成为俄国的灾星。如果排除基因变异这个可能，唯一能让人理解的理由，就是他童年暗无天日的生活。

他爹瑞典公爵卡尔·腓特烈是个有志于继承海盗尚武精神的战争狂。为了把儿子打造成比查理十二还"二"的军事强人，他把打小就发育不良的彼得三世送进部队接受改造。

可怜的娃从 7 岁开始就整天身着能把他埋起来的军装，手持能把他砸扁的长枪，一天数小时参加高强度的军事训练。这还不算，累得直吐舌头的彼得三世还得像普通士兵一样站岗放哨、野营拉练。

有一天，他老爹宴请宾朋，把他搁门口当碎催使唤。几个小时过去了，可怜的娃饿得两眼发花、金灯乱闪。大厅里响亮的吧唧嘴的声音和眼前端进端出的美味佳肴，都考验着小彼三儿的意志。他流着哈喇子坚守岗位，直到饿晕过去。

还有一次执勤时，他爹吃到中途，恍惚想起自己的儿子还在挨饿，派人接替他去站岗。被解放的小彼三儿仍不敢找他爹要口吃的。一屋子人都夸这娃懂规矩。他爹一激动，赏给他一个跟大伙一块儿吃个囫囵饭的机会。

饿过劲儿的小彼三儿被搞得手足无措。他久久地呆望着满桌向往已久的饭菜，一口也吃不下去。一连几天里，他都处于绝食状态，似乎成了不食人间烟火的半仙之体。所有人都担心，这娃是不是让他老爹一严一宠的急转弯给惊着了？

后来据彼得三世自己回忆，他被请上饭桌进餐的那天，是他一生中最美妙的时刻。因为除了那天他爹把他当儿子看了以外，其他时候压根没把他当人看过。

彼得三世的军旅生涯没过上几年，他爹娘就相继归天。11 岁的他被移交给叔叔阿道夫·腓特烈。可是没义气的叔叔根本就不想管这倒霉孩子。他把彼得三世交给了一个有严重虐待倾向的家庭教师。

这个家庭教师原本从事训马的差事，根本不具备教师应有的素养和品格。他把驯马那一套野蛮手段原封不动地应用在彼得三世身上。可怜的彼得三世刚出龙潭又入虎口，苦日子算是熬不出来了。

驯马师不顾彼得三世身体羸弱，强迫他接受非人的训练。完不成任务，轻则挨饿，重则挨揍。最万恶的是，在彼得三世饿得前心贴后心的时候，他自己在一旁大吃大喝。这种折磨太要命啦。可怜的娃被响亮的吧唧嘴声整得一次次神经崩溃。

在残酷的训练阶段，彼得三世叫天天不应，叫地地不灵。非人的待遇没有把他打造成军事强人，反而让他"二"得惊人。

小小年纪的彼得三世在身体和精神方面都变态了。他变得胆小、阴险、多疑、神经质、说谎，并伴有病态的幻想。在他当上沙皇以后，更是把"二"发挥得震烁古今。

三、"二"中奇葩，无敌绽放

彼得三世的智商一直停留在顽皮的孩童时代。身为一国之君，他表现出惊世骇俗的弱智。贪玩、不理朝政顶多算个昏君，可是彼得三世不但对自己统治的俄罗斯漠不关心，甚至干起了通敌卖国的勾当。

在俄国和普鲁士进行的七年战争前期，俄军形势一片大好，眼瞅着胜利在望。就在普鲁士面临民族存亡的生死关头，彼得三世上台了。他毫不犹豫地站在敌国一方，积极地向普鲁士国王腓特烈二世提供军事情报，成为历史上级别最高的间谍兼卖国贼。

在彼得三世坚持不懈的努力下，原本旗开得胜的俄军陷入被动挨打的局面，最后不得不把吃到嘴的肥肉吐出来，与普鲁士握手言和！

导致彼得三世吃里扒外的原因只有一个：他是普鲁士国王腓特烈二世的忠诚粉丝。为了巴结心中崇拜的偶像，他甚至准备亲自率领亲兵卫队，投到偶像的麾下效命。

在签订合约的时候，彼得三世又自觉自愿地恢复了他碎催的身份。他鞍前马后地伺候普鲁士派来的和谈代表，对不合理的意见一律言听计从，差一点就委托人家替他来管理俄罗斯。对此，全俄上下一片茫然：我们的沙皇难道是个卧底？

作为俄帝国的最高领袖，彼得三世顽固地拒绝学习俄语。自从来到边远的俄国当皇帝，他就坚持用一口纯正流利的德语说俄国人的坏话，并且屡次不计后果地宣称，要永远怀念和忠于自己的祖国——当然不是俄罗斯，而是德国。

在他掌权的半年时间里，德国势力对俄罗斯朝廷的影响达到登峰造极的地步。俄国的贵族大臣们大眼瞪小眼：俺们这就算让德国人和平演变啦?!

在俄罗斯生活期间，彼得三世从未试图了解俄罗斯。他对俄罗斯"野蛮、落后、愚昧"的传统文化丝毫不感兴趣，整天忙着跟吊线木偶和一群大狗较劲。

在叔叔阿道夫·腓特烈成为瑞典国王后，彼得三世幽幽感叹："我要是不跟这帮俄罗斯穷鬼沾亲带故，我就能当文明国家的国王了。"事到如今，"二"得没人性的彼得三世也没闹明白，当初亲叔叔为什么把他赶到俄国来。

就这么着，这个"二"中奇葩用他无敌的绽放震荡乾坤，照耀宇宙，最终将自己逼上了绝路。

伤心失望的俄国人回过头再看看彼得三世的妻子，另一个德国人索菲亚，讶异地发现明明都是德国人，做人的差距咋就那么大呢！

从打被选秀送进皇宫，索菲亚就清楚地知道，如果把自己定位为安哈尔特—采尔勃斯特公国的公主，自己就不能获得安全和荣耀。要想在俄罗斯吃得开，先要成为一个俄罗斯人。她把自己的名字改成俄国味儿十足的名字——叶卡捷琳娜·阿列克谢耶芙娜，拼命学习俄语。

接着，她改信了东正教，在教堂弥撒上用标准的俄语朗诵圣经。连见多识广的大主教都被索菲亚的虔诚感动得直流眼泪。

为了有朝一日在俄罗斯站稳脚跟，索菲亚抓住一切机会窥探克里姆林宫的奥秘。她以小学生的低姿态出现在每个皇室权贵面前，用流利的俄语虚心求问。得体的谈吐、谦卑的态度为她赢得宫廷上下的一致好评。

四、势同水火的死敌

老乡见老乡的热情过后，彼得三世和叶卡捷琳娜的感情越来越淡。

在婚后长达 10 年的时间里，叶卡捷琳娜忍受着守活寡的寂寞。她自称在那段时间"无时没有书本，无时没有痛苦，但永远没有快乐"。

后来两口子发展到分道扬镳的地步。双方自由发挥，各找各的情人，而且肆无忌惮地在口水战中攻击谩骂对方。

在庆祝同普鲁士签订和约的国宴上，彼得三世当着各国嘉宾满嘴喷粪，公开侮辱叶卡捷琳娜。从那时起，叶卡捷琳娜和她的老公彼得三世成了势同水火的死敌。

无论是文化修养还是言谈举止，彼得三世都自觉地衬托着皇后的高贵。也许就是他自己在叶卡捷琳娜心里埋下了野心的种子。这么一个身心俱废的脑残体都能当沙皇，任谁都得有点非分之想。

在叶卡捷琳娜的回忆录中有这么一段话："我心中预感到我们之间不会有任何幸福可言，只有政治雄心激励着我。我内心中有一种难以言传的力量，使我一刻也不怀疑我将自然而然地变成俄国女皇。"

再后来接二连三发生的事件，更坚定了她打倒老公，自己当家作主的决心。

有一大，叶卡捷琳娜进入房间，发现了彼得三世正跟一只大耗子较劲。他用自制的绞刑架把被活捉的大耗子吊起来，让卷毛狗扑咬。听着被撕开内脏的老鼠"吱吱"惨叫，他得意地笑了。

叶卡捷琳娜问他："你一大老爷们儿把一只老鼠折磨成这样，特有成就感是吧？"

彼得三世狠狠地说："这耗子偷吃了我用淀粉捏成的两个士兵，犯了欺君之罪，必须依法严惩！"

听了老公的回答，叶卡捷琳娜打后脊梁骨冒凉气。对一只耗子尚且如此残忍，谁要是得罪了他，那会是什么下场？这件事给叶卡捷琳娜留下了挥之不去的阴影，她下定决心：对待老公，要么忍，要么残忍。

1758 年，她生下一个女儿，取名安娜。彼得三世到处往外扬家丑：

"不知道这娘们儿是怎么怀孕的，也不知道这个女儿是谁的，反正没我什么事。"

这下，两口子的冲突彻底挑明了。

叶卡捷琳娜权衡再三，摆在自己面前的只有两条路：一是继续给傻缺老公当老婆，跟着他一起丢人现眼；二是主动采取行动——我的幸福我做主。

其实，叶卡捷琳娜在政治上一点也不孤独，因为满朝文武都在找机会废了这个大俄奸，无非就是时间早晚和如何把握的事。

在书本中积累知识的同时，叶卡捷琳娜秘密组织了一个小集团。以奥尔洛夫五兄弟为首的青年近卫军军官，成为支持她的铁腕力量。

1762 年，女皇伊丽莎白去世。正在怀孕的叶卡捷琳娜不敢轻举妄动，眼睁睁地看着死敌彼得三世登上了皇位。她像黑寡妇蜘蛛一样隐忍不发，等待机会一口吞下自己的老公。

五、老公，您歇菜吧

彼得三世来到俄国以后的所作所为，早就让朝中大臣看透了他名为俄国沙皇、实为德国走狗的反动本质。早在伊丽莎白女皇统治末期，他们就多次酝酿宫廷政变，意在废黜彼得的皇储身份。

这些政变之所以隐而未发，一是因为没有找到合适的接替人选；二是碍于伊丽莎白女皇的面子。

叶卡捷琳娜也参与策划了这些政变。她曾提出要和老公平分天下，给后人留一段夫妻双双坐江山的传世佳话。可是遭到彼得三世的断然拒绝。他一贯不喜欢和别人分享。

1762 年，伊丽莎白女皇死后，没心没肺的彼得三世傻缺依旧，照常不误地狂欢作乐，不问国事。这引起俄国人的极大反感。而叶卡捷琳娜尽管对霸道的婆婆一肚子怨气，却在居丧期间，身披黑纱，跪在女皇灵前不断地祈祷、哭泣。这样的表演让她在民心中再得一分。

1762年6月28日，彼得三世像往常一样，出席一个庆祝活动——这是唯一能让他提起精神的国事。可是他到场的时候，却没看见皇后的人影儿。

原来叶卡捷琳娜的情人抢先一步通知她：在圣彼得堡有几位近卫军军官被逮捕了，政变的计划有可能被彼得三世获悉。夺取皇权的政变已经刻不容缓。叶卡捷琳娜火速返回圣彼得堡。刚抵达圣彼得堡，近卫军、枢密院、长老院和首都民众就向她宣誓效忠。大家对俄奸彼得三世已经忍无可忍了。

7月9日，叶卡捷琳娜发动宫廷政变，对着老公下手了。叶卡捷琳娜的脑海中闪过了老公虐待老鼠的一幕，她知道，对待彼得三世，不能下狠手，只能下杀手。

接到发生宫廷政变的消息，很傻很天真的彼得三世居然以为是老婆跟他闹着玩儿。他带上情妇和随从躲进了一座平时玩打仗的木制城堡。结果就是乖乖地把本来就不稀罕的政权拱手让给老婆，捎带着把自己的性命也让了出去。

一个星期后，用顽皮的一生谱写"二"字新篇章的彼得三世离奇死亡。叶卡捷琳娜面不改色地对外宣称他是死于消化不良。

倔强的彼得三世一赌气，吃上十斤八斤烤羊肉串把自个儿撑死，也不是不可能。问题是在他的葬礼上，有些贵族大臣按照俄国恶心的习俗亲吻尸体后，嘴唇肿得驴唇不对马嘴。他们努着两根油亮肥胖的香肠相视而笑，一切尽在不言中。

第二节　开明女皇振朝纲

经过前几任女皇"无为而治"，俄罗斯危机四伏。靠吃列祖列宗挣下的老本过活，一贯胆大气粗的北极熊也越来越没底气。

叶卡捷琳娜当上女皇之后，面对的就是帝国日益疲软的窘态。一直对西方开明思想心驰神往的她决心以彼得大帝为榜样，彻底改革，重振朝纲。

一、以"开明"之名

孟德斯鸠的著作灌输给叶卡捷琳娜自由主义的浪漫。尽管这种浪漫与中央集权统治下的沙皇俄国格格不入，但她依然憧憬一个美好、公正、开明的国家政权。

她自诩为"开明君主"，下决心要让昏睡的北极熊开明起来。她强烈要求俄国人继承彼得大帝的遗志，积极向西方学习，缩短与欧洲文明之间的差距，使俄罗斯早日称霸世界。

面对迫在眉睫的经济危机，她采用西方国家的经济政策，大力推动资本主义工商业发展。为此她颁布法令保护私有财产，并规定除莫斯科和圣彼得堡以外地区的任何人都可以自由开办乡镇企业。结果一大批手工工场雨后春笋般出现，到18世纪末，多达1200家。

对外开放战略成功地扭转了俄国的颓势。俄国经济恢复稳定。在执政三年之后，善于理财的女皇将高达1700万卢布的财政赤字变成了550万卢布的盈余。到她去世前，

"开明君主"叶卡捷琳娜二世

国家税收增加到 5600 万卢布，比登基之初翻了一番。

深受欧洲启蒙运动影响的叶卡捷琳娜，成了各种流行艺术的追星族。她比西欧任何一位君主都更慷慨地资助哲学家和艺术家。

在《百科全书》主编、法国大哲学家狄德罗最窘迫的时候，曾打算变卖自己的藏书换点生活费。这事跨国传到叶卡捷琳娜女皇的耳朵里，她当场出资几十万卢布买下了狄德罗的所有藏书。她只有一个小小的要求：就是狄德罗到死也不要和他的书分开。大哲学家感动得泪流满面。

在叶卡捷琳娜当政时期，俄国迎来了第一个文化高峰。诗人、小说家、画家……拉帮结伙地晃荡在俄国的大街小巷。说话不着边际的人都有可能被当成艺术家供起来。

女皇的开明决策在教育上体现得尤为充分。1764 年，她开办了俄罗斯第一所女子学校。这一创新让所有俄国妇女脸上都洋溢着"谁说女子不如男"的幸福。她们纷纷以女皇为榜样，很多俄罗斯家庭中出现了阴盛阳衰的母系统治。

为了鼓励人们学习，她允许出身低微的人进入学校。她诏告天下：只要脑子好使的农奴被任命为科学院院士，便可成为受国家保护的自由人。到她逝世时，俄国已经有了各类学校 549 所，6.2 万名学生。

为了培养高素质的人才，女皇还成立了一个委员会，专职挑选学习拔尖的优秀学生，送往欧洲各国留学。这些金光灿烂的海龟们给封闭的俄国带来了小资情调的西化之风。

女皇不仅鼓励国内的人才出国深造，还派出心腹大臣到国外广挖墙脚。大数学家欧拉来了、磁体力学奠基人贝努利来了、作家米西欧来了、建筑师卡梅伦来了……他们为俄帝国的发展壮大作出了突出的贡献。

在接种天花疫苗时，为消除人们的恐惧心理，她把袖子一卷，以大无畏的精神拿自己开刀，成为第一个接种天花疫苗的俄国人。

叶卡捷琳娜改革的本意是按照启蒙思想建立一个公正、人道的社会。

然而，她真的就是那位存在于理想中的"圣明君主"吗？

二、行"专制"之实

开明的叶卡捷琳娜在对内改革的大潮中，确实表现出超越古人的开明。但是涉及到国家政体这一块，她却显出了矛盾的一面。

1785年4月21日，女皇颁布《俄国贵族权利、自由和特权诏书》，确认贵族占有土地、农奴、矿山、森林、水源的权利，可以在所有城市自由居住、开农庄、办工厂……总而言之，只要听话不造反，贵族可以在帝国的范围内任意妄为，甚至不必承担任何国家义务。

贵族在帝国的特权地位得到了法律的保障。喂饱了贵族官僚就能维护和发展农奴制。他们当然对女皇感恩戴德、誓死效忠。这正是她要的效果：进一步加强中央集权。

所以说，虽然叶卡捷琳娜自诩为"开明君主"，但是她骨子里无疑还是个专制沙皇。比起以前的俄罗斯沙皇依旧"换汤不换药"，作为立国根本的政体从根儿上就没有改变，该专制还是专制。

叶卡捷琳娜越来越清醒地认识到，用她的"开明"思想解决根深蒂固的传统体制，纯属天方夜谭。她承认："治理俄罗斯这样幅员辽阔的国家，只能用君主专制，舍此皆为下策。"

随着俄罗斯和叶卡捷琳娜在国际上的声望越来越高，她也越来越偏离了当初大兴改革的初衷。"开明"之花已日渐枯萎，"专制"之树却日益壮健。打着"一心为民"旗号的叶卡捷琳娜成了真正的"贵族女皇"。

叶卡捷琳娜一方面对贵族无限度宽待，一方面对农奴扬起了鞭子。对于帝国霸业来说，农奴制恰恰是最好的"榨油机"。农奴的血汗就是维持帝国运转的润滑油。野心勃勃的叶卡捷琳娜牢牢抓住这台取之不尽用之不竭的"榨油机"。在残酷的压榨下，占俄罗斯总人口90％以上的农奴被榨成了人干儿。

开明和专制这两种完全对立的体制，在叶卡捷琳娜的强力撮合下，别别扭扭地拥抱在一起。这种别扭组合虽然短期内有利于巩固统治，但从长期来看却加剧了封建贵族和农奴两个阶级的矛盾对立。

农奴所受的剥削和压迫进一步加深。这就像一座积蓄能量的火山，总有一天会喷发。对农奴制这个俄国最大的痼疾，叶卡捷琳娜早就心知肚明。她说过："如果我们不同意减少残酷性，改善人们不可忍受的生活状况，那么尽管我们反对，他们自己迟早也会这么做的。"

可是她知道归知道，就是明知故犯、死不改悔。在位 34 年，她把俄国的农奴制度打造得"金光灿灿"。至于这个痼疾将来会带来什么样的恶果，她就顾不了那么多了。

开明也好，专制也罢，叶卡捷琳娜终归是把启蒙思想引入了俄国。被欺负惯了的俄国老百姓从此知道，世界上还有一种美好的东西叫做"平等自由"。接触了西方自由主义的贵族也成为日后革命的种子。推翻沙皇专制和农奴制的第一声呐喊就是从进步贵族中发出的。

三、心境柔美的大帝

从修养、性格来说，叱咤风云的叶卡捷琳娜其实是个心境柔美的女人。她对人和蔼可亲，说话和风细雨，常自己动手做家务，从来不训斥下人。宫廷里几乎所有伺候过她的内侍都对她的人品交口称赞。

有一天晚上，她有急件要送走，喊人却没人吱声。她找到前厅，看见侍卫们正围在一起打牌。这么混日子的员工，搁现在开除都不冤，好在他们赶上了个好领导。女皇不但不惩罚侍从，在低声打发其中的一个把急件送走之后，为了不扫了大伙的兴，女皇自己坐下来凑把手一块儿打牌。

还有一次，有一位手艺不咋地的外国厨师不知通过什么门路，混进了皇宫后厨。但女皇体恤他拖家带口的不容易，一直没有辞退这位手艺相当于路边狗食馆掌勺的厨师，以节粮度荒的精神忍受着难以下咽的饭菜。

孔子曾经说过："上交不谄，下交不渎。"意思就是，跟领导打交道别摇尾巴，跟下属打交道别立眉毛。这是一个人有修养的表现。叶卡捷琳娜能做到这一点，就说明她不是一般的女人。

1767 年 8 月 10 日，心境柔美的叶卡捷琳娜二世被国家议会授予光荣称号"英明伟大的皇帝和国母"，同时尊她为跟彼得大帝一个级别的"大帝"。她成为俄国历史上独一无二的"女大帝"。

在基督教文化占主流的西方国家，尊重女性和女权早已成为天经地义的事，所以会有俄罗斯叶卡捷琳娜大帝和英国伊丽莎白女王这样的女强人应运而生。

叶卡捷琳娜虽然是个女人，但在对外战争上也丝毫不含糊。奥斯曼土耳其雄踞俄罗斯南方，跟俄罗斯交恶几百年了。叶卡捷琳娜下定决心，就拿他们开刀！

第三节 海扁中亚狼人

叶卡捷琳娜大帝把外强中干的北极熊调理得身强力壮后，提出了一个强势观点：如果想让街坊邻居都服气，咱就得用铁拳、大棒说话。

消停了没多久的北极熊又开始耍横了。它的天敌主要有两个：一个是已经被彼得大帝干掉的海盗嫡系瑞典；另一个就是雄霸中亚的奥斯曼土耳其。这一次，它要卯足力气，海扁中亚狼人。

一、挑起事端抢地盘

奥斯曼土耳其控制的黑海及沿岸地区，在政治、经济和战略等方面都占据着连接欧亚大陆的重要位置。这是让北极熊垂涎几百年的主要原因。

叶卡捷琳娜大帝刚上台，就制定了对土耳其的外交策略："在陆地上实行地域性蚕食体制，在水域上夺取出海口"，企图一口一口地蚕食土耳其。

等有了改革积累的物质财富和军事力量，叶卡捷琳娜心里更升起了一举拿下土耳其的豪情。她告诉俄国的军事大臣说："我要从四面八方放火燃烧土耳其帝国。"

放火之前，她先利用外交手段煽风点火，建立"反土联盟"以孤立土耳其。1764年，俄国与普鲁士结盟；1766年，她又把英国拉到自己的一边；1768年，丹麦也加入反土阵营……一切准备就绪后，叶卡捷琳娜开始无事生非，派出小股部队不断骚扰波土边境，找茬儿挑起事端。

土耳其军队的统帅知道叶卡捷琳娜不好惹，为了息事宁人，就主动示好，送给她一柄土耳其短剑。叶卡捷琳娜挥动着土耳其短剑，牛气冲天地对这位统帅说："如果有机会，请您把贵国的苏丹陛下送来。"

1768年10月，在北极熊没完没了的挑逗下，中亚狼果然中招——土耳其对俄宣战。

因为叶卡捷琳娜出色的孤立策略，战事从开始就呈现出往俄国一边倒的优势。俄军在多瑙河、克里米亚、高加索和爱琴海四条战线大获全胜。

1772年，进攻克里米亚的俄军大败鞑靼骑兵，控制了亚速海。俄军的波罗的海舰队也在地中海摧毁了土耳其舰队，控制了黑海。

1774年7月16日，俄土双方签订《凯纳甲湖条约》。土耳其除了割地赔款之外，还把死党克里米亚汗国卖给了死对头。根据条约，俄国获得了多种特权。

在领土方面，黑海东岸原属土耳其的大片土地被划入俄国版图。俄商船可以自由出入黑海的出海口，还可以在土耳其水域自由航行。

在外交方面，俄罗斯在土耳其首都派设了一名全权常驻公使，时刻监视土耳其的一举一动。

在宗教方面，俄国有权在伊斯坦布尔建立一座东正教堂。土耳其人承诺保护教堂并允许俄罗斯派代表管辖。

第一次俄土战争就这样结束了，俄罗斯取得了决定性胜利。尽管如此，叶卡捷琳娜的目标并没有完全实现——黑海西岸的土地还没到手！遥望那一片肥沃的土地，黑海没有成为俄罗斯的内湖，她怎能善罢甘休?！

况且，动物凶猛的中亚狼人也不可能就此服输，随时可能反咬一口，若不穷追猛打，无疑养狼遗患。卧榻之旁不容他人鼾睡，这是叶卡捷琳娜一贯的原则——情人除外。

对土耳其来说，在死对头手下惨败使帝国脸面尽失，俄罗斯频频骚扰边境的行动又威胁到帝国生存。1787年，土耳其再次对俄罗斯宣战。

二、将星升起

时势造英雄，战场是培养将军最好的学校。

在这位好战女皇的精心栽培下，鲁缅采夫、苏沃洛夫、波将金、库图佐夫等一大批拥护"开明专制"的将星在军队中冉冉升起。其中最杰出的要算敢打敢拼的军事天才亚历山大·瓦西里耶维奇·苏沃洛夫。

苏沃洛夫从小体弱多病，大家都认为他不是当兵的料。可是他偏偏就酷爱打仗，崇拜查理十二、彼得大帝、亚历山大、恺撒、汉尼拔……

苏沃洛夫从15岁以后就没再长个儿，小脸抽抽得像孙大圣，但是他平生有个最大的心愿：手握钢枪保边疆，肩扛大旗打江山，服一辈子兵役。

苏沃洛夫

被大帝慧眼相中，提拔成大将后，苏沃洛夫把白刃战作为训练士兵战斗力的中心环节。尽管跟其他列强相比，俄军落后的武器装备不占优势，但是他们有不怕死的二杆子精神和一膀子身大力不亏的横肉。刺刀见红的白刃战将极大发挥俄军的优势。

为了培养部队适应各种战斗环境，苏沃洛夫经常临时起意，命令手下骚扰附近的老百姓。

一天，部队照例进行野外演习。路过一座修道院时，他突发奇想，要考验一下士兵的作战能力。

"占领修道院！"他命令道。

"什么？"传令兵以为自己听错了。

"攻占它！"苏沃洛夫不耐烦地重复道。

以服从命令为天职的士兵们顶着一头雾水，冲向手无寸铁、目瞪口呆的修道士。一会儿工夫，修道院被占领。

看着脖子上挂着十字架的"战俘"被押着在院子里走圈圈，苏沃洛夫满意地笑了。他根本不考虑这么干的后果。教廷的抗议声一直传进宫廷。叶卡捷琳娜找了好多离奇古怪的借口，才把这场大祸压下去。

1773 年，苏沃洛夫参加第一次俄土战争，被派往南方的多瑙河战场。"怪物"的外号和离经叛道的名声，已先于他到达军中。士兵们从未见过这样的军官。大仗小仗他仗仗不落，在枪林弹雨中身先士卒，与敌人短兵相接，浑身洋溢着二杆子的无畏精神。

在一次战斗中，苏沃洛夫因害疟疾全身发抖。但是他带病坚持杀敌，在两个军官的搀扶下亲临战场，指挥了一整夜。看着哆里哆嗦的主帅，俄军士气大涨，一口气把土军追出十几公里。

在第二次俄土战争中，60 岁的小老头苏沃洛夫，简直成了所有硬仗的克星。

三、首战金布恩

1787 年 10 月 12 日，土耳其军队在海军强大炮火的掩护下，开始登陆强攻，目标指向俄军防线金布恩。消息传来，苏沃洛夫微微一笑，若无其事地告诉大伙该干嘛干嘛，不用大惊小怪。

困惑不解的军官们面面相觑：这位古怪的大帅是不是疯了？其实他们还不了解苏沃洛夫。对他来说，打退敌人不是目的，重要的是予以歼灭。

顺顺当当登上俄罗斯土地的 5000 多土军丝毫没有察觉到危险，兴高采烈地扑向俄军阵地。苏沃洛夫等待的时刻到了。

要塞的大炮齐声轰鸣，雨点一样的炮弹欢迎"远方来的客人"；步兵冲出大门，端着刺刀杀入敌阵，练就的白刃战可算派上了用场；哥萨克骑兵高举马刀，以排山倒海之势压向敌军右翼。土军的先头部队几乎被全歼，主力掉头就跑。俄军突击队一鼓作气，占领了十道营垒。

这时土军队伍中跳出了几十名托钵僧。他们手舞足蹈地撒符念咒，咬牙切齿地为那些伊斯兰教徒打气。鬼迷心窍的土军组织起大规模反攻。

苏沃洛夫的坐骑被一发炮弹炸飞了脸。他灵巧地从地上爬起来，加入步兵的突击队。正在战场上撒着欢儿拼命，一块炮弹片击中他的胸膛，他顿时失去了知觉。醒来时，他发现俄军失去了几个营垒。煮熟的鸭子绝不能让它飞啦！苏沃洛夫毫不气馁地再次组织进攻。

这时，又一颗子弹打穿了他的左臂。附近没有医生，他用海水洗了洗伤口，扯出手帕自己包扎上，然后很新奇地说："上帝保佑！这还真管用。我要把所有的土军赶下大海！"说完，他跨马扬刀重新投入战斗，英勇壮烈之态绝不亚于刮骨疗毒的关二爷。

哥萨克骑兵涉过浅滩，绕到土军背后猛捅刀子。陷入两面夹击的土军被白刀子进红刀子出的俄国猛男吓得半死。一小时后，夹着尾巴的中亚狼被赶进海里，站在齐腰深的水中举手投降。俄军取得了金布恩战役的彻底胜利。5000 土军，生还的不到 700 人。

金布恩大捷的战报传到圣彼得堡，在梳妆台前描眉擦粉的叶卡捷琳娜欣喜若狂。她由衷地称赞："这老头儿，果然老当益壮！"

四、血战伊兹梅尔

1790 年 9 月，俄军在总司令波将金的指挥下发起对土耳其的猛攻，一路夺关斩将，直逼土耳其最后一个堡垒伊兹梅尔要塞。

位于多瑙河右岸的伊兹梅尔要塞壁垒森严、城墙壁立、壕沟环绕，像一道高高的门槛横在猛打猛冲的俄军面前，大有一夫当关，万夫莫开之势。

战至 11 月，俄军在屡攻不下的情况下，由强攻转为围困，试图把弹尽粮绝的土军逼出城外。无奈人家早有打持久战的准备，打仗吃饭的家伙一应俱全。俄军围了好多天，城里还是热热闹闹地过日子，城墙上的守军还是红光满面倍儿精神。

眼看着胜利在望，却横出来这么一杠子，波将金司令可犯愁了。这到底是谁围谁呀？再这么熬下去，恐怕弹尽粮绝的不会是土军。一筹莫展之际他脑袋灵光一闪，想到了一个可以担当攻城重任的人——老将苏沃洛夫。

就这样，老苏再次充当起"克星"的重要角色。听说又要他打攻坚战，老苏比打了吗啡还兴奋。他率部连夜开拔，在倾盆大雨中踩着烂泥急行军，两天两夜走了150公里，及时赶到战场。

刚刚靠近伊兹梅尔，他连休整的时间都不要，立即着手组织俄军进行突击训练。他仿照伊兹梅尔堡的样子在军营后方建造了一个土围。夜里，突击队员一批接一批练习攻城动作；白天，则刻苦操练白刃战。老苏的口号就是："训练多流汗，战时少流血。"

与此同时，为了迷惑土耳其军队，俄军主力仍在装模作样地为长期围城瞎忙活。

苏沃洛夫攻占伊兹梅尔

一切准备就绪后，老苏做了一次战前总动员。他悲壮地说："咱在伊兹梅尔耗了有日子了，再打不下来，咱这脸还往哪儿搁？这次攻城绝不能无功而返！土耳其人号称是狼的后代，而我们是北极熊！让我们把狼人一个一个撕碎吧！"

在场官兵全都激动得热泪盈眶，恨不得马上投入战斗，跟中亚狼人拼个你死我活。

总攻开始前，苏沃洛夫很仁义地派人给伊兹梅尔的守军司令送去一封劝降信，信中写道："我已统帅大军到此，限你24小时之内投降，不然就是死路一条！"

守军司令也是个不服软的横人。他在回信中傲慢地写道："天可以塌，多瑙河水可以倒流，但伊兹梅尔决不投降！"

捧着回信的老苏跟献宝似的，当着所有官兵的面把信的内容大声朗读一遍，让大伙儿都认识一下中亚狼人的狂妄本性。他这一招激将法如同火上浇油。早已热血沸腾的俄军将士被激成了一座座随时可能爆发的小火山。

1790年12月22日清晨5时30分，火山终于爆发——俄军发起对伊兹梅尔城的总攻。冒着土耳其守军的猛烈炮火，俄国猛男们冲过壕沟，架起云梯，迅速爬上城头。双方展开了残酷异常的白刃战。

已经没有退路的土军只得背水一战。他们豁出命死守阵地，寸土不让。战斗很快进入白热化，血肉横飞的战场上，双方伤亡惨重，看上去一副同归于尽的架势。

但是老谋深算的苏沃洛夫知道用什么方法打胜这一仗。当第六纵队的库图佐夫几次要求增援时，他一兵一卒未发，只是派副官送去一个口信：任命库图佐夫为即将到手的要塞司令，攻城捷报已发往圣彼得堡。他从来就相信精神的力量。

到了下午16时，血腥的攻城战终于告一段落，俄军的战旗在伊兹梅尔的城头上高高飘扬。第二次俄土战争全面结束。

这一战，俄军以4000人战死，6000人受伤的代价，击毙土耳其守军26000人，俘虏9000人。强横的土军司令被连捅19刀毙命。

只有1名土耳其士兵逃出重围，游过多瑙河，千难万苦地将伊兹梅尔失陷的消息带回国，却被恼羞成怒的苏丹下令斩首。土耳其苏丹帮着死对头全歼了自己的队伍。

苏沃洛夫在给叶卡捷琳娜的奏表中，是这样描述伊兹梅尔之战的："没有任何一个堡垒比伊兹梅尔更坚固，没有任何一个抵抗比伊兹梅尔更激烈。但是它在我皇的宝座之下倒下来了，这是英勇进攻的结果。"这句话后来被镌刻在他的纪念碑上。

战争结束后，俄罗斯控制了巴尔干半岛。它的第二号天敌中亚狼人被彻底搞定，再也无力威胁它的安全。

第四节 三次瓜分波兰

在过去的 500 年，俄罗斯和波兰恩怨不断。在和中亚狼人血拼的同时，叶卡捷琳娜也没忘了找波兰人算账。她与普鲁士、奥地利联起手来，分三次把波兰瓜分得一干二净。

一、墙倒众人推

有位哲学家说过："再没劲的政府也比无政府主义强。"波兰就现身说法地印证了这个理论的正确。

1652 年，波兰确立了共和制政体，很开放地赋予人民自由否决权。于是，人民自由地否定了国会通过的一切不合心意的法案，全国逐渐走向无政府状态。

不服管的人民充分暴露了人类的劣根性——光指望别人干活，自个儿不劳而获。愿意靠劳动养活自己的人民数量锐减，波兰的国民经济因此一落千丈，国家对外防御力量也随之减弱。

墙倒众人推。所有邻国，甭管有没有军事实力，都巴不得从这堵烂墙上抠个一砖半瓦，摞在自家的墙头上。盖不成房子，搭个鸡窝也好，反正得捞点便宜。

到 18 世纪中期，波兰受到 3 个邻国——俄国、普鲁士和奥地利的包围，这 3 个国家总兵力为 80 万，而波兰只有 1 万军队。这样，波兰被瓜分已成定局。

在波兰问题上，叶卡捷琳娜采用循序渐进的策略。她趁着波兰老国王去世之际，花大价钱操纵波兰国会，在 1763 年将她的情夫、波兰驻俄大使波尼亚托夫斯基扶上波兰王位。相比把情郎送上战场的摄政王索菲娅，把情郎扶上王位的叶卡捷琳娜可说是有情有义。

1766 年至 1768 年，她又唱着捍卫波兰境内东正教徒权益的高调，插手波兰事务。东正教和天主教原本就是基督教的两大教派，何必厚此薄彼？所以她坚决要求波兰政府通过法案，赋予波兰境内的东正教徒与天主教徒平等的地位。

但是这回波兰人民不听劝，反而瞒着国王组建了个"巴尔联盟"，在法国、土耳其的支持下，以捍卫"波兰的自由权利"为名向俄国宣战。

这场小仗的直接结果就是，俄国派兵进驻波兰首都华沙的市郊。叶卡捷琳娜一方面可以保护情人别被小人算计；一方面可以随心所欲地干涉波兰内政。

连首都都被别人"保护"起来的波兰，彻底成了砧板上的一只小肥羊，就剩等着挨宰了。

二、把波兰收入囊中

1772 年 5 月，俄国、普鲁士、奥地利三国代表在圣彼得堡开会，商量怎么才能"合理"地坐地分赃。8 月 5 日，商量的结果出来了。三国签署第一次瓜分波兰的条约。

当事国波兰连商量的余地都没有，就被刮去了 35％的领土和 33％的人口，沦为俄、普、奥三位老大的小弟。波兰东部 9.2 万平方公里的领土并入俄罗斯版图。

1791 年，波兰爱国人士进行了灭亡前的反抗，试图从俄罗斯的统治下挣脱出来。热爱自由的波兰人民在品尝了自由泛滥带来的苦果后，一致通过了《五三宪法》，宣布废除自由选王制和自由否决权。

叶卡捷琳娜正想找个什么茬儿再从小肥羊身上割块肉，小肥羊这就主动送货上门了。她立马把驻守市郊的俄军调进华沙市区，宣布《五三宪法》无效。这只是给波兰人的一点小颜色。

1792 年 5 月，她再发 10 万大军伙同普鲁士入侵波兰，占领波兰全境。1793 年 1 月 23 日，俄、普在圣彼得堡签订第二次瓜分波兰的协约。在帝国军队的刺刀下，波兰只得以"沉默表示同意"。

根据协约，俄国得到了西乌克兰、白俄罗斯和立陶宛的一部分，25 万平方公里的波兰领土被收入囊中。

经过第二次瓜分，可怜的波兰仅剩 20 万平方公里领土，人口 400 万，成为沙俄的小傀儡。

有情有义的叶卡捷琳娜本来想为她的情夫保留这么个巴掌大的小国养老，但 1794 年波兰兴起了风起云涌的民族救亡运动。这些后知后觉的亡国奴想要通过武力夺回国家主权。叶卡捷琳娜只好放下情面，出兵镇压。

雷声大雨点小的波兰民族救亡运动很快风平浪静。俄军在镇压期间，对波兰人民干了一件极不光彩的事。他们将已经举手投降的 2000 名波兰俘房捆成人肉粽子，投入维斯瓦河淹死。这给他们的后代树立了坏榜样，在波俄人民之间埋下了第一颗仇恨的种子。

1795 年，俄、普、奥签订第三次瓜分波兰的协定。根据该协定，波兰领土被全部瓜分。这是三个强盗最后一次在波兰土地上耀武扬威。因为从那以后，波兰从世界地图上消失长达 123 年之久。

辉煌 500 年的中欧强国波兰就此灰飞烟灭。而贪婪的北极熊共分得 46 万多平方公里的土地。把边界推进到涅曼河一线。

叶卡捷琳娜在某种程度上既是俄国的救星，也是欧洲的灾星。她踏着丈夫的尸体走上宝座，成为彼得大帝的真正继承者。瑞典、波兰和土耳其一直是俄国在欧洲的三大仇敌，经过彼得、叶卡捷琳娜两位大帝的强势对抗，全都臣服在北极熊的巨掌之下。

望着扩张了63万平方公里的俄国版图，叶卡捷琳娜大帝踌躇满志地说："我两手空空来到俄国，现在终于给俄国带来了我的嫁妆，就是克里米亚和波兰。"

如果说，彼得大帝塑造了俄国的躯体，叶卡捷琳娜则塑造了俄国的灵魂；彼得大帝奠定了中央集权，叶卡捷琳娜则把政权牢牢地抓在手里；彼得大帝奠定了对外扩张政策，叶卡捷琳娜则把它当作最光荣的使命发扬光大；彼得大帝打通了面向欧洲的窗口，叶卡捷琳娜则豪迈地说：欧洲是我的！

第五节　女皇也多情

有人说她是风流女皇，这一点不假，叶卡捷琳娜一生情人无数。从十八的姑娘一朵花到鹤发鸡皮的老太太，她自始至终都对爱情充满了渴望，而且更换爱情对象的频率比较高。

让她流芳千古的不仅仅是她的卓越政绩，一段段扑朔迷离的宫廷情史更成为今天凡夫俗子们津津乐道的话题。

一、傻缺老公的难言之隐

从某种角度说，叶卡捷琳娜之所以放浪形骸，是由她的傻缺老公彼得三世一手造成的。

尽管俄国宫廷的淫乱奢靡世人皆知，但是直到新婚之夜，索菲亚公主仍保持着处女之身。甭管多看不上比耗子还猥琐的新郎，她还是决定把自己的童贞献给他。可是彼得三世在新婚之夜表现如何呢？

他没什么表现，只是把平时积攒的傻气更上一层楼地展现在洞房里。他把自己庞大的玩具军团带到床上，硬拉新娘和他玩打仗。

索菲亚带着无比的新鲜陪他玩了几个钟头，心想该办正事了吧？没成想彼得三世的挑灯夜战刚刚开始，而且一玩就忘了时间。这下可苦了小公主。

新郎官忘我地"冲啊！杀呀！"、"叭叭"地开火，对横陈在身边令正常男性销魂荡魄的玉体居然视而不见。他这么使劲儿得瑟，一张床上的战友也没法入睡呀。

为让他早点消停，小公主只得强打精神，披衣上阵扮演彼得三世的部下，找个机会把身子往后一仰，假装中弹身亡。彼得三世还不干，说他的部下都是打不死的无敌金刚，得从头再玩一次。几个回合过后，他终于把自个儿累趴下了，一头栽倒在床上呼呼大睡。

"战斗"结束的时候天已经蒙蒙亮了，索菲亚这才能失望地进入无声无息的睡梦之中。

这样挑灯夜战，一天两天还能凑合。时间一长，俩人都挂相了，眼圈也黑了，腮帮子也塌了。连内侍们都心疼：这小两口为了帝国后继有人，真是舍生忘死啊！

有时候，彼得三世也觉得光玩打仗太单调。他又开始没完没了用唾沫星子来轰炸他的新娘，尽扯些鸡零狗碎、云山雾罩的闲话。打仗、闲话都用光了，他又突发奇想地想当训狗师。于是他把卧室变成狗窝，养了一大群汪汪叫个不停的卷毛狗，还强征新娘子当陪练……

总而言之一句话，彼得三世挖空心思找借口，就是不想和老婆做该做的事儿。

夜夜如此"战斗"，使索菲亚筋疲力尽又很难接受这个现实：木偶玩具兵和又脏又臭的卷毛狗居然要比她更能吸引自己的丈夫！虽然对彼得三世的"二"早有耳闻,可没成想"二"成这样,到嘴的肥肉都不吃。莫非这宝贝儿有什么难言之隐?

她猜对了,彼得三世确实有难言之隐。他早就知道自己身上的某种生理缺陷,使他无法去尽一个丈夫应尽的义务。

从医学角度来看,彼得三世的难言之隐并非不治之症,只需要一次小小的外科手术便可以让他重振雄风。宫廷御医也早就给他提过建议。但他怕疼、怕开刀、还怕别人知道。其实,这点糗事早就被他自己酒后吐真言,传遍宫廷内外,也就新娘子一个人蒙在鼓里。

法国驻俄大使在一份《备忘录》中这样写道:"彼得大公不能传宗接代。本来搞一次包皮环割手术就可以解决问题,而他却认为无可救药了。"

入洞房之前,彼得三世考虑再三,还是宁愿像孩子一样玩他的木偶兵,也不能让新娘知道自己的难言之隐。等玩得让她也无心再想那种事了,俩人便可以相安无事。

就这样,叶卡捷琳娜与她的傻缺老公结婚近10年没有一次床第之欢,依然是处女。

二、深宫难掩春光媚

叶卡捷琳娜在《回忆录》中这样写道:"我眼看着自己一天天好看起来,纤腰袅娜,亭亭玉立,只是稍欠丰腴,略嫌清瘦……我喜欢不施粉黛……我的头发是棕色的,浓密动人……"

随着时间的推移,少女叶卡捷琳娜从青涩的花蕾发育成娇嫩的花骨朵。俄国宫廷的骄奢淫逸早就闻名于世。这给叶卡捷琳娜女性生命的怒放提供了充足的条件。

别人不提,就说她的婆婆伊丽莎白女皇。人们都知道一辈子单身的女皇拥有好几位"临时老公"。她身体力行地为宫廷上下树立了淫乱的榜样。

在彼得三世的婚礼大典上，索菲亚看到了女皇最中意的情夫阿列克谢·拉祖莫夫斯基伯爵。他还有一个外号叫作"晚上的皇帝"。

小小年纪的叶卡捷琳娜顷刻间被这位帅哥迷住了。她后来又在《回忆录》中写道："这是我所见到的世界上数一数二的男人。见到他，能让女人们忘记一切。"要说俄罗斯人就是开放，什么事儿都敢"回忆"！从此，在叶卡捷琳娜心中，对男人的渴望越来越强烈。

可是晚上夜夜笙歌的婆婆却严禁儿媳不守妇道。她时刻用阴损的目光在儿媳身上扫来扫去，想要以此来扫净一切可能发生的绯闻。结婚以来一直都和幸福无缘的叶卡捷琳娜，终于耐不住寂寞了。凭什么只许你州官放火，不许我们百姓点灯！哪里有压迫，哪里就有反抗！

在她把童贞献给了一位年轻的军官后，便一发不可收拾。还管他什么礼义廉耻，她从无数男宠、情人那里找回失去的激情快感，一日无男而不快。

风流女皇叶卡捷琳娜大帝

在生下孩子的头一年里，索菲亚体弱多病，几乎没参加宫廷活动。这可把她憋坏了。直到在一次舞会上，一个名叫波尼亚托夫斯基的年轻伯爵再次唤起了她的热情。年轻英俊、谈吐得体的波尼亚托夫斯基对叶卡捷琳娜也是一见钟情。二人眉来眼去，很快勾搭成奸。

太子妃的恋情传到太子彼得三世耳朵里，他对此毫不在乎，反正他也不爱老婆。

有一天晚间，波尼亚托夫斯基偷偷潜入叶卡捷琳娜的寝宫时，被巡逻的卫兵抓个正着。他被押到了太子面前发落。彼得三世对他深夜翻墙的目的心知肚明，可是波尼亚托夫斯基拒不承认自己的偷情事实，这就让彼得三世很不爽："你有胆子做，竟然没胆子承认?!"

波尼亚托夫斯基心想：我要是承认，还能活吗?!

于是彼得三世借口波尼亚托夫斯基身上带有武器，给他扣上了一顶图谋行刺的罪名。

叶卡捷琳娜得到消息，急忙请彼得三世的情人来解围。是的，彼得三世虽然不能人事，也是有情人的！叶卡捷琳娜在她耳边轻声说道："您举手之劳就能使我们都变得幸福。"他的情人一想：也是，女人何苦为难女人！

彼得三世的情人赶到彼得三世的房间，劝说自己的情人将他老婆的情人放走。（唉，这真是太乱了！）

这又给了彼得三世一次超"二"的机会。他哈哈大笑着说："这里还缺一个人！"然后直奔叶卡捷琳娜的寝室，将穿着睡衣的老婆硬拽进自己的房间，指着波尼亚托夫斯基说："这回你该满意了吧！"四人碰面，皆大欢喜。

从此每到晚上，两口子各自挽着自己的情人回各自的寝室。四个人时不时还共进晚餐、一起吃着火锅唱着歌什么的，自此相安无事。

后来这事让女皇知道了。她一怒之下把叶卡捷琳娜幽禁在后宫，把一脸无辜的波尼亚托夫斯基流放到西伯利亚。每每提起此事，叶卡捷琳娜总是对没能保护好自己的情人遗恨万分，对霸道的婆婆恨得咬牙切齿。

在经历了长时间的幽禁之后，叶卡捷琳娜终于看到了一线曙光——又一个情虫上脑的帅哥不知死活地靠近了她的生活。而她对这个帅哥如此倾心，以致在多年以后，她还能细致地勾画出他的肖像。

这位帅哥名叫谢尔盖·萨尔蒂柯夫，是宫廷里面的内侍兼花丛中的窃香高手。他给她战栗空虚的生活注入了无上的激情。

这时候已经被女皇强逼着做了包皮环切手术的太子，偶尔会在情欲的迫使下摒弃前嫌，没心没肺地爬到太子妃的床上。对在她身上做体操的傻缺老公，叶卡捷琳娜只能用坚强的毅力忍耐。那是他的权利，但叶卡捷琳娜心里盘算着：等着吧，老娘早晚把你这个权利取消掉！

随着对帅哥谢尔盖的感情一天天加深，叶卡捷琳娜多希望能有一个爱情结晶啊。而谢尔盖呢？他也盼着能跟叶卡捷琳娜早点生个孩子，自己就算正式交差了。

对他这样一个偷香窃玉的花花公子来说，女人无非就是他的玩具，根本谈不上爱情。偷腥的新鲜劲儿一过，他就又无聊了，再接着找下一个目标。

帅哥谢尔盖同叶卡捷琳娜之间几乎是公开地卿卿我我，实在缺少被人抓奸在床、暴打一顿的刺激。而且他当着叶卡捷琳娜的面，毫不隐瞒自己的厌烦。这让叶卡捷琳娜伤透了心。躺在赤条条的谢尔盖身旁，她仍会感到孤独。以往所有浪漫的激情，如今只剩下肉体上的满足。

再到后来，这个薄情寡义的谢尔盖干脆玩起了失踪。独守空房的叶卡捷琳娜终于悲愤交加地承认了已经发生的事实——自己被心上人狠心地甩了。倒霉的谢尔盖太不了解这个女人了。

"任何人休想强加给我痛苦而不为此付出代价！"太子妃的爱彻底转化成了恨。她登基当上女皇后，并没有叫他死，也不叫他沦为平民，而是由着自己的指挥棒把谢尔盖扒拉来扒拉去。

数年之后，有位大臣推荐谢尔盖去德累斯顿任职。叶卡捷琳娜提笔批示道："难道他干的诸如此类的荒唐事还少吗？如果你为他担保，就派他去吧。不过他充其量是个饭桶。"谢尔盖的外交生涯就这样结束了。他再也没有见到那个被他不长后眼而抛弃的情妇。

三、被情人们捧上皇位的大帝

她的确是一个有勇有谋、不同凡响的美女。她挑选情人的眼光和手段同样的不同凡响。从宫廷显贵、外国使节，到车夫、歌手、仆役……都可能成为她猎艳的目标。

她的情人至少有 23 个，相当于一个装备精良、战斗力超强的加强排。她用超人的智商和情商牢牢地控制着这个私人武装，聚集了一批赤胆忠心的心腹党羽。

白天的叶卡捷琳娜风风火火，叱咤风云，晚上一入绫罗帐，却用似水的柔情和风骚入骨的娇媚，让情人们离不开她。他们都对她死心塌地地效忠。

1759 年，叶卡捷琳娜还是太子妃的时候，她生了个女儿。这本来应该是值得庆贺的喜事，却导致她和老公彻底决裂。原因就是这个小公主的亲爹根本不是彼得三世，而是一位年轻的禁卫军军官格里戈里·奥尔洛夫。

这又是个身材修长、仪表堂堂、风流倜傥的美男子，而且胆大包天。打架斗殴、赌博酗酒、嘲弄权贵……没他不敢干的。他在情场的功夫更是被人们津津乐道。

他曾经横刀夺爱，把顶头上司的情人勾到自己的床上。正当气疯了的上司要打击报复的时候，上司却离奇暴毙。男人们小心翼翼地猜测：这是他的运气呢，还是他心狠手辣？女人们则对他的冒险精神充满了激情。

情欲旺盛的太子妃当然不能放过这位情场上的传奇人物。一次"偶然"的邂逅，两人走到了一起。她稍加暗示，格里戈里就耐不住了，一头扎进太子妃的怀抱。这还不算，他还很讲"义气"地把弟弟阿列克谢拽了进来。仨人昏天黑地搞起了三角恋。

奥尔洛夫家族一共哥儿五个，有两个拜倒在太子妃的石榴裙下。叶卡捷琳娜就是利用这五兄弟在禁卫军中编织了一张效忠她的关系网。1762年，五兄弟为首的禁卫军团把刚登基的彼得三世赶下宝座，拥立叶卡捷琳娜为俄国女皇。

就这样，被"情人们捧上皇位"的叶卡捷琳娜，开始了她辉煌的女皇生涯和更加肆无忌惮的淫乱生活。

登上皇位后，她对格里戈里一直宠爱有加。最初，她很想和他秘密结婚，但因为门不当户不对，遭到了朝中权贵的强烈反对。无奈之下，她只好作罢。毕竟她爱帅哥更爱江山。

为了安慰情人，她授给他伯爵的荣誉，并赐予他一枚印着女皇头像的徽章。这是受到恩宠的信物，也是权势的象征。女皇对为她卖命的情人们一贯有情有义。

他们这样卿卿我我生活了10年，叶卡捷琳娜由一个风流少妇变成了半老徐娘。而格里戈里才30出头，正旺得龙精虎猛。他常常瞒着女皇干些拈花惹草的勾当。无论是名门闺秀还是小家碧玉，他都来者不拒。

对情人这种跳墙行为，叶卡捷琳娜予以充分理解，都是性情中人，睁一只眼闭一只眼算了。但是，这种生活仍然无法满足格里戈里的冒险心和虚荣心。他总是向往驰骋沙场的刺激。

这可不能由着他。就冲他那副吊儿郎当的样儿，到了战场上，没准竖着进去，横着出来。叶卡捷琳娜借口离不开他，把他留在自己的身边，施行间接性保护。这时候，她对情人的态度更像是母亲呵护任性的孩子。

1771年，莫斯科的一场瘟疫给格里戈里带来了冒险机会。在他软磨硬泡的攻势下，叶卡捷琳娜只得放手。格里戈里精神抖擞地进入恐慌混乱的莫斯科，像冲出铁笼重获自由的雄狮。

他用难以置信的勇气和精力苦战三个月，有效地控制住了瘟疫，也稳定了社会秩序。当他意气风发地返回圣彼得堡时，叶卡捷琳娜为他搭起了凯旋门，并亲率朝中重臣到凯旋门迎接。

格里戈里被情人的敬重与热情感动得热泪盈眶。但他很快就发现，女皇私下里对他已淡漠了许多。原来她已另有新欢。

随着时间的推移，叶卡捷琳娜在政治舞台上大放光彩，成了一位呼风唤雨的大国帝王。相形之下格里戈里愈发显得渺小。他在凤床上的重任该交给下一位继承者了。

四、与情人分享江山

江山稳固之后，叶卡捷琳娜更加尽情放纵于声色之中。她对各种类型情人的贪婪"胃口"堪称惊世骇俗。"她简直不是女人，"有人写道，"活活是个女妖！"

尽管穷极一生去追逐爱情，但她绝不会被爱情冲昏头脑。对于情夫中的无能之辈，她会赐给他们地位和财富，但不会因为感情就把国家大权交给他们。而对于床上床下都有一套真功夫的情人，则另当别论。

早在争夺皇位的政变中，一名表现突出的年轻骑兵军官就受到了她的关注。他就是波将金。

一直在前线带兵作战的波将金，接到女皇的亲笔手谕后，立刻感到一个比在前线杀敌更重大的使命在召唤他。他二话没说，打马返回圣彼得堡，很快就爬上了后宫的凤床。

在叶卡捷琳娜所有的情人中，波将金是个绝对的另类。他没有英俊的相貌，头发长而油腻，而且由于不爱洗澡，全身上下散发着野兽般的气息。

就和吃惯了鲍鱼燕窝也会腻一样，长期被帅哥包围的叶卡捷琳娜也想换换口味，来点窝头咸菜。波将金这块令很多女人反胃的窝头很应景地进了她的肚子。罕见的粗糙、强壮、阳刚的男人魅力彻底让她痴迷了。

为了和这块独特的窝头在一起,她宁愿放下女皇的架子。

在给闺蜜的信中,她毫不隐晦地写道:"我刚摆脱了一个绣花枕头,取而代之的是这个'铁器时代'最棒、最奇特,也是最有趣的人。我也不知道自己怎么会有这种想法。"

她一时半刻也离不开心爱的波将金,哪怕只是分开几个小时,热辣辣的情书就会雪片般地向波将金飞去。每封情书里,她都把比煽情小说还肉麻的称呼强加给窝头:"我的大理石巨人"、"我亲爱的宠物"、"我的小亲亲"、"我的专业情人"……一个比一个三俗。

发展到后来,波将金成了叶卡捷琳娜的终极情人,也成了她安内攘外的左右手。几乎所有军政要案,全部出自这对男女之手。直至逝世,波将金一直是俄帝国的二号人物。而他对女皇也始终一往情深、挚爱如初。

有传闻说,叶卡捷琳娜暗中与波将金在教堂举行了婚礼。尽管这段传闻没有任何文件能够证明,但是她的确在书信中称波将金为"最最亲爱的丈夫"。而且,他们还生了一个孩子——私生女乔姆金娜。

叶卡捷琳娜一生到底有多少男宠已无从考察。其中著名的就有萨尔特科夫、波尼亚托夫斯基(后来担任波兰国王)、奥尔洛夫(伯爵)、瓦西里奇科夫(骑兵将军)、波将金(公爵)、佐里奇(男爵)、兰斯科伊(男爵)、祖波夫(将军)等人。

女皇的身体一向不错,但丰富的夜生活消耗了情人太多的体力。1792年,波将金逝世。这对叶卡捷琳娜是个致命的打击。从那时起,她的健康状况开始急剧恶化。

1796年11月初的一天,女皇在换衣间独自更衣的时候,不幸中风。11月6日,叶卡捷琳娜大帝结束了她辉煌的一生。

临死前,她把一份关于皇位归属的诏书藏在首饰盒中。但这份遗诏被随即赶来的保罗一世烧毁。尽管有传闻说他是女皇和情人的私生子,但这种传闻站不住脚。理由很简单，保罗一世无论是猥琐的相貌还是时不时冒出来的傻气，都和彼得三世如出一辙。

就连他擅自当皇上的下场，都是他爹的翻版。1801 年，不得人心的保罗一世被刺杀，他的儿子继位。这个遗传了祖母叶卡捷琳娜优秀基因的新沙皇，就是号称"北方斯芬克斯"的亚历山大一世。

第六章
PK 法国

18 世纪末的欧洲风起云涌。在蓬勃发展的启蒙运动中涌现出了伏尔泰、孟德斯鸠、卢梭、狄德罗等一大批脑筋活泛的思想家。各种进步思想，如天赋人权、君主立宪、三权分立等应运而生，并且深入人心。

曾一度引领欧洲文明的法国，经过两个败家子皇帝的统治，国力日渐衰弱：路易十四自称"朕即法律、朕即国家"，对内实行高压专制；路易十五荒淫挥霍，面对千疮百孔的国家竟说出了："我死后哪管他洪水滔天！"法国老百姓也觉得日子过得挺没劲。

于是，一场革命开始在法国酝酿，一场俄罗斯与法国的 PK 也拉开了序幕。

第一节　堵住革命祸水

1789 年，法国人率先动手，发动了一场震惊世界的资产阶级大革命。

虽然革命后期变质换味儿，仍引起了欧洲封建君主制国家的恐慌。欧洲国家暂时中止了多年的互相撕咬，联起手来一致对外，试图用武力堵住革命祸水。

一、将反革命进行到底

欧洲的君主们被法国大革命吓坏了。特别是神仙伴侣路易十六夫妇被送上断头台的悲惨下场，更让他们心惊胆战。不过这可吓不倒身经百战、气吞万里如母老虎的叶卡捷琳娜大帝。

当听到法国人闹起革命的消息后，她公开指责曾大力推崇的启蒙思想是"法兰西的瘟疫"，巴黎成了"匪巢"。当路易十六夫妇的死讯传来，气得她卧床不起。1793 年，她在一封信中大骂道："必须永远铲除掉法国人这个名称！平等，这是一个怪物！"

这封信充分表现了叶卡捷琳娜对待革命的态度。她要叫法国人知道，这个世界到底谁怕谁！于是，在俄国大力撮合下，欧洲所有封建君主制国家结成第一次反法联盟。

事实上，奥、普、英、荷、西、撒丁、那不勒斯等大大小小的封建反动势力都加入了联盟，唯独不见喊得最欢的俄罗斯。强大的俄帝国既没有为镇压法国革命出动一兵一卒，也没有采取除了发表声明以外的任何行动，就躲在一边看热闹。

其实，要是对叶卡捷琳娜的脾气秉性稍稍了解的话，也就不以为奇了。她在法国革命问题上捶胸顿足地大声疾呼，决不是为了解放法国贵族。那里又没有她的情人，她犯不着费那个神。她之所以这么卖力地反革命，无非是要挑起战端，以便坐收渔利。

反法联盟的武力干涉，遭到正在革命兴头上的法国军民的顽强抵抗。反法联盟被迫于 1797 年解体。但是不甘心脑袋搬家的欧洲封建君主再次拼凑起反法同盟，上演了车轮大战。围剿革命的反动势力一浪高过一浪。

1798 年 12 月，第二次反法联盟成立。这一次俄国不但加入，而且派出了敢打硬仗的老将苏沃洛夫。他统帅俄军远征意大利，大败法军并且帮奥地利夺回在意大利的领地。

同时，英军利用海上优势，对法各港口实施封锁，并在荷兰沿海地区登陆，摆开阵势要攻入法国。法国革命到了生死存亡的紧要关头，随时都有夭折的可能。

在此形势下，法国的军事天才拿破仑于 1799 年 11 月发动"雾月政变"，登上了权力巅峰。从此，法国进入一个新时期，即拿破仑时期。该时期法国与反法联盟进行的战争被称为"拿破仑战争"。

拿破仑发动雾月政变

拿破仑战争一打响，全世界就被这个炮兵学院出身的小个子震撼了。他用隆隆的炮声宣告了一个强大的法兰西帝国已然诞生。从此，法国人民再也不受欺负了！第二次反法联盟很快就被法军的大炮轰散了架。

拿破仑建立军事独裁后，法国由被围剿进入到反围剿，以惊人的速度和力量粉碎了一个又一个扩张路上的绊脚石。

俄国对法国在欧洲的迅猛发展深感不安。照这速度，法国人很快就会在俄国边界冒头。1805 年 4 月 11 日，沙俄和英国缔结了《圣彼得堡盟约》，为第三次反法同盟奠定了基础。

二、反不动的反法同盟

1805 年 8 月，奥地利、英国、俄国组成了第三次反法同盟，意图遏制法国在欧洲的扩张速度。9 月 24 日，拿破仑亲率 22 万大军离开巴黎，在莱茵河岸摆开一字长蛇阵。

英、奥盟军还没来得及碰面，就被法军分头击溃。跋涉千里的俄军抵达战区时，盟军人影一个没见着。迎接他们的是疾风骤雨般的炮弹。多亏司令官库图佐夫脑子活泛，没硬撑着等死，才带领俄军逃出包围圈，跟奥军的残部汇合。

12 月 2 日，是拿破仑加冕一周年纪念日。法军用奥斯特里茨战役的胜利向他献上贺礼。在这场战役中，法军以 7 万人的兵力打败了 9 万俄奥联军，也打散了第三次反法同盟。

1806 年 9 月，英国、俄国、普鲁士、瑞典组成了第四次反法联盟。

紧挨着"莱茵同盟"的普鲁士最着急，说不定哪天拿破仑一高兴，就能把它也"同盟"了。不等另外三个盟友作好军事准备，普鲁士就迅雷不及掩耳地向法国发出最后通牒，要求法军撤出莱茵河畔。拿破仑随即用迅雷不及掩耳的火炮，给了普鲁士一个明确的答复。

英国、瑞典一见法国的这小个子皇帝如此难惹，纷纷往后撤，把俄罗斯晾在了最前线。1807 年 6 月，法军又在艾劳会战和弗里德兰战役大败已经落单的俄军。

双方谈判的时候，法国皇上拿破仑和俄国皇上亚历山大一世总算见了面。俄罗斯和法国，一个在欧洲的东北角，一个在欧洲的西南角，历史上也没有结过什么梁子。俄罗斯沙皇心里其实更恨两个不讲义气的盟友。所以，双方在友好和谐的气氛中，握手言和。自此，法兰西第一帝国在欧洲大陆的霸主地位得到了确立。

拿破仑皇帝兼任意大利国王、莱茵邦联的保护者、瑞士联邦的仲裁者，封他的大哥约瑟夫·波拿巴为那不勒斯和西西里国王，封他的二弟路易·波拿巴为荷兰国王、封他的小弟热罗姆·波拿巴为威斯特伐利亚国王。整个西欧和中欧成了波拿巴家族的大花园。

三、远征俄罗斯

欧洲大陆所有国家都在强大的法兰西第一帝国脚下瑟瑟发抖，北极熊也只能躲在寒冷的老巢里忍着。尽管委曲求全，但善于恶斗的俄罗斯人民并没有就此灰心丧胆。他们紧密地团结在沙皇亚历山大一世周围，一直变着法儿跟拿破仑周旋。

而当上欧洲霸主的拿破仑还不知足，他要当世界霸主。在他看来，俄罗斯已经不是之前那个和他毫无利益冲突的远方强国，而是他统一欧洲、称霸世界的最大障碍。为了让俄国人彻底服气，拿破仑决定远征俄罗斯。

他使出了惯用的伎俩——大炮开路，骑兵冲锋，当玩儿一样把战线推到俄国边界。得意忘形之下，他放出狂话："还剩下一个俄国，我一定要压倒它。五年以后，我就是世界的主人！"

1812 年 5 月，拿破仑在德国占领区举行了威严的阅兵仪式。士兵们望着骑在高头大马上的拿破仑，情绪都很高涨。他们不断地给心目中的偶像捧场："皇帝万岁！法兰西万岁！"呐喊声响彻云霄。

看到此情此景，面色冷峻的拿破仑心里乐开了花。有了这么一群拥护自己的士兵，打胜仗根本不用发愁！检阅完毕，拿破仑振臂一挥："开拔！"60余万大军浩浩荡荡地杀奔俄国。

拿破仑的战略目标很明确："如果我抓住了基辅，我就抓住了俄国的脚；如果我攻占了圣彼得堡，我就抓住了俄国的头；一旦攻占了莫斯科，我就击中了它的心脏。"

1812年6月24日，法军兵分三路，攻入俄国境内。俄军一路败退，战争天平似乎又倾向法兰西。拿破仑发出了很没人性的呐喊："只要俄国每年还出生50万婴儿，我就决不满足于在欧洲取得的胜利！"

随着战线的纵深，一个又一个俄国城市落入法国人的手中，伟大的俄罗斯民族好像真的到了要被灭种的边缘。

第二节　莫斯科的冬天透心凉

进入俄国战场，法军顺风顺水地向北极熊的心脏挺进。直到被莫斯科透心凉的冬天冻得一激灵，拿破仑才清醒过来。

敢情天时、地利、人和，他一样也没占。他在错误的地点、错误的时间，跟错误的对手打了一场足以致命的错误的战争。

一、一山难容二虎

拿破仑的对手是谜一样的亚历山大一世。

如同以往俄帝国的皇帝一样，亚历山大时刻以富国强兵为己任。祖母叶卡捷琳娜大帝的气魄隔代遗传给了他。他一上台就不遗余力地利用一切机会强占别人的地皮。

法国人闹革命，农奴制根深蒂固的俄国反对最激烈。1805年至1807

年间，俄国一直充当着反法联盟的领军人物，并且有效地遏制了拿破仑东进的步伐。

1805 年，俄军惨败于奥斯特里茨战役，这个消息被当做加冕一周年的礼物献给了拿破仑。俄国的反法革命气焰这才有所收敛。1807 年，被同盟国推到前线的俄军再一次被法军打得落花流水。

亚历山大总算意识到，他所面对的是个什么样的战争怪物。俄国主动后退一步，暂时退出反法同盟。俄法关系稍稍有所缓和。

5 次打败"反法同盟"的拿破仑帝国，势力覆盖了整个西欧，而东欧则是俄罗斯的地盘。这就形成了两国分治欧洲的局面。

拿破仑早就要当全世界的主人，亚历山大也早就对西欧的花花世界心驰神往。所以他们俩撕破脸皮、兵戎相见是早晚的事。

1812 年，亚历山大开始跟反法同盟的几个残兵败将眉来眼去，暗地里商量着怎么整治法兰西。这事让拿破仑知道了，正好给了他东讨俄罗斯的借口。1812 年 6 月 12 日，拿破仑以俄国破坏和平为由，对俄国不宣而战。

拿破仑亲率的 60 万大军几乎是俄国正规军的两倍，而且武器装备精良，参战的都是一门心思为英雄皇帝卖命的沙场老将。看这架势，俄国好像彻底要被摧毁。但是拿破仑在举兵的时候忽略了三个问题。

第一个是 60 万大军听上去人多势众，可是得分搁哪儿。搁法国，那能站满一个省；搁俄国，也就是东欧平原上松散地拉成一根细线的小蚂蚁。

第二个是俄罗斯的气候。在温带海洋性气候里舒坦惯了的法国人，还真没见识过一口痰吐出去能冻成冰的极寒天气。

第三个问题最关键，他忽略了俄罗斯民族的韧劲。别看俄国人平时酗酒、打架、窝里反，可是一遇到外来侵略，他们就能拧成一股绳，不惜血流成河也要赶跑侵略者。

二、老将出马，一个顶俩

专为战争而生的军事天才拿破仑，知道战线拉得过长不宜打持久战。他也没打算跟北极熊没完没了地耗下去。他一开始的如意算盘是速战速决，通过几个大会战把俄罗斯一举拿下。

1812 年 8 月 16 日，法军架起大炮强攻俄北方重镇斯摩棱斯克。经过两天两夜血战，损失惨重的俄军被迫撤退，该城失守。法军乘胜追击。

追着追着，俄国人没影儿了。到最后，连零星的抵抗也没了。一连占领好几座城市，空旷安静的街道上仍旧见不到人影儿。充满战斗激情的法国人漫游在广阔无垠的平原上，却未遇到一兵一卒的抵抗。

拿破仑感到不对劲。他赶忙下令找几个俄国老百姓来询问情况。士兵们左找右找，仍未见到任何俄罗斯人！法军进入了货真价实的无人之境。

流血流汗地跟人干仗不怕，可是这块寂静无声的地界儿太瘆人啦。将士们顺着脊梁骨冒凉气：莫非前进速度太快，一猛子扎进了幽冥鬼界？

没文化的炮灰糊涂，拿破仑可不糊涂。他知道俄国这是请到领兵打仗的高人啦。他搜肠刮肚地把俄国还活着的军事将领挨个滤了一遍。猛然间，拿破仑一个激灵：难道会是这只老狐狸？他还没让亚历山大折腾死？

这只能让拿破仑吓一激灵的老狐狸，就是由好战女皇叶卡捷琳娜二世一手提拔起来的库图佐夫。他的战争经历比金刚不坏的苏沃洛夫更传奇。

在 1774 年一次战斗中，一颗好奇心很重的子弹从库图佐夫的脑门进入，从后脑勺钻出。医生们一致认为没救了，可他居然硬挺着活了过来。不过，子弹穿脑，这还不算神。

1788 年的激战中，又一颗子弹从同一个地方射入大脑。这次将士们连棺材都准备好，就等他咽气了。可是在担架上躺了几天的库图佐夫，诈尸一样翻着白眼又坐起来了。

两次同一处脑组织受伤，也不知道给库图佐夫带来了什么样的刺激。虽然一只眼睛开始失明，但他的作战风格的确越来越不讲常理。"独眼战将"的威名也随着一场场胜仗远播欧亚。

不过这位沙场老将却一直不讨亚历山大皇帝的喜欢。因为他在战争中的标新立异跟亚历山大的传统军事理念不能相容，而且闲着没事就拿守旧的皇帝开涮。所以亚历山大能不用他就不用他。

但是为了抢地盘，亚历山大又不得不一再起用确实比他高明的库图佐夫。人家是真有能耐呀，甭管战场上多难对付的敌人，只要交给他，保证拿下。

一场场胜仗让老库肩头的勋章摞成了铠甲，也让亚历山大更加不痛快。只要战争告一段落，他就把老将军打发到乡间，免得他老当着满朝文武的面让自己下不来台。

这一回，全世界最强大的敌人打了过来。亚历山大也知道，整个俄罗斯只有库图佐夫是拿破仑的对手。虽然满心的不情愿，他也不得不让67岁的库图佐夫再掌兵权。

一听到又能上阵杀敌的消息，在乡下闲得无聊的库图佐夫独眼一亮，立即跨上战马直奔圣彼得堡领命。他自信地对心里没底的亚历山大说："就算拿破仑是一股洪流，莫斯科这块巨大无比的海绵也能把它吸干。"

三、冰与火的洗礼

刚到前线，库图佐夫就在莫斯科以西125公里的博罗季诺村摆开阵势，迫使法军在不利的地形上与俄军交战。1812年8月26日，俄法两军在博罗季诺展开了一次规模最大的会战。

在这场战斗中，库图佐夫把苏沃洛夫的白刃战发挥得淋漓尽致。大批法军倒毙在俄罗斯士兵狂野的刺刀下。虽然俄军伤亡也很惨重，但战争主动权已经开始向俄军转移。浪漫的法国人总算见识了什么是不怕死的二杆子精神。

虽然赢得了一场胜仗，但是侵略者在数量、装备上仍占绝对优势。为了保存实力，库图佐夫在重创法军后主动后撤，直至放弃莫斯科。这需要极大的勇气，搞不好他要担"卖国贼"的千古骂名。

但是长远的战略目光让他吃了秤砣铁了心。什么个人荣辱、皇帝旨意、甚至全国军民的意愿，这时候全都顾不上了。老狐狸眯着深邃的独眼说："我放弃莫斯科，是为了使拿破仑走向灭亡！"事实证明，这是人类历史上最富远见的抉择之一。

1812 年 9 月 14 日，随着一声令下，莫斯科军民倾巢出动，向西南方向撤退。俄国人总是敢于舍弃别人不舍得的东西。撤退前，他们一把火把老家莫斯科烧了个精光。

当拿破仑骑着高头大马美滋滋地冲进北极熊的心脏时，迎接他的却是一座残垣断壁的空城。长途跋涉几千里，费了九牛二虎之力才占领的莫斯科，里面什么东西也没有。恼羞成怒的法军再次放火烧城。难为了莫斯科这座城市，被自己人和敌人烧了两遍。

拿破仑还没来得及感受胜利者的喜悦，就被刺鼻的浓烟呛出城外。他本打算在城外找个清静地方好好想想对策，没成想却遇到了遍地开花的游击队。

与大火同样高涨的是俄罗斯民族的爱国热情。退到城外的老百姓组成一支 20 万人的民兵，专门突袭法军的后勤部队。他们的作战目的就一个：绝不能让莫斯科城内的法军吃上一口粮食！

面对时时窥视在侧的库图佐夫和不停骚扰后勤供给的游击队，拿破仑充满了无助的感觉。空空荡荡的莫斯科仿佛成了拘禁法兰西皇帝的监牢。

正在进退维谷之时，莫斯科的冬天来临了。北风那个吹……雪花那个飘……法国位于地中海以北、大西洋以东，基本属于温和的地中海气候，暖和惯了的法国人在一片银装素裹的北国风光中，被冻得手脚冰凉，他们从没有经历过北欧的严寒。

库图佐夫的这招坚壁清野确实见效。深入俄罗斯腹地的法军连饿带冻，占领莫斯科没几天就求和了。这个时候的拿破仑居然还自作多情，他以为俄国人会怕他，会摇着尾巴来签订丧权辱国的和约。

已经心里有底的亚历山大对拿破仑的求和理都懒得理。他开始组织俄军全线反击，痛打落水狗。在饥寒交迫中撤退的法军根本就没有还手之力，很快就溃不成军。

其实在这次俄法之战中，俄国人也没耍什么阴谋诡计，只是清空了东欧平原这个大冰库，把不可一世的拿破仑和他的 60 万大军骗了进去，余下的事就由冬天与饥饿来完成了。结果法国人挺胸抬头地进去，垂头丧气地出来。

在亚历山大一生中，最辉煌的亮点就是死磕欧洲无敌的法兰西帝国。在他手底下吃了大亏的拿破仑夸他是"细心、虚伪、狡猾的东罗马人"。

在莫斯科冰与火的洗礼中，拿破仑耗尽了最后一丝力量，不得不在北极熊庞大的身影下黯然而退。

第三节　痛打落水狗

看到曾经不可一世的拿破仑灰溜溜地从东欧战场上败下阵来，欧洲那些挨过他狠尅的国家甭提多解气了。他们一致拥护俄国当老大，有钱出钱有力出力，组成第六次反法同盟。

跟着俄罗斯痛打落水狗，绝不能容它再爬上岸来咬人！

一、墙倒众人推

被赶出莫斯科的拿破仑，本打算带着残部在未经战火的卡卢加歇歇脚、养养神。他当这是跑俄国度假旅游了，玩累了还能歇会儿。哪有那么便宜的事？

亚历山大根本就不给他喘息之机，一路追杀把法军逼上了已被战争毁坏殆尽的斯摩棱斯克大道。在这里迎接他们的是库图佐夫统帅的俄军主力。已经被莫斯科的冬天冻得透心凉的法军，接连不断地遭到迎头痛击，向着边界抱头鼠窜。

在这场对俄战争中，拿破仑损失了 37 万人的军队（多数是冻饿而死），20 多万法军被俘。最后只有不到一万人活着回到法国。至此为止，浪漫的法兰西小资才算真正领教了极寒之地的厉害。

法兰西第一帝国自此元气大伤。那支让整个欧洲战栗的大军已经不复存在。拿破仑远征俄国的失败等于搬起石头砸了自己的脚，自我否定了不可战胜的神话。他今后所要面对的敌人不再只是一个俄罗斯，而是所有曾经被他吓破胆的反法分子。

墙倒众人推。欧洲各国眼见俄军的胜利和法军的崩盘，普、英、西、葡、瑞、奥争先恐后地加入反法同盟，力图一鼓作气把法兰西这堵破墙推倒。

这回各国算下了血本，派出的统兵将领一个比一个厉害。随着俄国的独眼老将库图佐夫渐渐淡出，最抢眼的将星要算普鲁士赫赫有名的大将克劳塞维茨。他写了著名的《战争论》，被尊为"西方兵圣"。

拿破仑逃回国后，马上着手进行一项超越想象的伟大工作——他要在 4 个月之内建立一支 90 万人的新军。这次他的运气实在是背到了极点。忙前忙后张罗了一番，他勉勉强强凑足了 60 万炮灰，其中一多半是强征入伍的生瓜蛋子。

连法国人都怀疑这支临时拼凑的"生力军"能否创造奇迹。不过自负的拿破仑不在乎四面八方质疑的目光。他再次披挂上阵,亲临前线指挥法军迎战已经不怕他的欧洲列强。他真的能咸鱼翻身,第六次打败反法同盟吗?

二、民族会战莱比锡

拿大帝的确宝刀不老,在开始的三场战役中连败俄普联军。虽然法军的胜利付出了惨重代价,但仍给法兰西第一帝国打了一剂强心针。法军将士满怀着重新燃起的激情,投入到莱比锡会战。

如今属于德国的莱比锡,那时候还属于法国附庸的"莱茵同盟",当时莱比锡是一座不起眼的小城。莱比锡第一次让全世界瞩目,就是因为1813年10月16日在此展开的莱比锡会战。

在这次会战中,欧洲几乎所有受过法国人欺负的民族都掺合进来。各国暂时消除彼此间的矛盾,抱成一团跟扰乱世界秩序的拿破仑算总账。"莱茵同盟"的小国巴伐利亚、萨克森和图林根也跟法国翻脸,倒戈加入联军。所以这场会战也被称为"民族会战"。

会战初期,法军是胜利的。不过这次联军没有因暂时失利而自乱阵

莱比锡会战

脚。他们在侧翼骑兵的掩护下，携带伤兵井然有序地撤出战场。拿破仑没敢乘胜追击，因为他新招的骑兵好多还没学会骑马，而对方单是骁勇善战的哥萨克骑兵就有 3 万多。

法军人数只有联军一半，有经验的老战士更是少得可怜，这就让拿破仑挺发愁的，无奈军中又出了落井下石的叛徒。他就是法军元帅贝尔纳多特。

早在 1798 年，拿破仑为了迎娶风流寡妇约瑟芬，把自己原来的未婚妻硬塞给贝尔纳多特。他一直觉得怪对不住自己的未婚妻，所以就不停地提拔前未婚妻的现任老公，一直把他扶上瑞典国王的宝座。今天的瑞典王室都是他的后代。

谁成想，贝尔纳多特刚当上瑞典国王就叛变了。他用实际行动粉碎了政治上的"友谊"，率兵加入反法同盟，跟以前的敌人联起手来对付拿破仑。

贝尔纳多特的叛变投敌，无疑给法军士气泼了一盆凉水。然而，拿破仑的噩梦才刚刚开始。1813 年 10 月 16 日上午 9 时，随着联军发出的三声炮响，莱比锡的"民族会战"正式拉开序幕。

战场上弹片横飞，炮声震天，战斗异常惨烈。老天爷也很配合气氛，阴云密布的天空飘起了冰凉的细雨。法军在泥泞的战场上来回调动，疲于奔命。部队的给养也越来越差，每个士兵每天只能得到半磅面包，要吃肉只能凭想象。

本来人数就少的法军被炮火压制住了，光是病号达到了 5 万多人。而另一方面，联军的后备军源源不断地开上了战场。仅在 17 日这一天，就有 11 万名援兵加入反法联军，其中就包括贝尔纳多特率领的 6 万名瑞典士兵。

勉强硬撑到 19 日，已经弹尽粮绝的法军从各条战线全面溃败，向西面唯一的林德瑙渡口退去。莱比锡城里一片狼藉，每条街都被撤下来的马车、炮兵、伤兵和随军的闲杂人等堵得水泄不通。每个人都恨不得长出翅膀，尽快逃离这个人间地狱。

而皇上拿破仑呢？他还是保持着一贯的冷静。渡过林德瑙桥后，他找了个磨房倒头便睡，管它外面杀了个天昏地暗。他打算等法军全部过河，然后再继续随军西撤。

下午不到1时，连隆隆炮声都轰不醒的拿破仑，却被林德瑙桥传来的一声巨响惊醒了。原来，一个被炮弹吓掉魂的工兵班长过早地执行了炸桥任务。他自己死了不算，还让没来得及渡河的法军主力部队全部留在了对岸。

前有急流，后有追兵，怎么着也是个死，被困的法军把武器一扔，下饺子一样往河里跳。会游泳的侥幸游到了对岸，不会游泳的就顺流而下，不知死活。刚晋升为法国元帅的波兰亲王也被淹死了。

民族会战莱比锡，就这么惨烈地开场，惨烈地闭幕。法兰西残存的最后一点兵力被彻底摧垮。

在拿破仑的军事生涯中，这是第一次惨败于众目睽睽之下。之前兵败俄罗斯，亲眼得见的人毕竟还是少数。然而这次不仅丢脸而且致命，使他的元气再也无法恢复。

拿破仑率残部逃出战场的过程，被亲临前线指挥的亚历山大看了个清清楚楚。战斗一打响，亚历山大就接替病重的库图佐夫亲自上阵。他整天冒着生命危险泡在硝烟弥漫的战场上，最终等来了对头拿破仑悲凉的下场。

现在，他通过望远镜清楚地看到身披灰大衣、头戴大军帽的拿破仑败退的窘相。他知道，这个与全欧洲为敌的小个子气数已尽，绝无东山再起的可能。亚历山大得意地笑了。

第四节　亚历山大超常发挥

亚历山大一世算是俄国历史上最著名的沙皇之一。他之所以出名，不仅因为他曾经打败了谁都惹不起的拿破仑，还因为在他的人生经历中充满了神秘和离奇。

无论什么场合，他都能用超常发挥的技巧左右逢源。有人称他是"俄国的两面神"、"北方的斯芬克斯"、"王座上的演员"，说白了就一句话：这家伙太能装了。

一、夹缝里的两面派

在俄国历代沙皇中，亚历山大一世是最令人难以捉摸的一位。而动荡的年代更反衬出他思想的复杂性。

可以说，他是在祖母叶卡捷琳娜大帝和父亲保罗一世互相敌视的夹缝里成长起来的。既讨祖母的欢心，又不得罪父亲，在两者之间保持着平衡。要说这娃也怪不易的，只有在实践中不断提高两面派的艺术，他才不至于过早夭折在宫廷的内斗中。

公平地说，叶卡捷琳娜是很疼爱这个孙子的。但是她深知有很多皇室的后代因为贪图享乐，最后变成一块废铁。为了让机灵的孙子越过痴呆的儿子继承大统，她要亲手锻炼出一块好钢。所以她对孙子从小就高标准严要求。

在他 6 岁时，叶卡捷琳娜将家里的女仆赶走，找了 12 名男教师教育他，以造就他威猛、坚定的性格。这还不够，为了磨炼他的意志，每天清晨，他都会被祖母硬逼着，在低于零下 15 摄氏度的房间里开着窗户洗冷水澡——这就是他不畏严寒把拿破仑冻跑的秘诀。

这个打小压力山大的娃娃，在讨大人喜欢这方面有着过人的天赋。

他9岁就会给祖母写赞美信，而且每封信都无比煽情地用"吻您，吻您的手"做为结尾。到了晚年依然花心难收的叶卡捷琳娜，收到宝贝孙子这样深情款款的赞美，怎能不心花怒放？

1796年，在她驾崩之前曾立下遗嘱，由孙子亚历山大直接继位。可惜这份遗嘱被她儿子保罗发现并烧毁。他把羽翼未丰的亚历山大扒拉到一边，抢先登上沙皇宝座。

早已知道内情的亚历山大对他爹这种没义气的做法没有显露出任何不快。尽管满朝文武都替他鸣不平，他自己却隐而不发，继续恭恭敬敬地在他爹面前做儿臣。

篡位的保罗一世充分暴露了从他爹彼得三世继承过来的不良基因。这个42岁的中年沙皇用一种幼稚的方式宣泄自己对他娘叶卡捷琳娜的不满。不管对错，凡是他娘制定的制度法规，几乎全部废除。

在全欧洲一片反法声浪中，他别出心裁地联法抗英。他甚至和拿破仑约好远征印度，结果导致大批官兵无谓的牺牲。这种倒行逆施的做法，当然让执掌兵权的大贵族们想起了当年祸国殃民的彼得三世。

面对保罗的暴虐蛮横、喜怒无常，亚历山大表现得唯唯诺诺。他做任何事都要向他爹请示，而且随叫随到，任劳任怨。其实他心里有谱：他爹就这样当皇帝，肯定干不长。

随着保罗"二"得越来越无度，反对他的呼声也越来越高。暗地里，亚历山大结交了一大批对保罗极度不满的实权派朋友。一场宫廷政变开始酝酿，而背后的主谋便是在保罗面前低头哈腰的两面派——亲儿子亚历山大。

二、演技出色的实力派

1801年3月11日夜，在圣彼得堡的皇宫里呼呼大睡的保罗一世被人用枕头闷死。

政变发生当晚，亚历山大战战兢兢地躲在自己的行宫里。得知阴谋得逞，他满怀深情地嚎啕大哭起来。道德和王位，让亚历山大左右为难，几近崩溃。虽然他自己盼着保罗早死，但毕竟那是他亲爹啊，虽然在他心中，对父亲已经没有什么感情，但自己竟然下手谋害了亲生父亲、沙皇，他情何以堪？

这时，执行谋杀老沙皇的军官进来，对他说："行了，事情得手了，您就别装了。登基去吧！"入戏太深的亚历山大听了这么损的话，头都不抬，接着哭。军人实在没辙，架着半推半就的亚历山大走出行宫。

亚历山大一世

就这样，在满朝文武欢欣鼓舞的目光中，亚历山大抽抽嗒嗒地登上了皇位。其实他的眼泪里包含着太复杂的因素——是喜极而泣？是忧伤痛悔？他自己也说不清。不过，有一件事是真的，自己装了几十年孙子，可算是当上沙皇啦。

对法战争初期，连遭惨败的亚历山大亲身领教了拿破仑这台"战争机器"的厉害。他决定退居二线，让别的同盟国在前线当炮灰。

1807 年，他与拿破仑在涅曼河中心的木筏上举行了一对一的会谈，又一次将演技发挥得淋漓尽致，表演之精彩绝不亚于和曹操煮酒论英雄的刘皇叔。最后，他用"真挚"的态度赢得了拿破仑的信任。双方签订了瓜分波兰的结盟协议。

此后的几年，亚历山大充分利用这份协议，三面出击抢地盘。夺取整个芬兰和土耳其的摩尔多瓦东部地区之后，他又相继吞并了格鲁吉亚和阿塞拜疆，并且再次将已被拿破仑"解放"的波兰据为己有。

即位后，势利眼的宫廷贵妇纷纷向新皇上投怀送抱，但亚历山大始终坐怀不乱。他这么贞烈不是忠于婚姻，而是因为他心中只有一个女人——他的亲妹妹叶卡捷琳娜公主。

这一对年龄相仿的兄妹，从小一起玩游戏、学文化，一起在保罗眼皮子底下忍气吞声。荣辱与共的艰辛岁月竟让两人产生了超出兄妹的感情。亚历山大的婚姻刚开始就滑向低谷，而兄妹二人的感情却始终如一。

他们有事没事就往一块凑合，经常通宵达旦地单独闲聊。具体聊些什么内容虽然没人听见，但他们亲昵的举动却是有目共睹。

为了掩盖这段兄妹恋，亚历山大还装模作样地与欧洲各国许多贵妇保持若即若离的私情。但他只对"柏拉图式"的精神恋爱感兴趣，终身没有留下一个后代。

1808 年，威震欧洲的法兰西皇帝拿破仑冒然向叶卡捷琳娜公主求婚，这使亚历山大非常不爽。他怎能忍受将心爱的妹妹嫁给这个不解风情的"科西嘉怪物"？拿破仑到死都不知道，如果他不向叶卡捷琳娜求婚，也许亚历山大不会在战争中跟他斗争到底。

亚历山大在位时期，通过一系列战争和他超常发挥的演技，使俄国的版图和势力范围在彼、叶两位大帝打下的基础上，又向欧洲心脏地带推进了一大步。

三、斯芬克斯的辉煌时刻

以扑灭革命火种为己任的反法同盟建了散、散了再建，到了第五次的时候，被所向披靡的拿破仑打得七零八落。全欧洲都眼巴巴地看着亚历山大，就剩他还没被拿破仑的大炮轰趴下。1812 年，让亚历山大彪炳史册的时刻来了。

在和强大的拿破仑帝国苦苦周旋的过程中，亚力山大一会儿扮红脸，一会儿扮白脸，战战和和，虚与委蛇。最后他带领英雄的俄罗斯人民绝地反击，以小时候练就的挨冻本领，配合透心凉的严冬，把席卷整个欧洲的法军赶出俄罗斯平原。

这次靠老天爷帮忙的胜利，使整个欧洲的命运都掌握在他一人手中。被推举为反法联军总司令后，他统帅百万联军痛打落水狗，一鼓作气把拿破仑军队打倒在地。

1814年3月31日，俄国历史上最辉煌的时刻到来了。扬眉吐气的俄军开进了巴黎，领头的正是骑在白马上傲视群雄的亚历山大。这个曾经把融入欧洲视为最大理想的民族，今天终于走在了香榭丽舍大街上。俄国为整个欧洲挽狂澜于既倒，而欧洲则向俄罗斯敞开了怀抱。

在亚历山大倡议下，欧洲各国组成了"神圣同盟"。他被推举为"神圣同盟"的盟主，在列强坐地分赃的过程中，充当起仲裁者的角色。也

打败拿破仑的亚历山大一世

就是说，谁分哪块地界、分多少，都是他说了算。这给他充分的便利以权谋私。

正当亚历山大可劲儿往俄帝国版图上划地盘的时候，拿破仑奇迹般偷渡回法国，重新建立起帝国。他连忙把正在因为分赃不均打口水的列强纠集起来，狠踹刚爬上岸的落水狗，最终把落水狗再次踹进大海里，永世不得翻身。

1815年7月，第二次胜利进驻巴黎的亚历山大，举行了盛大的阅兵式。当耀武扬威的俄军通过检阅台时，同盟国的头头们没有不翘大拇指的。为俄罗斯帝国赢得了无上荣耀的亚历山大被称为"北方的斯芬克斯"，意思是他跟埃及那只狮身人面的妖怪一样难惹。

亚历山大在位的时代是沙皇俄国在国际地位上的巅峰时期。他通过"神圣同盟"建立起的欧洲新秩序，历经19世纪中期欧洲政治版图的多次变迁，一直到一战后才被完全取代。

四、面具下的超常发挥

达到巅峰时期的亚历山大，却出现了令人意想不到的变化。回到圣彼得堡之后，他越来越有寂寞高手的范儿了，深居简出，不爱搭理人，行事总是鬼鬼祟祟，并多次表示不想当皇上了。个中原因，怕遭报应，被儿子闷死，也是有可能的。

这个王座上的演员厌倦了终日戴着人皮面具的生活。他用拳头托着下巴想事的形象酷毙了，后来那个法国人罗丹整出来的铜像都没法跟他的行为艺术比。大臣们望着沉思的皇上忧心忡忡：会不会他哪天想不开，悄悄走下王位，消失在俄罗斯的皑皑白雪之中？

1825年9月，亚历山大离开圣彼得堡，到气候宜人但地处偏僻的亚速海上小镇塔甘罗格疗养。去的时候，人还特结实，牙口倍儿好，吃嘛嘛香。可过了不到两个月，俄国皇宫突然宣布：亚历山大一世于11月19

日在疗养地驾崩。

亚历山大的离奇死亡引起人们的各种猜测：一个版本是他的确死于疾病；另一个版本是他根本就没死，而是看破红尘，隐逸山林。熟悉他的大臣寻思，这位凡事都喜欢做戏的皇上，是不是在死亡问题上也忽悠了群臣一把？

果不其然，在亚历山大去世 10 年后，乌拉尔山区的村子里出现了一位雍容高雅、仪表超俗、自称费道尔·库兹米奇的老人。虽然他居无定所，衣着朴实无华，但丝毫没有流浪汉的猥琐。他以渊博的学识和宽厚和蔼的处世态度，赢得当地百姓的爱戴。

朴实的村民慢慢发现，他不仅对皇宫里的秘闻如数家珍，对当代的政治事件也了如指掌。他不光能绘声绘色地讲述俄军开进巴黎时的盛况，甚至能给当时沙皇身边的随员列个名单。

接着，邮局的小官僚又神神秘秘地透露出小道消息：这个寒酸的老人经常收到一个名叫玛丽亚·费多罗芙娜的女人寄来的钱和衣物，而亚历山大的亲娘"凑巧"跟这个女人重名。

1864 年 1 月 20 日，谜一样的费道尔·库兹米奇以 87 岁的高龄寿终正寝。

一位曾经常给亚历山大看病的宫廷御医，从不参加亚历山大祭日的祷告仪式。而费道尔死的这天，他却亲自领着大家为亚历山大的亡灵祈祷。他流着泪说："沙皇这下真是死了。"

更玄妙的是，在亚历山大一世的侄子亚历山大二世的办公室墙上，一直挂着费道尔·库兹米奇的画像。隔着这么老远，他怎么会认识这个乡村老汉呢？又何苦对他如此崇拜？

第七章
走向没落

仔细研究俄罗斯的发展轨迹不难发现，这个民族总是摆脱不了盛极必衰的命运。从彼得大帝至今的300多年间，俄罗斯人仍未找到走出怪圈的道路。借用《三国演义》的一句话来说，就是：俄罗斯形势，盛久必衰，衰久必盛。

当俄军昂首挺胸地进入巴黎的时候，俄国在国际上的地位也如日中天。可是没得意多久，它开始以自由落体的速度，从世界之巅向着贫困的洼地跌落。

不到半个世纪，欧洲"神圣同盟"的盟主就被剥去华丽的外衣，不可避免地走向没落。疲惫的双头鹰没精打采地耷拉着脑袋，收敛羽翼，似乎再也无力挽回往日的威风。

第一节　最穷的欧洲国家

　　法国大革命之后，欧洲各国的资产阶级加速发展社会经济，整个欧洲成了工业化急行军的竞技场。唯独沙皇专制的俄罗斯后知后觉，还背着农奴制这个破壳原地踏步。

　　面朝黄土背朝天的传统耕作模式，早就被时代车轮远远地甩在身后。搭上工业化摩登列车的列强无不富得流油，而曾经辉煌一时的俄罗斯却沦为最穷的欧洲国家。

一、穷得苗红根正

　　如果真是"越穷越光荣"，那没人比俄罗斯更光荣，它可算是穷得苗红根正。就算在 19 世纪末，俄罗斯已经成为一个横跨欧亚大陆、领土面积居世界第一的大帝国，在丰衣足食方面也远远落后于同期的西欧国家。

　　此时，几乎控制了全球贸易的荷兰已经辉煌了近百年；通过海外殖民、掠夺积累了大量财富的英国，带头闹起了工业革命；法国在路易十四的强权领导下，发展为当时的欧洲列强之首。

伏尔加河上的纤夫

再看看俄国的衰样：经济完全依赖于农业；全国只有几十个手工工场；做生意的商人几乎一水儿的外国人；没有系统的国民教育；普通百姓对纸张的认识仅限于卢布。

俄罗斯的文盲普及率超高，即使在首都莫斯科，一百个人中间识字的也不超过三个。在欧洲人的眼中，当时的俄罗斯是一个野蛮、落后、弱智的国家。随便哪个国家都能拿愚笨的北极熊寻开心。

虽然在此前一个世纪，彼、叶两位大帝也曾励精图治，奋兴改革，但始终不敢触动沙皇专制和农奴制——这是历代志气高远的沙皇的通病。没有稳固的基石的沙皇俄国，实际上成了一个泥足巨人，吃得越胖，陷得越深。

他们尽可能跟人家西方好好学习，在文化、经济、教育领域全面改革，但到了后期总是被腐烂发馊的陈规陋习拖累得变了味儿。而且他们一死，改革成果短时间内就灰飞烟灭。这种昙花一现的改革无法从根本上改变俄罗斯"国强民弱"的现状。

当普通法国人公开对腐朽的波旁王朝吐唾沫、挥拳头的时候，俄罗斯的农奴却匍匐在贵族地主的皮靴下瑟瑟发抖。

当英国的工业革命烘炉熊熊燃烧了 30 年，俄罗斯还是固守着传统的农业耕作，近代化工厂寥寥无几。

当欧洲各国普遍实行议会制度，美国已经在大洋彼岸建立了民主共和国，俄罗斯依然还是沙皇独裁……

所以无论从哪方面看，穷得苗红根正的俄罗斯随时都会面临揭不开锅的悲凉局面。

二、小农意识的绝望

俄罗斯的发展道路落入一个怪圈。每当俄国吃了败仗后，沙皇就会自上而下地实行改革。但他们又死抱着专制制度和农奴制不肯放手，于是若干年后再次陷于困境。

"我们就像被锁着的狗，一辈子被幽禁在无知和恐怖之中，没有一点点出路！我们什么都不知道！我们对什么都害怕！我们的生活就是黑夜，每一天都是黑夜！是漆黑的黑夜！"这是高尔基笔下的俄罗斯人民的生活状态。

意识前卫的艺术家总能发现被人忽视的细节。1870 年，一位年轻的画家在伏尔加河畔看到一群衣不遮体的纤夫，声嘶力竭地喊着悲怆的号子，艰难地拖着搁浅的大船前行。他被眼前的景象震撼了。见到了比在皮鞭下赶路的囚犯更悲惨的一群人，画家将满腔的悲愤和痛苦融入到创作当中。这幅画的色调充满了贫穷、饥饿和辛酸的影子，与其说是人与自然在搏斗，不如说是与残酷无情的黑暗社会搏斗。这幅画就是传世之作《伏尔加河上的纤夫》，而这位画家就是列宾。

这是俄罗斯底层人民的真实写照。

经过了一次又一次的改革，根深蒂固的封建顽固势力丝毫没有让步。俄国农民的悲惨境遇不但没有得到改善，反而越改越糟。正是这一群帝国的奴隶，拖着陈腐不堪的帝国破船缓慢前进。低沉的号子与酷暑的炎热、悲怆的河水交织成一曲帝国挽歌。

建立在残酷压榨上的辉煌还能持续多久？

19 世纪中后期，俄帝国曾经的辉煌已是"明日黄花"。靠手工劳作生产的工业品远远不能满足本国市场的需要，有点技术含量的机器大多靠进口，连个缝纫机在俄国人眼里都算高科技。此时的俄国已经沦为西欧各国的原料供应地，因为原料搁它手里也做不成个物件。

按说，集中力量狠抓农业也能填饱肚子呀。可是老天不开眼，俄帝国的粮食收成也不好，连年歉收。粮食产量几十年甚至上百年徘徊不前。1860 年，俄国每公顷的粮食产量还不到英国的一半。农业大国种庄稼的技术居然赶不上工业大国，这不能不说是个悲剧。

直到进入 20 世纪，俄国 80％的人还是农业户口。这些不思进取的农民死抱着自顾自的小农意识，守着自家的一亩三分地自得其乐，宁可饿死也不求改变。

为数不多的工厂里也有打工的工人，他们中的 94％都来自农村，被称为"进城农民"。他们不是真正意义上的工人阶级，其文化心态及价值观念仍没摆脱小农意识。

被小农意识控制的俄罗斯，除了衍生出没落的小农经济，也不可能有别的起色。这就是为什么近 400 年里，俄国既没有文艺复兴，也没有真正的工业革命，更别说国家现代化进程。

1853 年，俄国的铁路全长不过 1000 公里，只相当于英国的 1/15，而且没有一条铁路通往出海口。别说国际快递，国内运输都得马拉套车。俄国财政大臣认为修建铁路是"无谓的浪费资本和破坏人民道德"。把修建铁路和道德联系起来，这倒是俄国人的一大发明。

同年爆发的克里米亚之战，证明了蒸汽机胜过了风帆，铁路胜过了马车，资本主义胜过了农奴制。19 世纪已经是属于钢铁和机器的时代。谁不服气谁倒霉。

第二节　在克里米亚遭到群殴

眼瞅着"神圣同盟"盟主的威风一天天被苦日子销蚀，欧洲列强都动起了心眼儿。既然威风扫地也就不再"神圣"，盟主的屁股是不是也该挪挪窝？共同的野心让明争暗斗的列强再次统一意见：先把盟主赶下位，再重排座次。

1853 年到 1856 年，北极熊在克里米亚遭到群殴。这是拿破仑帝国崩溃以后规模最大的一次国际战争。

一、合起伙来算计北极熊

自"神圣同盟"建立以来，俄国不好意思马上向各位盟友下手。它把扩张的目光投到衰弱不堪的土耳其帝国身上。欺负这样的弱国最划算，成本低廉，收益极大。

亚历山大就曾跟英国递过暗号，想要合伙出兵土耳其，不过老奸巨猾的英国没搭理他。它有足够的理由对俄国借"神圣同盟"谋求霸权保持戒心。即使亚历山大是个正人君子，谁能保证他死后，俄国不会独吞土耳其的广大领土？贪得无厌的北极熊一贯以吃独食闻名于世。

况且拥有庞大陆军的俄国，总想在别人闹家务事的时候横插一脚，

尼古拉一世

这足以挑动英国人的神经。他们最担心一旦所有欧洲大陆的国家都听沙皇的使唤，孤悬海外的英国将会彻底出局。

1825年，亚历山大一世离奇暴毙，他弟弟尼古拉一世继位。这个脑筋不太灵光的新沙皇一点他哥的沉稳劲儿没有，逮谁跟谁商量怎么瓜分土耳其，把俄国的战略意图来了个大曝光。这让刚松口气的英国心又悬起来。

从1823年开始，希腊人民一直闹民族独立，不惜流血牺牲也要摆脱土耳其帝国的统治。这给俄国出兵土耳其提供了一个牵强的借口：俄国人与希腊人同属东正教会。兄弟有难，当大哥的岂能袖手旁观？

于是，俄国打着支援希腊同胞摆脱异族统治的旗号，于1828年发动对土耳其的战争。1830年，希腊独立，俄国捞到的好处也不少。它把多瑙河畔的塞尔维亚、瓦拉几亚和摩尔达维亚等几个小公国收为小弟，并且获得商船自由通过黑海两海峡的权利。

贪心的尼古拉一世没有见好就收。他恨不得连瓦拉几亚和摩尔达维亚两个公国也一并笑纳。这就让别的列强不平衡了：你吃肉我们不反对，可你不能连口汤也不给我们留吧？神圣同盟盟主怎么办事这么不"神圣"？日后的克里米亚战争第一枪正是因为这个打响的。

1848年，拿破仑家族启动《四国同盟条约》，以图东山再起。而神圣同盟的成员国就在一边看热闹，谁也不出面干涉。其实他们早就憋着坏，要合起伙来算计北极熊。

1852年12月2日，拿破仑的侄子路易·波拿巴黄袍加身，称拿破仑三世，建立法兰西第二帝国。英国率先承认了法国新政权。奥地利唯恐日后挨拿破仑家族的收拾，也赶忙向法兰西投诚。

拿破仑三世虽然没有他叔叔那么能征惯战，可是有充足的胆量跟众叛亲离的俄国干一仗。有了日不落帝国的支持，无论战场输赢，神圣同盟必将被拆散，盟主必将被赶下台。怎么看，英法都是赢家。这便宜不占，枉为拿破仑家族成员！

到此为止，由英法打头的欧洲列强已经挖好陷阱做好套，剩下的是想个点子请君入瓮。

二、众叛亲离的孤家寡人

此时的北极熊还做着吃独食的美梦，浑然不知正在临近的巨大灾难。根据俄国以往欺负弱小的经验，只要不能和平谈判，就要诉诸武力，而且战争的回报也将更加丰厚。

1853 年 1 月，缅希科夫亲王被派往土耳其首都伊斯坦布尔。作为俄国全权特使，他强烈要求土耳其充当俄国的附属国，接受大哥的"保护"。这种蛮横的态度其实是向土耳其下了最后通牒：不接受"保护"，就等着挨揍。

没成想，衰到极点的中亚狼人对北极熊的威胁理都不理。原来英法等国事先就跟它通了气，一起使劲挖陷阱，埋了霸道的北极熊。而这个陷阱就是紧挨着土耳其的克里米亚。

为了给土耳其打气，6 月 13 日，英法联合舰队驶入黑海的贝西加湾。这一违反国际公约的举动并非为了震慑俄国，而是为了激怒它。果不其然，受了刺激的北极熊暴跳如雷。这时候，甘当诱饵的土耳其出场了。

11 月 27 日，一支土耳其小型舰队到达俄国势力范围的希诺普港。不久，舰队指挥官就发现 6 艘俄国战列舰向他们包围过来。他命令部下不准先开火，就在俄国人眼皮底下进行列队演习。

11 月 30 日早晨，围得不耐烦的俄国舰队要求土耳其舰队升白旗投降。土耳其舰队拒绝了这个要求。几分钟后，双方展开了小规模的海战。没几个回合，俄国战列舰就取得完胜。土耳其 7 艘护卫舰和 2 艘轻巡洋舰被击沉，士兵死伤 3000 人。

消息传到伦敦和巴黎，很快被别有用心的新闻舆论渲染成"希诺普大屠杀"。英法两国的老百姓都不干了。现在都民主时代了，怎么还有这么野蛮的行径？他们强烈呼吁作为资本主义排头兵的英法出兵干预，好好整治一下北极熊。

这可是人民"正义的呼声"！"顺应民意"那是必须的！1854 年 1 月 4 日，英法舰队进入黑海，为土耳其运输船队保驾护航。作为回应，俄国于 2 月 6 日宣布与英法断交。北极熊自己把脑袋伸进人家做好的套里。

智商严重不足的尼古拉一世还指望英法先做出让步。他跟两国特使要横："你们别拿打仗吓唬我。我可跟普鲁士、奥地利好着呢。谁怕谁呀！"后来的事实证明，他太自作多情了，而俄国的两个把兄弟太识时务了。

1854 年 12 月 2 日，反戈一击的奥地利加入反俄同盟。俄军被迫从多瑙河撤军。早对俄国横行霸道有意见的普鲁士，以超然的态度保持中立，等着看它的笑话。俄、普、奥组成的"神圣同盟"就此散伙。曾经无比辉煌的同盟盟主落得个众叛亲离的下场。

1854 年 3 月 27 日和 28 日，英法分别向俄国宣战，克里米亚战争全面爆发。近代史上第一次现代化战争拉开了序幕。

三、"欧洲宪兵"下岗

1854 年 9 月 14 日，在克里米亚登陆的英法联军，开始围攻塞瓦斯托波尔。经过 349 天的围困，这个俄国黑海舰队司令部所在地被联军攻克。战败的俄军夹着尾巴退出黑海的根据地——克里米亚半岛。

又经过一年多反俄同盟的"暴力劝说"，俄国终于招架不住，于 1856 年 3 月 30 日和法国、英国、土耳其、奥地利、普鲁士签署《巴黎和约》，挨个给人家赔礼道歉，克里米亚战争正式结束。俄国臊眉耷拉眼地从"欧洲宪兵"的岗位上退了下来。

《巴黎和约》确定了黑海中立化，禁止各国军舰通过黑海海峡，禁止俄国在黑海沿岸保存兵力。在各国列强的共同"保护"下，土耳其帝国保持了"独立与完整"。这是土耳其在对俄作战中取得的唯一一次胜利。战败的俄罗斯丧失了历次对土战争的胜利成果。

列夫·托尔斯泰参加过克里米亚战争

从本质上说，克里米亚战争是两种新旧制度的抗衡。资本主义的英法以压倒性优势，打得农奴制的俄国毫无还手之力。尽管俄国士兵仍保持着恶打恶上的二杆子劲头，可血肉之躯毕竟扛不住洋枪大炮的猛轰。他们成为现代化武器的首批实验品。

在海战中，英法海军使用的蒸汽动力铁甲舰，配有爆破力极强的大口径火炮，光靠横冲直撞就足以使俄国的木制风帆战列舰全军覆没。英法海军在海战中开炮，纯属提前庆祝毫无悬念的胜利。战前拥有 20 艘战舰以及大量辅助船只的俄国黑海舰队从此消失。

在地面作战中，英法联军的步枪射程是俄国步枪的三倍。也就是说，分属两个战壕的士兵各发一枪，俄军的子弹飞了不到一半就"啪嗒"落地；而联军的子弹却能准时抵达俄军的脑袋。

铁路、电报也被资产阶级首次应用于战争。联军通过电报协同作战；俄军靠通讯兵的"11 路公交车"传递消息。联军的火车源源不断地运来补给和弹药；俄军还得耐心等着慢悠悠的马拉辎重车……

而俄军糟糕的后勤更是名垂青史：运到前线的靴子全是左脚的，士兵一律瘸着腿冲锋陷阵；大炮零件被运到不同海滩上，攒出来的大炮太超现实了，摆在美国大都会博物馆都显得前卫……

这哪是打仗来了，明明是上赶着被人群殴呀。

克里米亚战争中的强大火力，给一名时年 28 岁的俄国炮兵连长留下了深刻印象。他描述道："从四面八方传来子弹的呼啸声，炮弹就在不远的地方爆炸，震得我们全都恐惧万分。"这位连长就是后来成为世界文学泰斗的列夫·托尔斯泰。

在整个克里米亚战争中，俄军损失 52 万余人，土军损失 40 万人，英法总共损失了不到 12 万人。

四、战后的反省

开战时，俄军连一张克里米亚地图都没有，全凭侦察兵探路。西方列强已使用远射程的来复枪，而俄军仍手持一个世纪前的燧发枪，射程只有三百步，还得留神火药别弄湿了。所以，俄国跟武器配备先进、作战机动灵活的列强打仗，纯属以卵击石。

克里米亚战争的特点，就是一个采用原始生产的民族，对几个拥有现代生产的民族进行的绝望搏斗。哦，忘了告诉大家，这句话言简意赅、一针见血，是恩格斯说的。

俄国发动克里米亚战争的时机，恰好选择在它作为欧洲宪兵镇压了 1848 年的法国大革命之后。没有政治远见的尼古拉一世满以为法国刚经过大动乱，不会马上跟他作对。而隔着英吉利海峡的英国正热火朝天地进行工业革命，更没工夫管闲事。

只要英法不出兵干涉，集中俄国的优势兵力跟土耳其单挑，那还不是小菜一碟。一场小规模的战争就能轻松拿下伊斯坦布尔。到那时，生米煮成熟饭，即使欧洲列强不乐意，也拿他没辙。

但是，尼古拉一世的如意算盘落空了。英法的参战、同盟国的倒戈，令他措手不及。俄土双方的强弱顿时逆转，俄国陷入了被动挨打的困境。

尼古拉一厢情愿的战略计划完全破产。

他不幸成为俄国第一个割让土地的沙皇，有幸成为错误估计形势而发动错误战争的反面教材。悲愤的尼古拉一世在生存与死亡这个哲学命题之间纠结良久，最终用一瓶毒药结束了自己的生命。

俄国在克里米亚战争中的惨败，导致农奴制的彻底崩溃。风光了一个半世纪的俄罗斯就此被打回原形，沦落为二等大国。

这场力量悬殊的战争，使俄国知识分子又一次体会到自己同欧洲强国之间的差距。从战场返回后的第二年，托尔斯泰就急不可耐地前往欧洲。他希望在那里找到俄罗斯未来的出路。

当时的整个欧洲似乎都在进行一场追英赶法的赛跑。工业化、资本主义几乎成为富国强兵的唯一秘诀。得知真相的俄罗斯人民（包括朝中政要）一致谴责拖累俄国工业化进程的农奴制度。在俄罗斯肆虐了近五个世纪的农奴制终于走到了尽头。

第三节　农奴悲歌几时休

有人会问，俄罗斯不是有一半也在欧洲吗，咋跟人家西方的发展差距这么大呢？最根本的原因，就是人家西方早就资本主义了，俄罗斯还对人吃人的农奴制情有独钟。

农奴制这个肿瘤一直是俄国最大的隐患。占帝国人口一多半的农奴，用他们的血汗喂肥了贵族老爷，可是他们苦难的悲歌却不知要唱到几时。

一、十二月党人的良心

在圣彼得堡有一个非常出名的广场。广场中心是骑在高头大马上的彼得大帝的铜像，所以被称为"彼得广场"。但它还有个名字，叫"十二月党人广场"。这说明为废除沙皇专制、解放农奴流血牺牲的"十二月党人"，在老百姓心目中和彼得大帝的分量不相上下。

俄国贵族中留过洋的海归派和跟随亚历山大到过巴黎的军官，见识了西方的锦绣繁华和革命带来的自由，心里那个疼啊。跟人家小资的滋润生活相比，他们的父老乡亲过的还是人的日子吗？他们立志推翻沙俄烂到骨髓的封建制度。这些人统称为"十二月党人"。

这些受西方资产阶级革命影响的俄国精英，以敏锐的思想认清了俄国社会的矛盾根源——反动透顶的农奴制。这个已经癌变的瘤瘤不除，俄罗斯早晚命丧于此。

早在1812年的卫国战争中，年轻的军官们与劳苦大众一起浴血奋战，通过密切的接触，加深了对底层人民的了解。他们看到，战斗中的勇士们仍在受欺压、受剥削。这些在困苦中挣扎的人们和他们一样，有血有肉有感情，填不饱肚子照样为国牺牲。

他们愤慨地痛斥农奴制："为了自己过得舒坦，把穷人当作私有财产，当牲口一样使唤，当东西一样转让、买卖、继承……这是最丑恶无耻的勾当！它不仅违背人性和自然规律，更违背了神圣的基督教义！"

对祖国的热爱与对农奴的同情交织在一起，使十二月党人对作威作福的封建地主深恶痛绝。他们用横扫一切的气魄，对历代改革帝王都不敢触及的痼疾进行了猛烈的抨击，发誓不惜一切代价也要砸烂反动的农奴制！

二、唤醒人民闹革命

1818年，十二月党人成立了致力于人人都幸福的"幸福协会"。"幸福协会"成员由商人、修道士、小市民和自由农民等不同阶层的人组成。尽管对"幸福"的定义有分歧，但他们的目标是一致的：推翻沙皇，消灭封建农奴制。为了这一个伟大的目标，他们共同为起义作着准备。

1825年12月14日，"幸福协会"的北方支部为了抢先得到幸福，率先在圣彼得堡发动起义。

3000名排成战斗方阵的陆海军官兵集合在参政院广场上，准备在尼古拉一世登基的时候要求立宪，不答应就造反。可是，在千钧一发的时刻，"幸福协会"的总指挥临阵脱逃，把追求幸福的起义队伍暴露在广场上。

新沙皇尼古拉一世瞅准了这个杀一儆百的机会。他命令禁卫军把炮口对准广场猛轰。一时间，枪炮齐鸣、马蹄乱踏。聚集的人群四散奔逃，惊叫声震荡着俄国的心脏。广场上血流满地，1271名起义者和无辜百姓被残杀。起义终因寡不敌众被镇压。

起义军的主要将领被处以绞刑。许多起义者被带倒钩的皮鞭毒打致死，剩下的被远远地流放到没有农奴制的西伯利亚。

十二月党人起义是俄国历史上第一次贵族革命，也是革命者第一次有组织、有计划、有纲领地用武力跟专制沙皇对话。它成为俄国革命史上光辉的一页，标志着俄国革命运动的开始。起义虽然失败了，但是起

十二月党人起义

义者在参政院广场上的血没有白流。列宁对此评价说："贵族中的优秀人物唤醒了人民的革命觉悟。"

为了让祖国早日走上现代化道路，贵族知识分子抛弃了财产、地位和家庭，背叛了他们曾经捍卫的制度。他们把自己与劳苦大众的命运捆在一起，不惜以卵击石，勇敢地冲向沙俄军队的枪林弹雨。他们因此得到了整个俄罗斯的敬意，被视为"俄罗斯的良心"和民族英雄。

十二月党人的妻子们随丈夫去西伯利亚流放

在镇压起义后，尼古拉一世召见刚从流放地回国的普希金。他心虚地试探："如果那个时候你在圣彼得堡，你会怎么做？"

普希金干脆利索地回答："我肯定会参加起义！"

这个回答让双手沾满革命者鲜血的刽子手顿生敬意，尼古拉一世后脊梁直冒凉气。

三、由农奴变地奴

遭到欧洲列强群殴的尼古拉一世愤而自尽后，他的儿子亚历山大二世继位。新沙皇可比他老子聪明得多。他明白农奴制早已无利可图，只会阻碍俄国进行彻底的资本主义改革。随着贵族地主和农奴两个阶级的矛盾升级，再次爆发大规模革命在所难免。

而且在克里米亚战争之后，俄国的国际地位一落千丈。欧洲资本主义国家集体瞧不起农奴制破船上的俄罗斯。农奴制成了令所有俄国人蒙羞的"猪尾巴"。

资产阶级精英们没人愿意搭理愚昧落后的俄国土包子。愿意跑俄国做生意的外国商人也就是为了一个目的：尽可能地从这些愚民身上刮些油水。

一向喜欢热闹的俄国人不怕打仗流血，就怕这种外交上的孤立。为了给资本主义国家一个比较积极向上的形象，亚历山大二世下定决心在俄罗斯实行"伟大的改革"——剪除农奴制这根"猪尾巴"。

亚历山大二世

他对满心别扭的地主们说："与其等农民自下而上起来解放自己，不如咱先动手，自上而下解放农民。"让俄罗斯大地战栗了几个世纪的农奴悲歌，终于唱不下去了。

1861 年 3 月 8 日，亚历山大二世签署《关于农民脱离农奴依附关系的法令》和关于废除农奴制的特别诏书。俄国在落后于西欧近一个世纪后，终于艰难地迈开了现代化的步伐。

自上而下的改革刚开始就阻力重重。由于贵族大臣从中作梗，这份农奴解放宣言耽搁了两个礼拜才在教堂里宣读。但是令亚历山大二世意想不到的是，更大的阻力来自被解放的一方。这个把他自己都感动了的大胆革新，却被农奴们的集体沉默泼了一盆冷水。

没文化的农奴被复杂的新法令绕得晕头转向。他们宁愿继续呆在农奴主的庄园里当牛做马，也不愿意得到被解放的自由。因为即使获得人身自由，他们仍要从地主手里赎买分得的土地，而赎价之高，是一穷二白的农奴一辈子别想凑齐的。

农民没有土地种，还能干什么呢？由农奴变地奴，究竟有什么本质上的转变？穷苦人打破脑壳也想不明白。在庄园里受剥削，还能吃口残羹剩饭。无地可种，那还不等着饿死？

四、"解放者"被革命

贵族地主的表现更让亚历山大二世失望。他们开始打算光给农奴自由，不给土地。亚历山大二世苦口婆心加威逼利诱，才让这帮财迷疯的吝啬鬼吐出一小部分土地，而且是最贫瘠的。

这农民能答应吗？他们相信错不在皇上，都是贪官污吏和地主老财使的坏。只要没完没了地制造麻烦，等坏蛋们不耐烦了，就会有新的土改政策出台。于是，心思单纯的农民开始无组织、无纪律地跟政府捣蛋。

到了夏天，俄国境内发生了 1000 多起骚乱。亚历山大二世差点气哭了，这不好心没好报吗？他对农民上访团说："你们这是得寸进尺呀！马上服从法案！马上服从上级！好好干你们的活儿去吧！"一句话彻底打消了农民参与土改的积极性。

寒了心的农民兄弟这会儿才醒过神儿来：原来剥削他们的坏蛋头头，就是被称为"农奴解放者"的皇上呀。他们顿时产生一种上当受骗的委屈，对亚历山大二世的态度也迅速由爱戴转为憎恨。这场意在缓和阶级斗争的改革，却促使阶级斗争进一步尖锐化。

公平地说，亚历山大二世的改革虽然不彻底，但废除了地主对农民的封建统治，2100 多万农民确实从农奴制枷锁下解放出来。从积极意义上讲，新法令在农奴主和农奴之间起到了一定的平衡作用。

停滞不前的俄罗斯终于在现代化道路上，向前迈出了很重要的一步。亚历山大二世做了历代沙皇所不敢为的事，而他也为此付出了惨痛的代价。

他既得罪了封建贵族，也得罪了劳苦大众。更可怕的是，他得罪了要理想不要命的职业革命家。随着"解放者"光环逐渐黯淡，他们决定把失去民心的沙皇淘汰出局。

1881 年 3 月 1 日，正乘坐马车视察民情的亚历山大二世遇刺。从刺杀的过程来看，无论对刺杀者，还是对被刺者都太悲壮了。

可能刺客的眼神不太好，第一颗炸弹严重偏差，直接扔进了围观的人群。毫发未伤的皇上居然从马车上溜达下来，不顾劝阻，忘我地投入到人道主义抢救工作中。

正在此刻，刺客准确地将第二枚炸弹扔到沙皇亚历山大二世的脚下。一声巨响过后，亚历山大二世的双腿被炸断。刺客也被卫兵乱枪击毙。

当天下午 3 点 30 分，这位值得人们缅怀的"农奴解放者"终因解放得不够彻底而被彻底地革了命，终年 63 岁。

第四节　远东是个大馅饼

1689 年，侵入黑龙江流域的俄国人遇上了神勇无敌的康熙大帝，被迫签订《尼布楚条约》。打那以后的一百来年，心有余悸的俄国一直没敢打远东的主意。

克里米亚战争之后，被现代化列强阻断西进道路的俄罗斯，再次把贪婪的目光投向东方。痛定思痛，它决定暂时避开西方，专攻远东这个大馅饼。

一、后院钻进北极熊

在克里米亚遭到群殴的俄国，真正明白了什么叫力所不能及。19 世纪后期，趁着欧洲各国都比较消停，已经把注意力转向远东的俄国决定干点力所能及的事。

整个亚洲谁最好欺负呢？土耳其肯定不行，刚在那儿挨了顿胖揍。扒拉来扒拉去，它把中国列在了首位。这个选择没有错。那时候的中国，赢弱不堪。

不过俄国这次变豪夺为巧取。在中国国难当头之际，它跑出来装好人，趁机混进中国的后院，让腐朽的清政府上赶着挨它欺负。

1856年到1860年，第二次鸦片战争，清政府又惨败英法联军之手，不得不签订丧权辱国的《天津条约》。老毛子借机警告中国人："当心英国人霸占黑龙江。"可是，这个警告对这么衰弱的清政府来说，没有任何实际意义。于是，俄国非常仗义地"出手相助"：不如咱们共同"当心"吧。

经过这一通吓唬，清政府果然害怕了，而且还特感激俄国：瞧人家替俺们想得多周到，还要为俺们分忧解愁，这么好心的朋友哪儿找去？结果，没等英国人霸占，黑龙江先被"好心的朋友"俄国霸占了。

沙俄霸占中国大片领土

根据 1858 年俄清两国签订的《瑷珲条约》，俄国获得黑龙江至乌苏里江的全部左岸领土，和从黑龙江直达出海口的两岸领土。

一直向往大海的俄国在靠近朝鲜的中国海岸发现了一个极好的港湾——盛产海参的海参崴。它不顾清政府的抗议，一往情深地把海参崴改名为"符拉迪沃斯托克"。符拉迪沃斯托克，在俄语里就是"东方王后"的意思。

同一地区，两种截然不同的命名很能说明问题：俄国人看重的是地理上的战略意义；中国人看重的是肚子里面的油水问题。这就决定了谁欺负谁。

1860 年，北京被英法联军占领。俄国又得着机会出面装好人了。在圆明园掠夺了无数金银珠宝和珍贵文物的强盗撤离中国首都后，老毛子以"调停人"的身份大模大样地找中国人要工钱。

而倒霉无极限的清政府则心甘情愿地签署了《中俄北京条约》。这次黑龙江两岸以及从黑龙江入海口直到朝鲜边界的整个沿海地区都归了俄国。短短两年时间，中国后院的 100 多万平方公里领土被北极熊一屁股坐定。

这还不算完，通过 1864 年签订的《中俄勘分西北界约记》、1881 年签订的《中俄伊犁条约》，中国西部的 51 万平方公里的土地又被俄国强占。1892 年，他连条约都懒得签，就自作主张地把帕米尔地区 2 万多平方公里的中国领土划为己有。

不到半个世纪，北极熊就从软弱的清政府手里，拿到了 150 多万平方公里的领土。对中国的掠夺成了俄国扩张史上最成功的个案，连一枪一弹都没费。这也是每个有良知的中国人永难忘怀的耻辱。

1895 年，中日爆发了甲午战争。中国又被扶桑小国轻易打败。已经见识了俄国人"好心"的清政府，不敢轻易劳它的大驾，而是恳求英美两国出面调解。可是占够便宜的英美根本不管亚洲人之间的争斗。

　　万般无奈之下，清政府只得签订《马关条约》，把台湾、澎湖列岛及辽东半岛割让给日本。都割让完了，俄国又出来说便宜话了：瞧瞧，除了我没人帮你忙吧？由于俄国的干涉，日本被迫将辽东半岛归还给中国。

　　这一帮助让清政府感动得热泪盈眶：俺们咋就这么不知好歹呢？人家帮了这么多忙，咱咋还跟人家耍心眼呢？第二年，清政府感恩戴德地与俄国签订一个秘密条约，约定在日本侵略的情况下相互援助。

　　为了及时得到援助，清政府还特许俄国人在中国地界上建造一条纵贯满洲、直抵符拉迪沃斯托克的铁路。到1904年日俄战争爆发时，总长为2560公里的铁路已经铺设完成。

　　这条能使俄国"在任何时间内、在最短的路上能把自己的军事力量运至满洲、黄海海岸，及离中国首都的近距离处"的铁路，其战略意义是防日本，还是近北京，已经不言自明了吧？

　　1898年，俄国又以抗日为名，"借"走了包括战略港口旅顺在内的辽东半岛。两年后，俄国人借义和团暴乱之机，占领了整个满洲地区。中国后院完全被北极熊霸占。

二、东洋倭寇不平衡

　　抛开民族感情不说，日本人有个特别值得人学习的优点：发现一串又甜又圆却高高挂起的葡萄，它不是流着哈喇子说葡萄是酸的，而是想方设法学会种葡萄的方法。当然，只要条件允许，它捎带着也要把葡萄摘到手。这就是这个东瀛小国迄今仍繁荣昌盛的原因。

　　自从日本发现了西方资本主义这串甜美多汁的葡萄后，它就打定主意要在自己家也种那么一串。19世纪后半叶，经过明治维新以来的一系列耕作，葡萄终于丰收——日本成了当时亚洲唯一独立自主的资产阶级国家。

　　跟资本主义葡萄一起成长的，是外来佛教和本土神道教苟合产生的怪胎——武士道。刚跻身于世界强国之列，日本就走上了对外侵略扩张的军国主义道路，亚洲所有弱国都是它欺负的对象。

比起栖身的几个岛屿，亚洲广阔的大陆对他们的吸引力相当于100串葡萄，其中最大最甜的一串当然是中国。1894年，日本利用朝鲜的东学党起义，悍然发动大规模侵华战争——甲午战争，胁迫中国签订了丧权辱国的《马关条约》。

正当它成功地把爪子探进中国领土，没成想北极熊横插一杠子，迫使它把到嘴的辽东半岛又吐了出来。这让小日本极不平衡：你都撑得那么肥了，还在那儿吃肉，凭啥就不许俺们摘串葡萄？俺们都资本主义了，还能怕你？！

两个强盗在抢劫别人财产时，产生了激烈的冲突。此后，双方加紧备战，都想找机会狠咬对方一口。

日俄战争中的日军军官

这时候的日本，单挑北极熊的底气还不是很足。于是，它靠上了财大气粗的英国。1902 年 1 月 30 日，日本与英国缔结军事联盟。有了强大的后盾壮胆，它跟俄国清算的态度也横了起来。

1903 年 7 月，日本人跟俄国人摊牌：你只要承认日本在朝鲜"占优势的利益"，日本就承认你在中国东北的"特殊利益"。不同意，咱就翻脸！

东洋倭寇突然蹦出来的强横让北极熊笑了。它俯视着这个矮小的民族，怎么看也是一巴掌了结的问题。在俄国军人看来，对日开战不存在谁胜谁负的悬念。事实上，他们轻蔑地称日本人为"小猴子"，而且还认真地辩论一个俄国士兵到底能揍趴下两个还是三个"小猴子"。

而此时的俄国高层也正在为国内不断高涨的革命浪潮发愁，这时候要能来一次小小的胜利战争，没准儿能引开民众的注意力。小日本正好能充当这根平息革命风暴的避雷针。

至此，双方情愿的日俄战争已经初步成形。由于有了英国撑腰，1904 年 2 月 8 日，日本不宣而战。日军迅速、果断地发动了对俄国在中国所设防线的猛烈攻击。

现代化装备的日本海军率先偷袭了旅顺口的俄国太平洋第一舰队。紧接着，陆军先遣队在朝鲜仁川登陆。狗咬狗的日俄战争就此展开。

强大的军队掌握在正义者手中意味着和平和安宁！强大的军队掌握在强盗手中象征着罪恶和灾难！强大的军队掌握在两个没羞没臊的强盗手中象征着暗黑破坏神！

侵略者损人利己的战略核心是："宁可深入敌国领土，别在自己本土上兴兵作战。"可是日、俄向所有以侵略扩张为能事的列强，展示了什么叫缺德无极限。他们要在别人的土地上，为争夺别人的土地打一场帝国主义战争。

三、羊背上的撕咬

战争爆发后，俄国加速向远东增兵，以防日军在辽东半岛登陆。但是由于俄军是在离工业中心几千里远的地方作战，纵贯西伯利亚的单轨铁路昼夜不停地跑火车，也无法及时供应军需物资。战争一打响，俄军就陷入全面被动的局面。

1904年3月21日，约3万人的日第一军在朝鲜镇南浦登陆北进，5月1日抵达辽东东南部边境上的"六朝重镇"九连城，与驻防的俄军展开激战。几经血战，九连城最终被兵力占优势的日军占领。俄军在地面作战中首次失利。得胜的日军大摇大摆地闯进中国的东北大门。

首战失利令沙皇尼古拉二世恼火万分。他严令远东俄国陆军总司令库罗帕特金不惜一切代价也要和"小猴子"死磕，确保旅顺平安无事。他深知旅顺一旦失守，对俄国"将是新的沉重打击"。

连这么重要的战略港口都守不住，俄国连蒙带唬在东亚树立起来的强权形象将荡然无存。躲一边看热闹的欧洲列强也会落井下石，趁机占便宜。这个亏俄国吃不起。

在沙皇的压力下，库罗帕特金东拼西凑攒了1个军的炮灰南下支援旅顺。两只野兽在羊背上的撕咬正式开始。

6月14日，库罗帕特金派出的杂牌军在瓦房店与日第二军遭遇。在日军强大的攻势下，俄军一败涂地，狼狈逃窜。旅顺与东北俄军主力的联系被完全切断。

1个月后，快速推进到辽东半岛南部的日第三军展开对旅顺的强攻。7月30日，只坚守了半天的俄军放弃旅顺外围最后一道天然屏障——狼山。望着兔子一样飞逃的俄军，崇尚武士道精神的日本人很庆幸：如果俄国人把逃跑的劲头用在打仗上，那我们就输定了！

8月7日，日军不分昼夜，向旅顺发起突击。双方激战了半个月，日军只攻占了一些前沿工事，但付出了伤亡2万人的代价。照这样打下去，即使胜利了，能进城的日军估计也剩不下百十来号。他们放弃了速战速决的打算，改用长围久困之计。

8月下旬，日军在与俄军的辽阳会战中大获全胜。胜利的消息强烈刺激了围困旅顺的日军。武士道精神在他们血液里沸腾了。为了夺取旅顺，他们决心孤注一掷。

四、旅顺陷落

1904年11月22日，明治天皇向第三军发出号令，鼓励倭寇不惜一切代价攻占旅顺。第三军司令官、被日本人奉为"军神"的老牌军国主义分子乃木希典向全军保证：要是主力部队打光了，他会亲自率领预备队冲锋陷阵。

11月27日晚，日军集中全部兵力猛攻203高地，战斗进行得异常惨烈。乃木希典认为，现在已经到了最后决一死战的时刻。到了该冲锋的时候，中国人一般是喊"冲啊"。而日本人管"冲啊"叫"兔子给给"，大概是说冲锋要像兔子逃跑那么快。乃木希典大喝一声："兔子给给！"

占领旅顺后，203高地上遍布日军尸体

发了疯的日本兵端起刺刀，漫山遍野地向山顶扑去。一轮紧接一轮的冲击波，连给老毛子喘口气的间隙都不留。

山坡上，堆满了数以万计倒在俄军密集火力下的日兵尸体。而更多的后续炮灰则踏着尸体和伤兵继续冲锋。乃木希典命令炮兵连续不断地猛轰俄军工事，连已经靠近敌人的自己人也一块儿被轰上了天。

在这场死亡的盛宴中，到处血肉横飞、伏尸累累。《旅顺》一书的作者这样描述当时的 203 高地：

不曾看见过这样多的死尸，堆在这样一个狭小的空间之内。日本人的死尸十分难看，因为他们的皮肤变成了绿色，显出一种极不自然的样子。没有一具死尸是完整的，在炮弹弹片和破碎枪刀的堆积中，到处夹着零碎的肢体和骷髅。

经过 9 天的殊死血战，1904 年 12 月 5 日下午，日军的一个连终于登上了 203 高地最大的俄军堡垒。这时他们发现，堡垒里只有一个俄国人

旅顺失守后，城外堆满俄军尸体

还是活着的。武士道不由得对老毛子跷起大拇指表示敬佩："哟西！"

与此同时，攻入其他俄军工事的倭寇与老毛子展开了肉搏。用刺刀、枪托、石头搏斗不分胜负，两群野兽干脆把冷兵器一扔，直接进入原始的牙啃手撕。直到5时左右，日军才占领了203高地。在这一次强攻中，日军用损失1万多人的代价，换取了旅顺战场上的主动权。

惨胜的乃木希典还觍着脸拽文："愧我何颜看父老，凯歌今日几人还。"没脸见父老，他怎么不来个武士道的切腹自尽？他将203高地改名为与203谐音的"尔灵山"，假模三道地祭奠战死在这里的日本炮灰。

现在，这座写满耻辱的"尔灵山"已经被强大起来的中国政府更名为"猴石山"。"猴石山"与"猴尸山"谐音，有人认为，这个名字很形象地重现了当年满山遍布"小猴子"尸体的惨状。

旅顺是俄国在远东攫取的唯一的不冻港，是太平洋舰队的主要基地。只要旅顺口的俄国舰队还存在，就能牵制大量日军。日军不惜做出重大牺牲也要攻取旅顺，归根到底是解决对战争全局具有决定意义的制海权。

203高地是俄军在旅顺的最后一道防线。随着它的陷落，俄军战败已成定局。经过148天的围攻，日军于1904年12月19日占领了旅顺这座战略要塞。

五、小猴子打败了北极熊

1905年3月，日俄陆军在奉天展开生死对决。这一战又是日军完胜。然而，地面作战的胜利并不是决定性的。在海上，日本人赢得了一场导致战争结束的压倒性胜利。

由于尼古拉二世令人难以置信的"二"，他把正在北欧整修的波罗的海舰队派往日本。连波罗的海紧靠大西洋，而日本地处太平洋这样的地理常识都没有，真难为他居然还发动战争。

舰队司令接到皇上谕旨不敢怠慢，指挥舰队展开了长距离远航。他们沿着欧洲、非洲的整个西海岸往南航行，绕过好望角，然后穿过印度洋，向北沿东亚海岸驶向日本。在这次距离相当于地球圆周三分之二以上的航行中，俄军官兵领略了世界各地不同的风土人情。

1905 年 5 月 27 日，周游世界的俄国舰队终于抵达日本和朝鲜之间的对马海峡。更悲催的是，刚到站，它就被在数量和实力上均占优势的日本舰队打垮了。短短几小时内，俄国舰船或被击沉或被俘获，舰队司令也被押送日本观光。而日本海军仅仅失去几艘驱逐舰。

这一毁灭性打击令全体俄国人灰心丧气。而日本人也急于结束战争，因为东瀛小岛上贫乏的资源已经快被战争耗尽了。1905 年 9 月 5 日，日俄签署《朴次茅斯和约》。

战败的俄国被迫承认日本在朝鲜拥有"最高的政治利益、军事利益和经济利益"，俄国放弃在满洲的所有享有的独家特权，并将辽东半岛和萨哈林岛南部转让给日本。如此，小猴子打败了北极熊，称霸远东。

这场为了争夺别人土地的狗咬狗战争持续了一年半，东北战场的中国人民遭受深重的灾难：

"自旅顺迤北，直至边墙内外，凡属俄日大军经过处，大都因粮于民。菽黍高粱，均被芟割，以作马料。纵横千里，几同赤地。""盖州海城各属被扰者有 300 村，计遭难者 8400 家，约共男女 5 万多名。""难民之避入奉天省城者不下 3 万余人。""烽燧所至，村舍为墟，小民转徙流离哭号于路者，以数十万计。"

甚至连日本人办的《盛京时报》也不得不承认，东北人民"陷于枪林弹雨之中，死于炮林雷阵之上者数万生灵，血飞肉溅，产破家倾，父子兄弟哭于途，夫妇亲朋呼于路，痛心疾首，惨不忍闻。"

这场羊背上的战争是世界历史的重要转折点。它确立了日本的强国地位，改变了远东的力量对比。在近代历史上，一个亚洲国家战胜了一个欧洲大帝国，这是第一次。

成功地阻挡了俄国在远东的扩张后，日本人开始在整个亚洲的扩张。东洋倭寇打着建立"大东亚共荣圈"的旗号，把爪子伸向凡是能够得着的地方。

第五节　在一战漩涡中挣扎

1914 年至 1918 年，第一次世界大战爆发。这次战争把几乎全世界有志于在战场上显身手的国家，裹进了一个疯狂绝望的漩涡。喜欢凑热闹的俄罗斯当然不能免俗，跟着一块儿在漩涡中挣扎。

原本国内就已经流血革命不断的俄罗斯，硬要充大尾巴鹰，跟着列强耍横。结果，一战成了彻底把它压垮的最后一根稻草。

一、偷鸡不成蚀把米

19 世纪初，还没轮到美国充当世界警察的角色。那时候维持整个欧亚大陆秩序的，是有"欧洲宪兵"之称的俄帝国。庞大的北极熊足以震慑德国、日本这欧亚两端的强权。就算后来遭到列强群殴，被迫下岗，欧洲宪兵仍然是维持世界平衡的重量级砝码。

几个世纪以来，俄国一直以巴尔干半岛上"斯拉夫民族的保护人"自居。可是半岛难容二虎，奥匈帝国也一厢情愿地"保护"着巴尔干半岛。二者之间产生了不可调解的冲突。而夹在当中的德国一直站在比较单薄的奥匈帝国这一边，欧洲的平衡得以维持。

但是德奥联盟产生的霸权势力又威胁了其他国家的安全。于是，像多米诺骨牌一样的连锁反应终于导致第一次世界大战的爆发。交战双方分别是以德、奥、土为首的同盟国，和由英、法、俄、意、日、美组成的协约国。

为了找回失去的平衡，俄罗斯刚被英国算计、日本狠剋，竟不计前嫌，加入协约国，伙同老敌人对付新敌人。结果，北极熊非但没有找回平衡，反而被战争漩涡卷得天旋地转，一头栽倒。

战争刚爆发的时候，大多数俄国人都凭着强烈的爱国主义热情，将这场战争看作是反抗"日尔曼仇敌"侵略的保卫战。参战的军官互相询问是否带了礼服，以便取得最后胜利时穿着庆贺。他们幻想着能像早年进入巴黎一样，去柏林光荣一把。

1914年，满腔热情的俄军在对德作战中确实占了点便宜。可是到了转年5月，德军一轮力度惊人的反击，把俄军赶回本国领土。之后俄军发动了几次反攻，试图突破德方防线，但都以伤亡惨重的失败告终。

北极熊勾结协约国的目的，是力图在多国混战中趁火打劫。没成想偷鸡不成，反蚀一把米。

二、悲催的皇上，受虐的命

大战爆发前，生命不息、得瑟不止的俄国人已经把国民经济得瑟得几近崩溃。一连串没捞到便宜的败仗无疑是雪上加霜。

一战中的俄军从始至终都是倒霉的受气包。战场上三分之一的俄军士兵连步枪都没有。这些可怜的家伙蜷缩在积水的弹坑里，等着战友在枪林弹雨中倒下，以便使用他们的武器。

1914年8月17日至9月2日的坦能堡会战，俄军主帅把弱智的指挥、勇敢的士兵和落后的装备，组合成一道道血肉靶子，供德军消遣。德军士兵杀人杀到手颤胆寒。战斗结束后，14.5万俄军尸体填满每一条战壕。而德军只损失了1万人。

到1915年，俄国伤亡高达250万人。15%的领土、10%的铁路、30%的工业、20%的平民百姓化为乌有。沙皇政权遭到了毁灭性的打击，它已没有经济实力来维持和工业强国的现代化战争。

可是尼古拉二世没有下令停战，而是强征占全国男劳力的一半——

1500万壮丁充当炮灰。这跟喜欢给人当碎催的彼得三世还不一样。彼得三世属于自娱自乐，没怎么祸害别人；可尼古拉二世不光自己受虐，还把从中得到的"乐趣"分享给全体俄国人。

荷裔美国学者威廉·房龙如此评论这个受虐狂："他为了赎回已经典押给伦敦、巴黎的宝座，被迫参加多数臣民都讨厌的那场战争，实际等于自己在自己的死刑判决书上画了押。"

继续参战的结果还是一样：战败、战败、战败……经过一连串被虐式战败之后，俄军的伤亡人数与被俘人员已高达550万人。俄罗斯国内经济被战争彻底拖垮，人民在饥寒交迫中挣扎。

被德国人打得找不着北的尼古拉二世被迫无奈，最后只得投降了事，

末代沙皇尼古拉二世

还割让了俄国西部100多万平方公里最好的土地。

三、漩涡里挣扎的北极熊

从哪方面看都不够格在一场世界大战里凑热闹的沙俄，纯粹是用无数士兵的血肉去抵挡德国军队的枪炮，结果只能是给人家当活靶子，提高敌人的射击准确度。受虐的俄国不但把历代扩张的成果，包括波兰、波罗的海三国、白俄罗斯西部、乌克兰西部都丢了，原本就衰弱不堪的经济也被巨大的战争开支拖垮。

在俄国人的传统观念中，捞不到便宜就算亏本。一战中非但没捞到便宜，反而亏了血本的沙皇政府激起了俄国人民的强烈不满。前方将士受虐的同时，国内革命浪潮一浪高过一浪。遇上这种内外交困的漩涡，沙皇政权怎么挣扎也找不到出路。

1917年，二月革命爆发，成败荣辱300年的沙俄帝国终于被推翻。由俄国新兴小布尔乔亚组成的临时政府继续勾结协约国，对德、奥、土、保等同盟国作战。小布尔乔亚就是"小资产阶级"，按照我们现代的话来说，就是"小资"。"小资"聊聊帅哥美女、谈谈时尚八卦头头是道，但要治理国家可就是擀面杖吹火——一窍不通了，除了让俄国蒙受更大的损失，没有任何起色。俄国人民遭受的深重苦难一直延续到苏俄时代。

1914年至1917年间，俄国的工业企业除了几家还在生产落后的军火以外，几乎全部破产。紧随人祸的天灾又使俄国农业减产一半。1917年11月7日，列宁领导的十月革命获得胜利，成立了俄罗斯苏维埃联邦社会主义共和国（简称"苏俄"）。但是，苏俄的成立并没有避免1921年至1922年产生的天灾。国内政治局势的动荡加之这场大旱灾，让红旗漫卷西风的苏俄有近200万平方公里地区遭灾，死于饥饿的灾民达700多万。

数百万乞丐、盲流、弃儿遍布苏俄农村各地。这支丐帮大军像蝗虫一样横扫俄罗斯大地，所过之处甭想再找出一粒粮食。在没条件讲卫生的丐帮中不可避免地流行起斑疹、伤寒、霍乱。大瘟疫随着人口流动快速蔓延，又夺去 300 万人的性命。加上死于一战的人数，7 年内俄国共损失 1350 万人口。

战争期间，大批难民涌向国外，人数超过 200 万。中国的东北地区和上海就有不少白俄难民。据俄罗斯学者阿瓦林统计，1916 年的哈尔滨总共只有 7 万市民，其中俄国人就有 3.4 万，占了近一半。那时候要把谁空投到哈尔滨，他准分不清这是到了哪国地界。

四、及时抽身退出

陷于饥寒交迫的俄国人民痛恨战争，渴望和平。取代临时政府的苏维埃政府顺应民意，通过了和平法令，建议所有交战国立即停止战争，有话在谈判桌上好好说。可是打红了眼的列强没理会苏维埃的建议。

我们已经多次提到了"苏维埃"这个词。这个词究竟是什么意思呢？

苏维埃是俄文的音译，意思是"代表大会"。它起源于 1905 年俄国革命，当时是一种工人和士兵的直接民主形式，其代表可以随时选举并随时更换。十月革命以后，苏维埃成为俄国新型政权的标志，城市和乡村的最基本生产单位都有苏维埃，苏维埃在共产党的领导下，不仅可以立法，还可以直接派生行政机构。

在列宁执政期间，苏维埃承担着比较重要的立法和行政职责，是能代表大多数俄国无产阶级的民主政体。斯大林上台后，不仅开创了集党政军三权于一身的个人集权领导，而且实行职务终身制和指定接班制，使得苏维埃这种民主形式有名无实，逐渐成为历届苏俄领导人的橡皮图章。

在十分紧急的情况下，苏俄中央委员会于 1918 年 2 月 18 日举行了紧急会议。经过激烈的争论，与会代表终于在停战方面达成一致。苏俄连夜通知德国，同意签约。

1918 年 3 月 3 日，新成立的苏俄政权和德国签署了《布列斯特和约》。按照合约，苏俄把上百万平方公里领土割让给德国，还要赔款 60 亿马克。这一看似丧权辱国的和约，使苏俄及时从一战漩涡中抽身退出，开始集中力量打内战。

腾出手来的德国集中兵力向西线猛攻。在英法即将顶不住的时候，美国跨洋赶来参战，再一次稳定了西线。德国对西线的大反攻遭到失败。而此时，俄国的革命浪潮已波及德国。德国国内频频发生革命和政治骚乱。

西线失利的德军被起火的后院闹得更无斗志，巴不得早日结束战争，回家看看。一片混乱当中，德皇威廉二世于 11 月 9 日退位流亡。帝国政府被社会民主党人为主的临时政府取代。

1918 年 11 月 11 日，德国与协约国签订停战协定《凡尔赛和约》。第一次世界大战结束。漩涡平息，世界重归和平，各国人民不约而同地松了一口气。

以列宁为首的俄国共产党（后改名为"苏联共产党"），为尽早退出一战漩涡而采取的妥协性行动，只是暂时的权宜之计。实际上，在德国战败后，苏俄翻脸不认账，通过一系列外交手腕，让《布列斯特和约》成了一纸空文。

第八章
波澜壮阔的 20 世纪

　　战争把人类带入到波澜壮阔的 20 世纪。一战为弱肉强食的帝国主义树立了坏榜样。这也决定了整个 20 世纪不会太太平平、相安无事。随着帝国主义、极品法西斯主义在欧洲的兴起，第二次世界大战爆发。世界上几乎所有国家都被卷入了这场大浩劫。

　　面对新的国际形势，俄国的布尔什维克刮起革命旋风，掀翻了腐朽的沙皇专制，走上了社会主义道路。二战中，苏联力挽狂澜，把红旗插到法西斯德国的心脏。二战后，苏联成为唯一能与美国抗衡的军事强国。共产主义思潮也随东风撒播到世界各地。两极对峙的冷战局面形成……

第一节　革命！布尔什维克！

俄国人永远不会忘记 1917 年的冬天。就在那个冬天，在革命道路上一往无前的布尔什维克，让全世界目睹了沙皇专制政府怎样在革命的铁拳下灰飞烟灭；一个前所未有的国家体制——社会主义苏维埃政权，顶着重重压力崛起于东方；它带着人民打土豪分田地，消灭阶级敌人。

一、双头鹰国徽黯然坠落

1917 年，在一战漩涡中挣扎了 3 年的俄罗斯，已经受够了接连不断的天灾、人祸、战乱、饥荒和祸国殃民的沙皇政府——除了有本事盘剥老百姓，他们还能干点什么有出息的事？

1 月 22 日，圣彼得堡的工人首先举行大罢工。他们从早已没活可干的工厂走上街头，示威游行的队伍迅速壮大。全国各地的阶级兄弟积极响应，到处是"反对战争"、"打倒沙皇"的呼声。

别看尼古拉二世在对外战争中一副熊样，对内镇压却是虎胆雄心。他绝不会放下皇上的架子，去安抚那些揭不开锅的穷工人。对他来说，那是比战场上连吃败仗更大的耻辱。他命令军队对准游行队伍开火，数百名请愿者当场横死在圣彼得堡街头。"血腥沙皇"的恶名由此远扬。

可是，任谁用任何手段想要阻止革命的洪流，都会被无情地吞灭。一个月后，饿得俩眼发蓝的工人们再次涌上街头。与其活活饿死，倒不如让枪子儿崩了来得痛快！

这次沙皇派去镇压的军队没有对着自己的同胞开枪，而是当场哗变，加入革命队伍。士兵们的家里也断粮多日了。仅仅 5 天时间，尼古拉二世失去了对军队和国家的控制，被迫宣告退位。

统治俄国 300 年之久的罗曼诺夫沙皇专制大厦轰然倒塌，双头鹰国徽黯然坠落。与此同时，一场更大的风暴正在酝酿，一种崭新的制度正喷薄而出……

沙皇倒台后，俄国出现了一国两政的怪现象：一个是资产阶级临时政府；一个是工农兵代表苏维埃。为了顾全大局，掌握实权的苏维埃甘愿让出权柄，让小资挂帅。很快，资产阶级成立了临时政府。

然而，资产阶级临时政府的种种表现令俄国人民极度失望。虽然临时政府隔三差五颁布一些改革法令，但是都太临时了。雷声大、雨点小的法令很快就被健忘的小资抛在脑后，承诺很少兑现。

更让老百姓忍无可忍的是，对打仗一窍不通的小资不好好进行资本主义建设，死活要把战争进行到底。对本国百姓许下的承诺还没履行，临时政府像哈巴狗一样对资本主义列强承诺："完全遵守我们对盟国承担的义务。"结果，这个沉重的义务让俄军十几天内损失了 6 万多人。

二、苏维埃红旗高高飘扬

是可忍孰不可忍！1917 年 7 月，由士兵、工人组成的 50 万人的示

1917 年 7 月 17 日，小布尔乔亚组成的临时政府镇压示威群众

威队伍走上街头。群众的口号已经从"拥护临时政府"变成"打倒战争"、"打倒资本家",最后直截了当地喊出"全部权力归苏维埃"。

就在沙皇屠杀人民的地方,临时政府的屠刀也架在人民的脖颈上。示威群众遭到武装镇压。圣彼得堡的街头又被 600 多名被杀工人的鲜血染红。一时间,白色恐怖笼罩全国。布尔什维克转入地下,两个政权并立的局面结束,矛盾已不可调和。

你可能会问,布尔什维克是什么意思呢?它和共产党又有什么关系呢?

布尔什维克是俄文音译,意为多数派。在无产阶级革命初期,俄国的无产阶级政党不叫共产党,而叫社会民主工党。1898 年 3 月初召开第一次代表大会后,俄国社会民主工党宣告正式成立。

1903 年 7 月,俄国社会民主工党召开第二次代表大会。会上就党纲、党章问题展开争论,在入党条件问题上出现尖锐分歧。列宁主张凡承认党纲,在物质上帮助党并参加党内某一组织者,皆可成为党员。以马尔托夫为首的·些人反对把参加党的一个组织作为入党条件。结果大会通过了马尔托夫的条文。

在选举党中央委员会和党机关报《火星报》编辑部的投票中,拥护列宁的占多数,被称为布尔什维克。拥护马尔托夫的占少数,被称为孟什维克(意为"少数派")。

因而,从 1903 年以来,布尔什维克成为马克思主义者的称号,布尔什维克的理论和策略被称为布尔什维克主义。从此,俄国社会民主工党内出现两个对立的政治派别。布尔什维克在列宁的领导下,获得了党内派别斗争的最终胜利。1912 年 1 月,俄国社会民主工党第六次全俄代表大会把孟什维克开除出党。

但是,社会民主工党中的孟什维克并不甘心就此退出政治舞台,仍然在俄国各地甚至海外以"社会民主工党"的名义开展活动。布尔什维

冬宫

克为了与社会民主工党中孟什维克区分开来，就在党名的后面加上括号，标明自己是布尔什维克——社会民主工党（布尔什维克）。

1918 年 3 月，社会民主工党（布尔什维克）改名为"俄国共产党（布尔什维克）"，简称"俄共（布）"；1925 年 12 月，俄国共产党改名为"苏联共产党（布尔什维克）"，简称"联共（布）"；1952 年 10 月，在苏联共产党第十九次代表大会上决定在党名上取消括号和布尔什维克，改称"苏联共产党"，简称"苏共"。

说明了布尔什维克是怎么回事，咱们再说 1917 年俄国的情况。

1917 年秋天，俄国经济全面崩溃。为了领到可能发放的面包，人们以撞大运的心态，在漫天飞雪中整天整宿地排队。而时断时续的面包供应每周都在递减，从开始的 1 磅减为 3/4 磅、半磅、1/4 磅，到最后，连点面包渣都看不见了。俄罗斯人民面临集体成为饿殍的危机。

在二月革命中流血牺牲的工人阶级没有跟小资争权夺势。但是他们的主动让位没有换来和谐局面。掌权的临时政府非但不珍惜革命成果，反而加紧对苏维埃政权的迫害。千钧一发之际，从远方归来的列宁同志力挽狂澜，扭转了俄国革命的航向。

1917年11月2日，临时政府命令还没来得及上战场当炮灰的士官生，占领了圣彼得堡的冬宫。小资们以此为据点密谋策划反革命行动。临时政府密令军队进攻革命军事委员会所在地——斯莫尔尼宫。

11月6日，列宁秘密来到斯莫尔尼宫，亲自领导武装起义。不到半天，20多万由士兵和工人组成的起义队伍，迅速占领了圣彼得堡的各个战略要地。

紧接着，工人们关闭了政府大楼的照明电路、切断了政府和驻军司令部联络的电话线路。临时政府所在地成了革命汪洋中的一座与世隔绝的孤岛，总理坐上美国大使馆前来接应的汽车仓皇出逃。

11月7日上午10时，列宁走上停泊在涅瓦河上的阿芙乐尔号巡洋舰，向全国人民宣告了《告俄国公民书》：临时政府已被推翻，政权已转

阿芙乐尔号主炮指向冬宫

归苏维埃。但是总理都跑没影儿的临时政府还不认输，仗着 2000 多名士官生继续盘踞冬宫。

下午 5 时，2 万多名全副武装的赤卫队员、9 辆军车包围了冬宫。革命军事委员会向临时政府下达了无条件投降的最后通牒，但是遭到拒绝。

到了晚上 9 点 45 分，列宁命令阿芙乐尔号炮轰冬宫。当时正在大修的阿芙乐尔号，既没有装备弹药也没有战斗人员。但是没关系，有领袖列宁同志坐镇，几发没有弹头的空弹足以震慑阶级敌人。

随着阿芙乐尔号上大炮发出的雷鸣般怒吼，伟大的俄国十月革命揭开了序幕（当时正值俄历 10 月 25 日）。成千上万的士兵和群众潮水般冲向冬宫。

尽管在苏联时期，这场起义被描述成壮怀激烈的革命赞歌，但是据俄现政府披露的史料记载，当晚在冬宫附近并未发生武装冲突。军事革命委员会发布《关于临时政府被推翻的通告》中，称这次起义"未流一滴血就取得了胜利"。

守卫冬宫的只有 2000 名年轻、没经过阵仗的士官生和一个妇女营。这些被炮声吓懵了的"阶级敌人"，在人群的冲击之下很快就投降了。冬宫的防卫长官帕里琴斯基亲自打开了冬宫大门，把革命队伍带到了正在阴谋反革命的临时政府办公地点。临时部长们目瞪口呆地被解除了职务，沦为人民的阶下囚。

这是一场举世震惊的辉煌胜利。毫无悬念的结果在起义前就已经注定，因为民心决定一切！

11 月 9 日清晨，全俄罗斯第二次苏维埃代表大会胜利闭幕。它宣告了世界上第一个无产阶级专政国家的成立。一面由镰刀、锤子和五角星组成的红旗高高飘扬在俄罗斯上空。布尔什维克开始了 74 年的"一党专政"。

三、"我们大家都是罪人"

法国大革命之后的政权几经易手，你方唱罢我登场，反反复复 20 年，最后还是被波旁王朝抽冷子来了场反攻倒算。有了这样的先例，掌权后的苏维埃政权决定对于罗曼诺夫王朝的遗老遗少斩尽杀绝，决不让封建残余势力死灰复燃。

1918 年 7 月 17 日凌晨，被囚禁在叶卡特琳堡的尼古拉二世夫妇和 5 个未成年的儿女，加上 4 名陪葬的医生、仆人，共计 11 人，被押到城堡的墙根下。随着一串划破夜空的枪声响起，罗曼诺夫王朝的最后传人一头栽进清凉的泥坑中。

几具冰凉的女尸，不论老少，都受到"革命人民"的侮辱。人们对皇室豢养的 3 条宠物狗（包括一条超萌的波隆那犬）施以绞刑。俄罗斯末代皇族的下场惊世骇俗的悲惨。

1998 年 7 月，叶利钦参加末代沙皇尼古拉二世葬礼

1919 年 1 月 27 日，跟罗曼诺夫家沾亲带故的 4 个亲王也被枪杀于圣彼得堡。敢于反抗的封建反动派统统遭到活埋。他们的尸体被大卸八块，投到附近的动物园喂野兽。

20 世纪末，尼古拉二世及皇后、子女等人的遗骨被发现。1998 年 7 月 18 日，在末代皇族被杀的 70 周年之际，俄罗斯政府决定按照宗教仪式将其安葬于圣彼得堡的大教堂。时任俄罗斯总统的叶利钦在安葬仪式上说：

多年以来，我们一直隐瞒着这起令人毛骨悚然的罪行。现在应该说出真相：叶卡特琳堡的这桩迫害案成了我国历史上最耻辱的一页。我们安葬遭到无辜枪杀的人，是为了替我们的先人赎罪。固然，直接行凶者是罪人，几十年里为这桩血案辩护的人也是罪人。我们大家都是罪人。

四、敢问路在何方

十月革命后掌权的苏维埃政权，最早出现于 1905 年的俄国工人罢工运动。那时它只是一个领导罢工工人代表会议。随着阶级冲突的升级，罢工演变为武装起义，苏维埃握紧了枪杆子。于是，枪杆子里面出政权。到 1917 年，苏维埃进一步发展为工农联合的政权。

革命胜利后，旧的沙俄军队已解散，苏维埃组建起一支新的军队。这支名叫"红军"的革命武装担负起保家卫国的重任。在党中央的统一指挥下，年轻的红军消灭了国内的反革命叛乱，击退了西方列强的武力干涉和入侵，保住了苏维埃政权。

战争胜利了，政权保住了，按说翻身得解放的俄国人民应该过上好日子了。可是，老百姓依然挨饿受穷，国家依然满目疮痍。爱思考的俄国高知都在思考：究竟强国富民的路在何方？

跟国内反动势力殊死搏斗时，苏维埃颁布了一条无偿征集农民粮食的战时共产主义政策。这条类似于打劫的政策严重打击了人民的生产积极性。管你干不干活、收成好坏，收上来的粮食一律归政府统一分配。勤劳工作的农民和二流子分到的口粮完全一致，那是相当的"共产"。

这太不公平了！勤快人都不愿意把累死累活得来的粮食，分给那些不务正业的懒人吃。有的农民甚至违背祖宗教训，败家子一样糟蹋多余的粮食，也不愿被无偿征收。苏俄农民催促政府："赶快给俺们定个征收余粮的标准。要不，我们把春播的种子都吃掉！"

国内农民挤兑政府，周边的小国也不安生。随着帝国大厦的解体，以往被沙俄吞并的民族和国家纷纷闹独立。似乎是上帝的有意安排，俄国从哪儿来的又回到哪儿去：北极熊称霸欧洲的起点是波罗的海三国，现在又成了它的国运终结点。

1918 年，爱沙尼亚、拉脱维亚和立陶宛宣布独立，俄国在波罗的海的势力不战自灭。同年，苏俄将首都从圣彼得堡迁到莫斯科。这标志着彻底革命的俄国把祖辈冲击海洋的梦想也一同革除。

到底该怎样在一片瓦砾上创建一个崭新社会形态的强大国家？历史没有答案，完全要靠布尔什维克自己去开创。此后的苏联，再次沿着否极泰来、盛极而衰的怪圈，去经历重生与毁灭的轮回。

第二节　力挽狂澜的二战英雄

在"卐"字旗遍插欧洲的关口，全世界的目光再次集中到苏联身上。红旗飘扬的苏俄会是力挽狂澜的二战英雄吗？俄国人民用鲜血和铁拳给出了有力的答案。

1941 年 6 月 22 日至 1945 年 5 月 8 日，苏俄卫国战争持续了 1418 天，其中有 1320 个昼夜在空前惨烈的战斗中度过。在一片废墟中死磕法西斯匪徒的红军，遏止德国东进后，发起反攻，直捣敌人老巢。

一、战争狂人在咆哮

从 1938 年到 1941 年，短短 3 年工夫，以闪电战著称于世的德军横扫欧洲 14 国。看着插满"卐"字小旗的世界地图，希特勒顿觉高大威猛起来。

在征服了大半个欧洲后，希特勒将目光投向东方。这时，他看到苏联也在紧锣密鼓地备战。为避免东西两面受敌，他决定先铲除东方这块阻挡他称霸世界的最大绊脚石。

他寻思着，英国已经被赶出欧洲大陆，短期内不可能恢复元气跟他捣乱，而且"俄国一旦被打败，英国的最后希望就破灭了"。1940 年 12 月 18 日，希特勒给德军下达了一道指令："必须赶在对英

纳粹德国执行巴巴罗萨计划，突袭苏联

战争结束之前，以一次快速的战役击溃苏俄。"

当时，德国的占领区达 400 万平方公里。他们从被占区掠走 4 亿吨煤、3 亿吨铝、1600 万吨钢以及 190 多万廉价劳动力（这还不包括集中营里的犹太人）。实际上，希特勒集中了全欧洲的人力、物力和财力来对付苏联。

1941 年 6 月 22 日凌晨 3 时，太阳还没从东方升起，大地一片寂静。苏联人民正在家里做着美梦。突然，2000 架德国轰炸机遮天蔽日地飞入苏联领空，千万发炸弹雨点般落下。成千上万的俄国人在睡梦中死去……800 多架苏联飞机还未起飞就被炸成废铁。

为了快速扫平绊脚石，希特勒下了血本。他动用了最精锐的 153 个师攻入苏联，占了德军总兵力的 72％。而他用来对付英法联军的兵力仅 19 个师。这说明再狂的人也不敢小瞧北极熊的威力。一星期内，苏联红军损失兵力 100 万人以上，西部工业区沦陷。

有人会问，关键时刻，威名赫赫的红军怎么这么不给力？这主要是斯大林的错误领导给德国人创造了机会。在举国惊悚的苏联大清洗运动中，军队也一样被清洗得干干净净。一批身经百战的集团军司令以"叛国罪"被处决，3.5 万名军官被清除出革命队伍，其中包括 80％的高级将领、60％的元帅。

随着大清洗运动，苏联红军的指挥系统陷于瘫痪。在德军的闪电打击之下，苏军措手不及。在头 4 个月的战斗中，苏军完全处于被动挨打的地位，伤亡高达 500 万。而占据主动的德军仅伤亡 24.5 万人。

在希特勒的计划中，德军将北攻列宁格勒、中取莫斯科、南夺"粮仓"乌克兰，在一个半月到两个月内击垮苏维埃。不仅苏联红军要被全部消灭，俄国全境也要统归德国，幸存的俄国人一律成为伺候德国人的奴隶。战争狂人咆哮着："我们只要在俄国佬的门上踢一脚，整个破房子就会倒下来。"

苏联到了最危急的时刻！

二、斯大林的如意算盘

二战刚开始，希特勒为了避免使德国陷入腹背受敌的境地，主动和苏联最高统帅斯大林套近乎。1939 年 8 月 23 日，纳粹德国和红色苏联签订了《苏德互不侵犯条约》。两国私下里把欧洲一分为二，一半归德国，一半归苏联。

得到斯大林在条约上签字的消息，正参加一场晚宴的希特勒很失态地表达了心中的兴奋。他敲着桌子、跺着双脚，连连高喊："我已经搞定他们了！"结果把周围的女士们吓得花容失色：元首这又是把哪个倒霉蛋搞定啦？

实际上，斯大林的兴奋丝毫不亚于希特勒。在一次布尔什维克党代会上，他把自己的考虑暴露无遗："近 20 年的经验证明，在和平时期，欧洲不可能爆发足以夺权的共产主义运动。只有打一场'大战'才能建立起一个党的专政。"

为共产主义事业殚精竭虑的斯大林亟需跟资本主义国家"大战"一场，而这个《苏德互不侵犯条约》给他留出了时间来扩充军备。

德军入侵前，苏俄部署在苏德边境的军事力量，无论是规模还是装备都远远超过德国。但是面对德军的闪电东进，斯大林却显得惊慌失措。

这证明他屯重兵于苏德边境的初衷，决不是高瞻远瞩地预见到希特勒的不宣而战。斯大林的如意算盘是，一旦希特勒被西线战争拖住，苏联就能趁火打劫，吞并东欧的弱国，然后再找机会兵发西欧。

在希特勒忙着侵夺西欧土地的同时，斯大林也没闲着。不到两年时间，苏联红军先后把波罗的海三国和芬兰、罗马尼亚的大片领土给解放了。

东欧被解放得差不多了，斯大林准备在西欧战场浑水摸鱼。为此，苏联最高统率部制定了"西线扩张战略计划"，明确了"1941 年 6 月 12 日开始进攻德国"的战略计划。斯大林还特意组建了一支仪仗队，等着胜利后用来显示大国威严。后来他想把计划做得更周密一些，便往后延迟了几天。

这一延迟就让希特勒抢了先机。斯大林算计得都准，就是忽略了他的对手是个不按常理出牌的狂人。希特勒早就防着他这一手呢。没等斯大林执行计划，希特勒来了个先下手为强，于 1941 年 6 月 22 日突然撕毁《苏德互不侵犯条约》，发动了闪击苏联的巴巴罗萨作战计划。

苏德战争刚打响时，被摆了一道的斯大林足足痛悔了一周才缓过劲儿来。他通过电台进行全民战争总动员，号召苏联人民不仅要以高昂的斗志打击侵略者，得着机会就把法西斯奴役下的欧洲各国人民一块儿解放了。

因为多数有战斗经验的红军指挥员被自己人干掉了，德军只用一个月就占领的苏联领土相当于法国领土的两倍。而在 8 月，由于斯大林的一意孤行，导致苏联西南方面军在基辅战役中被德军围歼，共有 66 万红军战士阵亡。希特勒高昂着小分头声称：这是人类战争史上最大的歼灭战。

三、攻不破的钢铁堡垒

当年拿破仑占领了空城莫斯科后，被这里的冬天冻了个透心凉。他在欧洲占惯了便宜，大老远跑俄国地界来，不甘心双手空空地返回法兰西。这种在战争中好面子的结果，就是 60 万法国大军被冻饿而死。

而希特勒却恰恰相反。德军兵临莫斯科的时候，正是暖和的季节。这时候发起对苏联首都的总攻，德国人起码不会挨冻。可是希特勒却让他们掉转车头，去跟南方铁木辛哥元帅统帅的百万大军拼命。

当仗打得差不多的德军返回莫斯科，已值金秋十月。莫斯科的冬天再次早早到来。比漫天大雪更让希特勒担忧的，是这时候站出来迎战德军的朱可夫元帅。

这位红军将领中唯一敢跟斯大林拍桌子瞪眼的元帅，以吃苦耐劳、能征惯战赢得红军上下的一致爱戴，连大清洗都没把他洗出局。朱可夫投身战争的动力只有一个："人民是我们的母亲。作为军人，最大的痛苦与失职就是不能保护好人民，使他们受到战争的苦难。"

俄罗斯大地在侵略者带来的饥饿、痛苦与死亡中颤抖，他的心也在颤抖。为了让祖国人民不再受这窝囊气，他誓死也要把法西斯匪徒赶出家园。

由于和斯大林犟嘴，朱可夫曾一度被撤销了总参谋长的职务。然而斯大林不得不承认，战况完全按着朱可夫的预想发展，他把朱可夫看作最可信赖的人。哪里有危机，哪里就有朱可夫。这位一心保家卫国的元帅成了斯大林的"救火队员"。

从列宁格勒到莫斯科、从莫斯科到斯大林格勒、从斯大林格勒到库尔斯克……一直到最后攻克柏林，朱可夫指挥了几乎所有卫国战争的重大战役。

1941 年秋冬，朱可夫率领的苏联红军要面对的，是围困莫斯科的德军 75 个师，1500 架飞机，1700 辆坦克。全世界被德军闪电击中的国家都心存疑问：这位农民出身的红军将领真能扛得住吗？

狂妄无敌的希特勒曾信心十足地吹牛：不等冬天过去，他要在莫斯科红场举行阅兵仪式。但很快他就发现自己把话说得太满了。朱可夫统帅的苏联军民众志成城，誓死保卫首都。他们把莫斯科变成了一座攻不破的钢铁堡垒。

1941 年 11 月 7 日，是苏联十月革命纪念日。这天上午，斯大林在红场举行阅兵仪式。漫天大雪和寒冷的西北风都挡不住苏联人民打击侵略者的热情。红场上人潮涌动，战斗歌曲、口号声、欢呼声连成一片。大家伙儿都以旺盛的斗志等着给猖狂的德军泼一盆西伯利亚凉水。

事实上，德国人真正进入莫斯科是在 1944 年 7 月 17 日。那一天，5.76 万德军战俘，列队经过莫斯科市区。两旁挤满了用唾沫、砖头、臭鸡蛋"欢迎"他们的苏联人民。

四、伟大的卫国战争

二战中的苏联卫国战争之所以伟大，不光因为英勇顽强的红军把战斗力超强的德军打得找不着北，从而挽回了反法西斯阵线的颓势，还因为苏联人在战争中表现出的民族向心力。

　　因受到政治迫害而亡命他乡的"反革命分子"，对祖国仍满怀深情。这些旅居海外的苏联侨民以一颗赤子之心关注着祖国的命运。他们有钱出钱有力出力，尽其所有保家卫国。

　　有些"反革命分子"干脆回国，投身于抗击德国法西斯的战斗中。就算苏维埃政权事后找他们清算阶级账，他们也无怨无悔。大文豪肖洛霍夫、大作曲家肖斯塔科维奇这样的世界级文化大师也拿起枪杆子，走向战壕，为祖国效力。

　　全体俄国人的共同信念是：决不让德寇再前进一步！每一个俄国人都把自己当做祖国的最后一个儿子和卫士，整个俄罗斯都在他背后。希特勒要对付的绝不止是红军战士，而是全民皆兵的整个苏联。

　　战后，许多德国高级将领开始反思战争的全过程。他们禁不住问自己：俄罗斯这样的民族可以被打垮吗？

　　1941 年的莫斯科保卫战中，苏联军民唱着战歌跟德军拼命。枪炮隆

莫斯科保卫战

隆却掩盖不住他们的歌声："不要后退，我们已无处可退！起来，用光荣的战斗保卫母亲！"莫斯科城中的顽强抵抗，使大批德军的有生力量变成了冷冰的尸体。

1942 年 1 月，被西伯利亚凉水泼醒了的希特勒，不得不放弃苏联的心脏，转向重工业城市斯大林格勒。这次他又失算了。如果说莫斯科保卫战是给头脑发热的希特勒泼了盆凉水，那么斯大林格勒保卫战则干脆把他火热的野心冻成了冰棍儿。

在斯大林格勒保卫战期间，斯大林格勒拖拉机厂民用转军用。心灵手巧的工人师傅给拖拉机装上钢甲，配上火炮，一辆有模有样的坦克就算出炉。仅在 1942 年 8 月的 20 天中，他们就生产了 240 辆这种拖拉机改装的 T—34 型坦克。

在战斗最激烈的时刻，工人师傅们驾驶着刚造好的坦克直接出厂，迎战德军的虎式坦克。尽管虎式坦克属于杀伤力和抗击打能力超一流的重量级选手，但是恶虎架不住群狼。"拖式"坦克一哄而上，多点开花，挤也把"虎式"挤爆了。后来，经过俄国人的不断努力，"拖式"坦克被改进成比"虎式"更凶猛的战争武器。

> 正当梨花开遍了天涯
>
> 河上飘着柔曼的轻纱
>
> 喀秋莎站在那峻峭的岸上
>
> 歌声好像明媚的春光
>
> ……
>
> 驻守边疆年轻的战士
>
> 心中怀念遥远的姑娘
>
> 勇敢战斗保卫祖国
>
> 喀秋莎爱情永远属于他

相信很多朋友不会对这首浪漫的老歌《喀秋莎》感到陌生。

实际上，歌中的这位喀秋莎姑娘是个冷血美人。从 1941 年 6 月起，俄国工程师开始研制一种威力巨大的新型火箭炮。经过一系列改良完善，这种新型火箭炮投入大批量生产，并在卫国战争中屡建奇功。

斯大林格勒保卫战

它被命名为"喀秋莎"——苏联人别具情调地把对家园的热爱和对心爱姑娘的深情用到武器上。在斯大林格勒保卫战中，1531 个冷血美人一起冲着侵略者抛出致命的飞吻。

1943 年 2 月 2 日，坚守了 200 天的苏联军民用钢铁般的意志和钢铁打造的喀秋莎，赢得了斯大林格勒保卫战的胜利。这一胜利成为苏德战场的重要转折点。

1944 年，红军发起总反攻。以闪电战闻名的德军在经历了 10 次五雷轰顶式打击后，焦头烂额地逃出苏联领土。

五、苏联红军乘胜追击

1945 年 5 月 2 日，苏联红军攻克柏林国会大厦。两位红军战士把红旗插上了国会大厦，火红的旗帜飘扬在纳粹的心脏。世界反法西斯战争终于迎来了最后的胜利。

此前一天，美梦破灭、痛感人生无望的希特勒携情妇自杀身亡，纳

粹政权土崩瓦解。朱可夫元帅代表苏联接受了德国签署的投降书。两次
世界大战，德国都很悲催地沦为战败国。自那以后，德国人听见打仗就
肝儿颤，成为维护世界和平最坚定的民族。

同年 8 月 8 日，苏联对日宣战。一周之内，苏联红军迅速击溃了日
本关东军，推翻了日本扶持的"伪满"傀儡政权和"蒙疆自治政府"。已
经处于崩溃状态的小日本死不认输，发誓要"一亿玉碎"，顽抗到底。

随着广岛、长崎升起两朵妖艳的蘑菇云，穷横的日本人含糊了。武
士道再厉害毕竟抵不住原子弹的威力。1945 年 8 月 15 日，裕仁天皇语气
低沉地宣布日本投降。

第二次世界大战以同盟国的胜利告终。德军在苏德战场上共损失
1000 万人，占它在二战总伤亡人数的 73%。而苏联以 2820 万人的牺牲
为代价，为世界的和平与安宁担负了一个大国应尽的职责。

美国总统罗斯福由衷地赞叹："毫无疑问，是苏联红军和苏联人民迫
使希特勒的武装力量走向彻底失败的道路，从而赢得美国人民衷心的、
永远的钦佩。"

连积极参与武装干涉苏维埃政权的英国首相丘吉尔也承认："正是苏
联军队迫使希特
勒的军事机器停
止转动。"

苏联卫国战
争的胜利，打碎
了捆绑欧洲的纳
粹铁链。然而，
波罗的海国家和
东欧国家却对苏
联的胜利另有一

苏军攻克柏林

番解读。

二战结束后，苏联并没有结束西进的步伐。趁着战后的混乱，它一连"解放"了欧洲多个国家。对这些被苏联"解放"的国家而言，1945年5月的胜利只不过意味着一种奴役代替另一种奴役，一种暴政代替另一种暴政。

六、卡廷惨案

德国在二战中曾大举入侵波兰，苏联则把波兰从纳粹铁蹄下"解放"出来，但波兰却不领苏联的情。今天，大多波兰人不恨德国而恨俄国。这是为什么呢？

纵观历史，俄国曾多次侵吞波兰。特别是在叶卡捷琳娜大帝时代，被俄、普、奥瓜分干净的波兰曾一度在世界版图上消失。

最令波兰人气不过的是，俄国人霸占他们的土地不算，还奴役他们的人民；奴役他们的人民不算，还残杀举手投降的俘虏。到了苏联时代，革命队伍依旧恶习不改，而且把沙俄军队的残暴升级到一个新境界。这确实给苏联"二战英雄"的形象抹黑。

1943年4月13日晚上，德国柏林电台播出了一则新闻："据来自斯摩棱斯克的报道说，当地发现了布尔什维克大规模秘密处决波兰人的地点。大约有一万名波兰军官的尸体被发现。"

卡廷惨案

这个消息让希特勒美坏了。他赶忙派人前往事发地点——位于斯摩棱斯克以西16公里卡廷森林的一个疗养院。在那里，德国人看到了一幅惊世骇俗的惨景。

一座长 28 米、宽 16 米的墓穴里堆满了尸体。所有人的脑后都有致命的枪伤。由于当地特有的土质完好地保存了死者身上的着装，辨认这些人的身份并不困难。他们是战争初始向苏军投降的波兰军官。

1939 年 9 月，德军攻入波兰时，苏联红军也进入了波兰，期待跟法西斯坐地分赃。虽然波兰人没傻到拿着鲜花迎接红军，但也没跟红军拼命——德国纳粹已经够他们一呛了。2 万波兰军官主动举白旗向红军缴枪。他们被关押在离卡廷森林不远的集中营里。

怎样处置这批友好的"战俘"，成了让苏联政府头疼的事。放了他们，他们可能投靠德军，与红军为敌。基于这种假设，以斯大林为首的苏联最高决策层签发了一份"死亡通知"。

1940 年春，这些缴械投降的波兰军官一律被当作"仇视苏联"的敌人予以处决。满心盼着能为反法西斯事业做点贡献的波兰军官，像牲口一样被塞进运煤的火车车厢，连夜运送至卡廷森林附近的刑场。苏联为了掩盖真相，特意模仿纳粹盖世太保处决犯人的方式——后脑一枪毙命。

大约一个月的时间里，这样的杀戮每天夜里都在卡廷森林进行。波兰人的尸体像被伐倒的木头一样，直挺挺地栽进事先挖好的深坑。

唯一的例外是在五一国际劳动节。"辛勤劳动"的刽子手们也放假 24 小时，享受劳动带来的快乐。屠杀期间，他们都拿了双薪，有的还获得了政府颁发的奖章。

直至当年 5 月中旬，苏联方面在卡廷森林共处决波兰战俘 4421 人。他们被分别埋入 8 个大坑，上面铺满松树和白桦树。除卡廷森林外，苏联方面还在斯塔罗别利斯克战俘营枪决了 3820 人，奥斯塔什科夫集中营枪决了 6311 人，西乌克兰和西白俄罗斯的其他战俘营和监狱枪决了 7305 人。加上卡廷森林枪决的 4421 人，共计 21857 人，其中包括约 1.5 万名波兰官兵俘虏。

在苏联时期，卡廷惨案一直是人们避讳的话题。随着苏联的解体，惨案的真相也大白于天下。想要嫁祸于德国的苏联高层，用卑劣龌龊、丢人现眼的手段，给俄罗斯的民族发展史写下了最耻辱的一页。

2010 年 11 月 26 日，俄罗斯议会首次以决议方式，公开承认斯大林亲自下令屠杀两万波兰精英，一手制造卡廷惨案。

根据现存的资料证实，当时苏联红军杀害的波兰人不仅是军官，还包括科学家、工程师、作家、艺术家……波兰的社会精英基本上在卡廷惨案中损失殆尽。这样一来，在苏联领土的西部，一个令他感到威胁与不安的波兰已不复存在。

第三节　超级大国的威风

历史上曾几度被强邻打破国门的俄罗斯，尽管伤痕累累、损失惨重，却从未因此一蹶不振。恰恰相反，它是越挨打越来劲，大败之后必有大胜，大胜之后必能赢得更高的国际地位。

接连不断的战争终于把俄罗斯打造成一个东方不败的超级大国。它威风凛凛地戳在太平洋西岸，与远隔重洋的美国横眉冷对，问鼎天下！

一、分庭抗礼两霸主

在俄罗斯历史上，发生过三次决定其命运的战争。

第一次是发生于 1700 年至 1721 年间的"北方战争"。经过几番鏖战，俄罗斯终于将瑞典这个死对头置于死地，并由此打通了"通向西欧的窗户"，大大拉近了与西欧国家的距离。

第二次是打遍欧洲无敌手的拿破仑率军攻入俄国的 1812 年。亚历山大一世超常发挥、老将库图佐夫的老谋深算，再加上老天爷的帮忙，把 60 万法军冻毙于俄罗斯这个大冰库。俄罗斯也因此风光了一把，当上了欧洲"神圣同盟"的盟主。

第三次是从 1941 年到 1945 年的苏联卫国战争。苏联红军以排山倒海之势，彻底粉碎了大独裁者希特勒的白日梦。法西斯轴心国就此土崩瓦解。作为力挽狂澜的二战英雄，苏联获得了同美国一样的世界霸主的地位。

在 20 世纪中叶的朗朗乾坤之下，两个超级大国隔海相望，世界呈现出两极分化的景象：一个是以苏维埃为中心的社会主义阵营，一个是以美国为中心的资本主义阵营。两个阵营组成了东西方界限分明的太极图，互相瞅着都不顺眼，但又都没实力能把对方怎么着。

1946 年年初，美国参议员巴鲁克指出"美国正处在冷战方酣之中"。这是"冷战"这个具有划时代意义的名词第一次出现在外交辞令中。1955 年 5 月 14 日，苏联、波兰等 8 国在华沙缔结了《华沙条约》。冷战格局完全形成。

从此，国际纠纷、局部战争、军备竞赛……进入"冷"处理阶段。喧闹的世界也随之进入一个相对平静的时期。各国之间的矛盾冲突，要么请各自的老大出面调停，要么暗地里玩阴的，都尽量回避动刀动枪的不文明行径。

很有讽刺意味的是，核武器这种人类有史以来破坏力最大的杀人利器，成了保持世界平衡的最大砝码。在斯大林看来，要保证安全，必须在核武器上面下工夫。1949 年 8 月，苏联成功地爆炸了原子弹，打破了美国的核垄断地位。有了核武器装门面，苏联霸气十足地挑战美国霸权。

这是 20 世纪最重要的事件之一。广岛、长崎的蘑菇云所营造的恐怖景象，至今仍制约着所有向往一战成名的战争狂人，令他们不敢妄动干戈。这也暴露了人类凡事好争的劣根性，因为彼此惧怕对方核武器的巨大威力，两个阵营的领导者最多来点"小动作"，谁也不敢真动手。

二、超级大清洗

在列宁生前诸多的战友中，有好几位有能力继承革命大业的干将，但最终还是格鲁吉亚人斯大林胜出。他之所以能成为苏联的第二代掌门人，主要得利于 30 年代扩展到全俄范围的大清洗运动。这场角逐政治权力的运动，主要目的是为了彻底清除党内"有党证的暗害者"。

那时候的苏联，枪毙人是常有的事，跟过年放炮仗差不多，老百姓都见怪不怪了。

列宁和斯大林

列宁同志去世后，他遗嘱中提到的 5 个候选掌门人，都先后被冠以"叛徒"和"卖国贼"的头衔，被斯大林清洗出局。季诺维也夫于 1936 年被处决；加米涅夫于 1936 年被处决；皮达可夫于 1937 年被处决；布哈林于 1938 年被处决。

而苏联红军的奠基人托洛斯基则被驱逐出境，于 1940 年在墨西哥被暗杀。是不是斯大林派人干的，没人能说清楚，不过跟他竞争掌门人的对手挨个归西是千真万确的事实。

到了 1938 年，列宁时期的政治局委员除了猛拍斯大林马屁的加里宁和莫洛托夫之外，统统不见了。

随着超级大国的超级清洗行动不断升级，无数被看成"民族精英"、"俄国良心"的知识分子一同被清洗掉。"良心"锐减的俄国人争先恐后地为斯大林歌功颂德。苏联文学中直接歌颂斯大林的作品不计其数，很难说出哪一部捧得最露骨、最肉麻。

斯大林曾严禁女儿同犹太裔导演卡普列尔恋爱。除了他讨厌犹太人外，还因为卡普列尔拍摄《列宁在十月》时，对斯大林美化得力度不够，对斯大林的政敌丑化得不够——尽管他已经尽其所能地夸大了斯大林在十月革命中所占的地位。在这样的环境中，几乎所有俄国的文化人都畏斯大林如虎。

贝利亚

有一个电影导演拍了部超级雷人的电影，这部电影把斯大林吹成了异能超人。他赶紧捧着这部自以为前无古人的力作向领袖献宝。影片放到一半，斯大林的秘书递给斯大林一张字条。斯大林含糊地嘟哝了一句："不好。"这位导演当场晕倒。

斯大林这个乐呀。他跟周围的人说："等这个可怜虫醒过来后，你们告诉他，我说'不好'是说字条不好，不是说他的电影。整个西方都对斯大林同志说'不好'，斯大林可没有因此而晕过去。"

1953 年 3 月，苏联秘密警察头子、内务部长贝利亚接到从斯大林别墅打来的电话，说领袖两天没出屋、没按电铃了，警卫们都不敢进去。

贝利亚马上带着四个胆儿大的死党赶过去。他们扒着门缝一看，见斯大林穿着睡衣躺在地板上。贝利亚小声对那四个人说："领袖还穿着睡衣呢，看到我们怪不好意思的。等他穿好衣服再来吧。"说完几个人不等领袖换好衣服，就匆忙离去。

过了两昼夜，贝利亚又来了，而且先知先觉地带来一批医生。一伙人推开斯大林的房门，发现躺在地板上的斯大林已经去世，身体已经冰凉。

在斯大林统治苏联的 33 年间，死于肃反运动的人比俄国历史上死于战争的人数总和还要多。这位粗壮的格鲁吉亚人好像跟全体俄国人民都有仇。在对自己人下黑手这方面，迄今为止无人能及。杀红了眼的恐怖手段有效地遏制了俄罗斯人口的增长。

不过，斯大林毕竟引导苏联取得了第二次世界大战的胜利，并带领苏联在短时间内完成了工业化建设，使苏联成为名副其实的超级大国。

我们到底应该如何看待斯大林？与他同时代的其他国家领导人的评价，也许能帮助我们对斯大林做出正确的认识。

英国前首相温斯顿·丘吉尔在斯大林逝世 6 年后曾发表演说："斯大林缔造了一个庞大的帝国并使其臣服于自己。他是一个用自己的敌人之手消灭自己的敌人的人，甚至能使我们这些被他称为是帝国主义者的人去同他另外的敌人——法西斯主义者们作战。斯大林的确是一个世界上无人可与之相比的最大的独裁者。但他接手的是一个犁耕手种的俄国，而留下的却是装备有原子武器的苏联。"

芬兰前总统帕西基维一直反对斯大林的政治观点，他对斯大林的评价是："可以以不同的观点对待他的政策，但是应该承认，是他把俄罗斯提高到它以前未必有的地位。在他的领导下俄罗斯不仅赢得了战争的胜利，而且也赢得了第二次世界大战中其他的胜利者尚未得到的和平。"

法国前总统戴高乐这样评价斯大林："斯大林不仅在俄罗斯有着巨大的威望。他能使自己的敌人'驯服'，他既不因失败而惊慌，也不因胜利而陶醉。"

三、改革中快速成长

斯大林死后，由赫鲁晓夫继承大统。他针对斯大林时代遗留的弊端进行了一系列改革。无奈弊端太多，再加上赫鲁晓夫没制定周密计划就乱改一通，60 年代之后，改革最终走向失败。

不过苏联时期的改革再怎么失败，也没中断对重工业、军事、科学的投资。为了跟美国保持力量均衡，俄国人宁可勒紧裤腰带，也要把这几项撑腰壮胆的研究推向世界巅峰。

60 年代初，美国总统肯尼迪提出"谁能控制空间，谁就能控制地球"，美国人这才发现苏联已经闷头领跑了。同苏联的巨大航天成就相比，美国只能算刚起步的小兄弟。

加加林：苏联第一名宇航员

1957 年，一颗人造卫星冲出地球，闯入了太空。它身上的"苏联"标识震撼全球。1961 年 4 月 12 日，苏联宇航员加加林乘坐"东方"号飞船，成为头一个进入了太空的地球人。"苏联"再次轰动世界。

得知载人航天成功的消息后，正参加联合国会议的赫鲁晓夫比吸了半斤白粉还兴奋。他得意忘形地从汗脚上脱下一只皮鞋，然后举着皮鞋猛敲联合国的会议圆桌。挟太空之威的赫鲁晓夫喊出这样的豪言壮语："苏联要在 20 年内建成共产主义社会！"

他在 1964 年下台后，继任的勃列日涅夫以"发达社会主义"的提法收回了他吹过了头的大话。为了保证这个提法

赫鲁晓夫

1957 年，第一颗人造卫星在苏联发射成功

不会落空，勃列日涅夫打起十二万分精神搞改革。经过一番努力，苏联人民终于把土豆转为副食，吃上了大米白面，喝上了加牛肉的红菜汤。基层干部甚至坐上了小轿车。

到 20 世纪 70 年代中期，苏联的综合国力大大加强。当军事实力足以跟美国抗衡时，苏联踏上了与美国争夺世界霸权的征途。

勃列日涅夫

四、大国沙文主义

在世界诸多军事强国中，没有比俄罗斯更容易征兵的。俄罗斯人民固有的爱国热情，使参军打仗成为光荣的民族传统。这是俄国军事最强有力的支撑，保证他们一直都走在世界军事现代化的前列。

当今人类面临最大的威胁就是核武器。据欧盟统计，俄罗斯拥有2.5万件核武器，数量与美国等同。相比之下，法国的 500 件、英国的 250件只能算大餐之外的零嘴儿。

核制约下的冷战预热后，这种毁灭性的大规模杀伤武器时刻威胁着全人类的生存。尽管近年来俄美两国在联手打击恐怖主义时，表现出通力合作的一面。但另一面，他们都在严防对方下黑手。数以千计的核弹头隔海相对，随时准备发射。谁要是手欠，一指头按下去，全世界人民都得跟着倒霉。

苏联时期的俄国人忠实地继承了沙皇时代的大国沙文主义。特别是它动不动就拿核武器吓唬人（这个在外交中叫"核讹诈"），更让人们看清了革命外衣下掩藏的虚伪。长着蜡笔小新式粗眉毛的勃列日涅夫就曾扬言要对中国实施"外科手术式"的核打击。幸亏中国也及时搞出了核武器，他才没敢真下手。

为了牵制拉美，苏联将胳膊伸长了，够向远隔重洋的古巴。他们在反共最积极的美国身边插上了一面共产主义红旗，让美国人着实紧张了一把。

正当美国被越南战争拖得精疲力竭的时候，一旁看热闹、架秧子的苏联终于耐不住寂寞了。把越南、印度及北印度洋沿岸的一些国家拉入"社会主义大家庭"后，苏联于 1979 年出兵阿富汗，试图以此敲开通往印度洋之门。"北极熊来了"的惊呼响彻西方世界。

可是在家门口动手的苏联并没有从阿富汗捞到任何便宜。这场不得人心的战争越来越像另外一场越战，最终演变成俄罗斯对外扩张史中力度最大、结果最惨的一大败笔。

发生在南亚、中东两场到处挨骂的战争，让没打到狐狸反惹了一身骚的两个超级大国明白了一个道理：让老百姓过上好日子，比穷兵黩武更重要。

苏联被长达 10 年的阿富汗战争消耗了大量国力。苏联这个曾经取得过辉煌成就的超级大国，从世界之巅跌落下来。

第五节　穷途末路很迷茫

20世纪70年代后期四面开花的战争拖累，让苏联的政治、社会、经济……全面纠结。心乱如麻的俄罗斯人民万分期待一场能带领他们走出困境的改革。但是几十年接连不断的改革失败又让他们心有余悸。

穷途末路的北极熊很迷茫地东瞅瞅西看看。"走资"还是"走社"，这个严肃的问题让他们想破了脑袋……

一、火山口上的戈尔巴乔夫

有理性的人都知道，经济基础决定上层建筑。失去理性的苏联领袖们光顾着在上层盖大花园，经济塌方了都没察觉。1985年，戈尔巴乔夫上台时的苏联已处于火山爆发的前夕。老百姓的生活过得越来越差。

那时候，领袖们能享受啥待遇咱不知道，平头百姓一律住在公共宿舍里。一个小单元能挤好几家，门口拉块布帘就算自立门户。全楼层共用厨房、浴室、厕所。早上起来，厕所门前排队的人比买早点的还多。

戈尔巴乔夫

针对苏联经济彻底散架的局面，戈尔巴乔夫刚上台就着手进行整理。无奈积重难返，已经坍塌的大厦不是一扫帚就能打扫干净的。经济改革毫无成效，他又把改革的重点转移到政治方面。结果，他那种忽左忽右、忽正忽邪的政治改革，把老百姓改得思维混乱，彻底失去了政治方向。

把政治、经济都改进死胡同里的戈尔巴乔夫忽然感觉臀部发热，这才发现，原来自己已经不知不觉坐到了火山口上。他越来越受不了火山口的炙热。1991 年的 "8·19" 事变后，身为苏共中央总书记的戈尔巴乔夫不光自己撂挑子，还建议苏共中央自行散伙。

1991 年 10 月 12 日，党内一把手戈尔巴乔夫变成反党干将，通过电视直播公然宣称："在目前形势下，我们不得不依靠西方伙伴的支持。没有他们的支持我们就过不下去了。"这一宣言遭到全世界共产党人的一致唾骂。

不过，迷恋资本主义市场经济的戈尔巴乔夫，在东西方都获得了空前礼遇。他被授予诺贝尔和平奖，至今仍在为一个资产阶级的慈善基金会奔波劳累。20 年后，俄罗斯叶卡特琳堡市的 "列宁大街"，被改名为 "戈尔巴乔夫大街"。俄前总统梅德韦杰夫给他颁发了圣安德鲁勋章。

1991 年 12 月 25 日，苏联总统戈尔巴乔夫辞职。长期以来，热衷于政治的人们都在议论：这个疑似美中情局间谍的戈尔巴乔夫，到底算苏联的败类，还是算俄罗斯的英雄？

在那个萧索寒冷的圣诞夜，克里姆林宫屋顶旗杆上那面飘扬了 74 年的红旗悄然落下。取而代之的，是一面白、蓝、红三色的俄罗斯联邦国旗。

第二天，苏联最高苏维埃共和国院举行最后一次会议。喜忧参半的委员们一致表决同意，给苏联画上句号。俄罗斯联邦作为完全独立的国家，继承了前苏联的半壁江山。全国人民以复杂的心情接受了这个现实。

苏联，这个超级大国在缔造了 74 年的神话之后，就这样走进了历史的尘封。

二、被 "休克疗法" 整休克

戈尔巴乔夫从苏联最高领导人的位置上功成身退后，叶利钦成为第一任俄罗斯联邦的总统。他决定用实际行动扫除前朝的一切遗风。

从 1992 年 1 月 2 日起，俄罗斯开始了大规模私有化运动，彻底颠覆了公有制大锅饭。紧接着的开放物价使俄罗斯沿袭数十年的计划经济，也开始向市场经济过渡。

为了加速私有化过程，从 1992 年 10 月 1 日起，俄政府向每个公民无偿发放一张面值 1 万卢布的私有化证券，用以购买私有化企业的股票，这叫"无偿私有化"。

戈尔巴乔夫和叶利钦

应该说，俄罗斯政府这种"无偿私有化"的初衷是很好的。但是，这个让全国公民均分社会财富的理想，被残酷的现实破坏了。有的俄罗斯人是前苏联的腐败官僚，手里有一些资本，也有一些俄罗斯人和外国资本勾结，这些人用极低的价格收购了很多穷人手中的私有化证券。当时俄罗斯普通老百姓的生活都很困难，这个面值 1 万卢布的私有化证券不能买到任何生活用品，他们乐于把它折价换成能流通的卢布。由此，俄罗斯在私有化改革中出现了一个特殊的资产阶级，他们基本都是先低价收购大量私有化证券，然后购买国有企业中的优质资产，成为新企业的主人。这进一步加剧了国内的贫富差距。到了 90 年代中期，俄罗斯穷上加穷，人均收入直降 80%，国内生产总值下降了 55% 以上。俄罗斯政府一年的收入还不到美国财政部一周的收入。由于缺少投资，城市基础设施建设基本停顿，连维修下水道的钱都没有。

拉屎找不到茅房的公民把臭遍大街的现状归咎于私有化改革。他们忽然怀念起公有制大厕所时代的辉煌。虽然那时候吃不饱饭，但绝不至于找不到拉屎的地方。

针对这种又想吃得饱，又想拉得好的普遍心理，俄政府决心把改革向纵深发展。1992 年年初，一场以"休克疗法"为模式的改革，在俄罗斯联邦全面铺开。

看起来比较恐怖的"休克疗法"，最早用来对付狂躁型精神病人。白衣天使把病人绑在床上，绕着病人的脑袋缠一圈电极，然后很人道地在病人的嘴里塞块破布（防止遭到电击的病人在痉挛时咬掉舌头）。准备工作就绪后，通上高压电开始治病救人。

再狂躁的精神病人，经过几次致人休克的电疗后，都会不同程度地变得温驯听话。

这种能使人变乖的"休克疗法"在 80 年代被美国一个才华四溢的经济学家萨克斯引入经济领域。他提议用高压电式的霹雳手段整治社会经济。虽然在短期内可能把社会电得半死，但是只要没死透，缓过劲来又是一条好汉。这套稳定经济、治理通货膨胀的"休克疗法"，在南美一个小国玻利维亚确实取得了喜人的效果。

有幸成为"休克疗法"最大试验品的俄罗斯，就如同在公有制轨道上狂奔的火车，突然一个急转弯，一头扎进私有制泥坑。本来就半死不活的俄国经济被"休克疗法"彻底整休克，一直到 20 世纪末，也没回魂的迹象。

美国作家、普利策奖获得者丹尼尔·耶金曾一针见血地指出："休克疗法"使整个俄罗斯社会几乎陷入分裂。一部分人通过窃取国有资产和贪婪地聚敛债券，成为巨富。

在社会体制刚转型的俄罗斯，涌现了一批靠钻私有化空子一夜爆发的精明人。从此，俄罗斯出现了一个新词汇："寡头"。这个起源于古罗马的贬义词，用在这批头脑活泛、敢于赌命的"精英"身上一点不冤枉。

通过一系列投机倒把的手段，他们基本垄断了国家的油气、动力、冶金、金融等经济命脉。由于娱乐传媒也被控制在寡头手里，所以社会舆论成了给他们造势的工具。在舆论的吹捧下，被打造成新时代英雄的寡头们携巨资进军政坛，挖空心思搞政治投机。

俄罗斯前任副总理叶戈尔·盖达尔曾说："在最厉害的时候，俄罗斯政府被7至10个商人左右。他们甚至可以随心所欲地撤换总理。"

高高在上的寡头把俄罗斯政坛当成了自家的竞技场，光顾着从被吞并、搞垮的对手那里捞金，根本不顾老百姓的死活。

在俄罗斯，"寡头"毕竟还是少数。大多数俄国人民仍然在贫困线以下挣扎。看着那部分富得流油的新贵，穷人们心里怎能平衡？他们开始另辟蹊径找出路。

三、乱世养肥黑手党

随着苏联一朝解体，失去国籍的俄罗斯人集体苦闷了。很多神经脆弱的人期望用极端的方式挽救崩溃边缘的心灵。赌博、吸毒、纵欲、自杀、迷信、暴力之类人性深处的渣滓，很快泛滥全国。所有这些违背人类文明观的破烂，衍生出一个最大的犯罪组织——俄罗斯黑手党。

在臭泥坑里苗壮成长的黑手党以惊人的速度遍及全俄。据俄内务部调查，单是1992年，大规模的黑手党就已经达到5000多个。他们和"寡头"平分秋色，操控着俄罗斯50%的经济命脉。大约4万多家企业、

400 多家私有化银行都是黑手党开设的。

1991 年至 1995 年间，广开财路的俄国黑手党共敛财 1200 亿美元，相当于俄罗斯国民总收入的一半，与俄联邦的外债总数相当。于是，越走路越宽的黑手党主攻三个方面：地下出口、制造假币和洗黑钱。

既然是地下出口，出口的商品肯定是见不得光的商品。混乱时期，贩毒和走私武器是来钱最快的门路。这在俄罗斯早已是心照不宣的秘密。而发达的交通及辽阔的地域，则为黑手党的地下出口提供了得天独厚的条件。

在洗黑钱方面，俄国黑手党虚心向意大利黑手党求教。经过老大哥的指导和训练，俄国的洗钱活动蓬勃展开，业务很快扩大到全世界范围。任何一个国家来历不明的钱，甭管多脏、多黑，经他们的私有化银行洗过后，都会成为光明正大的合法收入。几年之间，俄罗斯成了国际黑钱的大型漂白池。

犯罪与腐败向来是双生子。全国人民都知道黑手党控制的那 400 多家银行在干什么勾当，偏偏警察却视而不见。要命还是要钱？尊重现实的俄罗斯小官僚选择两个都要。

而黑手党的假币中心则被安置在了战祸连连的车臣。1994 年爆发战争以来，车臣成为俄罗斯版图上的一个黑洞。在这里，除了武装叛乱分子，就数黑手党势力大，警察进去只有死路一条。每年有数以亿计的假币从这个黑洞流向俄罗斯各个经济领域。

高频的犯罪率和屡禁不止的恐怖活动，使俄国人又陷入一种提心吊胆的危机。不止是平民百姓，连新贵们也普遍缺乏安全感。要不带俩保镖壮胆，他们连大门都不敢跨出半步。甚至贵为总统也得顺应时代潮流。

1992 年，俄高层设立了一个独立于国家安全局以外的总统安全局，专门给总统保驾护航摆排场。

安全局共有四个级别的保镖：最低的一级叫"树后保镖"，负责总统行路安全；第二级叫"窗下保镖"，负责住所周围的安全；第三级叫"楼梯保镖"，负责楼梯口的安全；最高一级叫"贴身保镖"，形影不离地跟着总统。总统安全局人员都是精心挑选出来的武林高手，总数达1500人。

不管情况多糟，了解俄罗斯历史的人都相信，俄罗斯这头北极熊一旦缓过劲来，世界会再次听到它的怒吼。

俄罗斯民族自尊、自立、自强的意识，使其重塑大国威严成为一种必然！

第九章
走向复兴之路

苏联解体十年后，改朝换代的俄国人民在头脑翻新的领导人带领下，紧随时代潮流，昂首阔步地走向复兴之路。

2000 年，双头鹰被重新确定为俄罗斯的国家象征。双头鹰一个头望着西方，另一个头望着东方，以犀利的目光傲视世界。

经过一个多世纪的磨砺，经历过几个轮回的俄罗斯终于从盛极而衰，转向否极泰来。从休克中醒来的北极熊比以前更皮实了。它抖落身上沉积的灰尘，走上了复兴之路。

第一节　叶利钦执掌俄罗斯

在俄罗斯转轨过程中，一个身高 1.88 米的大块头应运而生。这个搞垮苏维埃政权、手握俄罗斯联邦起跑第一棒的大块头，就是执掌俄罗斯最高权力 8 年的叶利钦。

在国际政坛上，他以宽厚的身材、从容的步伐、威严的表情和大方的手势，完美地展现了"北极熊"的形象。

一、亲西的最高苏维埃主席

叶利钦出生于富农之家，在斗地主的苏联时代，他家没少受窝囊气。在集体化运动中，不光祖上积攒的那点薄财被大锅饭一勺烩，他爷爷还被剥夺了公民权。一家人凄凄惶惶地逃难到外地。叶利钦的父亲在建筑工地打工的时候，又被工头抓住富农出身的小辫子，一个工分没挣着，还被判了三年劳改。

叶利钦在《总统札记》里谈到全家的遭遇时，愤慨地说，他们家受到这样的对待，全是因为比别人过得富裕一点。多劳多得的劳动人民没落着好果子吃。

一把辛酸泪的童年生活，培养了他倔强好斗的性格。除此之外，他还对一切新鲜玩意儿充满好奇。为了满足好奇心，他甚至不惜以身犯险。

12 岁时，叶利钦从当地的军火库里偷了个手榴弹。这在当时的苏联，足够枪毙的罪过了。他冒这么大风险，不是为了报复分他们家财产的革命群众，而是单纯地想知道手榴弹里面长啥样。

他把手榴弹带到僻静的树林里折腾半天，那铁家伙就是打不开。叶利钦灵机一动，找来一柄大锤，向手心里吐了两口唾沫，抡圆了大锤向手榴弹砸去……

巨响过后，被轰得魂飞天外的叶利钦撒丫子就跑。回家后，他那个没身份的爷爷比他还好奇："宝贝儿，你咋丢了两根手指？"他这才"嗷"的一声疼昏过去。

打那儿以后，他明白了一个道理：好奇心光靠机灵劲儿去满足有多危险。从政后，每当他灵机一动的时候，就看看缺了两根指头的手掌。那两根早逝的手指不停地叮嘱他：稳重啊，同志！

1989 年，人民代表叶利钦当上了苏联最高苏维埃委员。9 月，他首次访美。带着刘姥姥进大观园的新鲜劲儿在纽约逛了一圈后，他被超市里琳琅满目的商品和大街上花里胡哨的人群晃得眼花缭乱。他震惊了：原来美国普通老百姓的生活都这么腐败呀。

他再也把持不住大国代表的矜持。跟美国人的花天酒地相比，俄罗斯人民过得那叫日子吗？这时，他的布尔什维克意识中的最后一根支柱彻底崩裂了。他毫不隐晦地对美国记者大发感慨，大意是这样的：

我们的党一直在说资本主义糟，社会主义好。美国人就是一帮好吃懒做的二流子。你们盖的楼房像一座座墓碑。我来这里一天半的时间，就发现美国是一个伟大的国家，以前我的观点是错的。资本主义的日子比我们滋润。美国人也没想象中那么"二"。你们盖的楼房比墓碑漂亮得多！

这次访美之行在叶利钦的政治生涯中起了重大作用。它彻底改变了叶利钦对资本主义的看法，增强了在俄国搞垮社会主义、实行资本主义的决心。

1990 年 5 月 29 日，在一批意气相投的民主派支持下，叶利钦以微弱优势当选为俄罗斯联邦最高苏维埃主席。上台后，他做的第一件壮举就是退出苏共。

在苏共的代表大会上，亲西的苏维埃主席发表声明："我必须服从人民的意愿，而不能只履行共产党的决定。鉴于我承担的义务，我宣布退党。"在叶利钦的带动下，全俄掀起了退党的热潮。曾经的荣耀瞬间变为耻辱。一时间，烧毁党证成为一种时尚。

1991 年 6 月 12 日，叶利钦又以 57.3% 的得票率荣登俄罗斯联邦首任总统宝座。圣诞节之夜，他从戈尔巴乔夫手中接过了苏联的终极权力——核按钮控制权。从此，登上俄罗斯政坛之巅的叶利钦，不但执掌了俄罗斯，在很大程度上也左右着世界的命运。

亲西的叶利钦获得了和苏联末代总统戈尔巴乔夫同样的殊荣。在西方资产阶级眼中，这两个俄罗斯转制过程中的关键人物，比任何一个俄国领导人都可爱。在重大的历史关头，如苏联时期的"8.19 事件"和 1993 年的俄罗斯"十月事件"，叶利钦都得到了西方的鼎力支持。

二、8·19 事件

1991 年 8 月 19 日，苏联副总统亚纳耶夫突然宣布：鉴于戈尔巴乔夫总统的健康状况不佳，已经提前病退。他本人即日起履行总统职务。与此同时，在苏联部分地区实施紧急状态的"国家紧急状态委员会"成立。国家权力全部移交到他和委员会手里。

事实上，"被病退"的戈尔巴乔夫已在克里米亚半岛的干休所里遭到软禁，同外界的联系完全中断。为了让行将就木的苏联起死回生，"8·19 事件"是几位根正苗红的苏联政治家所做的最后一次尝试。

以前对苏联的铁幕统治敢怒不敢言的俄国人，在民主派精英的鼓动下，很快聚集在议会大厦前示威。紧急状态委员会也不甘示弱，把坦克摆到莫斯科街头，炮口

亚纳耶夫

指向手无寸铁的老百姓。

中午时分，叶利钦赶到。他不顾一路劳累，手脚并用地爬上晒得滚烫的坦克，痛斥副总统亚纳耶夫的行径和国家紧急状态委员会的专横跋扈。这一举动赢得了示威群众狂热的喝彩，他成为万人拥戴的英雄。

西方国家纷纷给叶利钦捧场。美国总统布什高度评价，"是叶利钦凭勇气和坚定扭转了事件的局势"，并许诺在必要时刻，给予俄国人民无偿的援助。

1991 年 8 月 20 日晚，议会大厦已被数万示威群众围得水泄不通。面对人民战争的汪洋大海，苏联国防部顺应民意，命令已经向莫斯科推进的图拉师、梁赞师、塔曼师撤回驻地。国家紧急状态委员会成了有名无权的空架子。

其实在事件发生时，还没彻底摆脱苏联阴影的俄联邦总统叶利钦没什么实权。他的制胜法宝有三样：民意、舆论和美元。而紧急状态委员会的优柔寡断，则给了他充足时间和美国商量怎么整治复辟分子。

8·19 事件中，叶利钦在红场的坦克顶上宣读声明

到了 22 日上午，议会大厦前的示威人群已渐渐散去。人们心满意足地看到，紧急状态委员会的几个委员排着队被押出大厦，和那位想被扶正的副总统亚纳耶夫一块儿被投入大牢。宁死不走资的前苏联内务部长普戈自杀身亡。

"8·19 事件"以俄国走资派的胜利告终。它的悲剧性在于，红色政治家本想把僵死的体制抢救过来，却直接把它送进了棺材。

事件发生，还没实权的叶利钦成为举世瞩目的政治新星。军政大权一把抓后，他把苏联高层换个遍，为体制转轨铺平了道路。

三、黑色十月

苏联解体后，俄罗斯这个派那个党又开始为以后采用哪种国家体制争执不下。叶利钦当然愿意实行总统制，总统一个人说了算，方便。可是曾支持他的民主派议长与副总统都觉着应当实行议会制，凡事大家商量着来，稳妥。争了将近两年也没个结果，总统与议会之间的别扭越闹越大。

1993 年 9 月 21 日，叶利钦首先发难。他开除了跟他作对的副总统，成立俄罗斯联邦委员会，顶替被宣布下岗的国家议会。

一报还一报，被终止权力的俄议会宣布废除叶利钦终止议会权力的命令，并终止他的总统职务。刚被叶利钦免职的副总统，则接替他的总统职务。

为了争权夺势，俄国人不惜把总统和议会的矛盾公开暴露在全世界面前。

9 月 24 日，叶利钦下令军队包围议会大厦，以高压姿态逼向对手。他派人破坏了议会同外界的通讯设施后，进一步停水、停电，让大厦里的议员们孤零零地在黑暗焦渴中反省。

到了 10 月 3 日，极度耐旱的议员们还不向总统妥协。失去耐心的叶利钦下令部署在议会大厦附近的坦克开炮。顿时，大厦燃起熊熊大火。被浓烟呛得一把鼻涕一把泪的议员们拿起武器，英勇地予以还击。

经过长达 10 小时的战斗，两种不同的政见终于被武力"和谐统一"。议会大厦里排队走出一溜俘虏。据俄官方提供的数字，"黑色十月"事件共造成 142 人死亡，744 人受伤。不过据目击者称，死伤人数远远不止于此。

1993 年 12 月，一部无限扩大总统权限的新宪法出台。根据新宪法，议会被分为上、下两院。上院就是顶替原国家议会的联邦委员会；下院则沿袭沙皇时代的国家杜马。甭管上院下院，还是总统说了算。

至此，叶利钦用大炮把最高苏维埃时期的国家议会轰没了，彻底扫除了前朝留下的痕迹。一个在政治、经济上都"突然"向西方看齐的资本主义制度，带着浓重的俄罗斯特色被建立起来。

四、后叶利钦时代

一点点从休克状态苏醒过来的北极熊，开始跟指手画脚的西方国家讨价还价了。其实欧美小资们早料到了：这么一个庞然大物不可能被任何外人所左右。他们当初支持俄国走资派的最终目的，就是颠覆对立阵营的主帅。

他们成功了。

随着国内民族主义情绪的升温，在 1996 年连任总统的叶利钦见风使舵，把单纯的亲西路线转向广交朋友。北极熊一改往日的凶悍，很有礼貌地与全世界所有国家点头微笑。独立自主、维护民族利益、全方位发展友谊的俄罗斯，再次恢复了在国际上的大国地位。

叶利钦继续与西方大国勾肩搭背的同时，见缝插针地把话挑明：有好处不能全让你们得着，俄罗斯也得分一杯羹。在处理重大国际问题时，他愈加表现出北极熊的强横，甚至敢跟大力支持他反共的美国犟嘴。

为了防止美国垄断欧洲人脉，叶利钦坚决阻拦中欧、东欧国家加入北约。凡是向北约投怀送抱的中欧、东欧国家，一律被视为俄罗斯的公敌，随时都有被整治的危险。冷战时期的两极分化，被缓过劲儿来的北极熊带入 21 世纪。

1999 年，叶利钦把克格勃特务普京立为自己的接班人后，以体弱多病为由告老还乡。核武器的控制权被移交到临时总统普京手里。成功的权力交接，使叶利钦成为俄罗斯社会体制改革承上启下的关键人物。

接班的普京谈到叶利钦的为人，满心钦佩地称他是一个集勇敢、亲切、热诚、直率等诸多优点于一身的国家领袖："（叶利钦）在捍卫自己观点时，永远都是极其开诚布公和诚实的。"

许多人都知道，叶利钦是一个吃东西不忌口、动过心脏大手术的老病号。2007 年 4 月 23 日，为走资大业操劳一生的叶利钦，因心脏病发溘然长逝。

第二节　铁血硬汉普京

新任俄联邦总统普京刚一就位，就向全世界展示了克格勃特有的雷厉风行和铁腕手段。无论是发展经济、外交斡旋，还是打击恐怖犯罪，他都给人留下了铁血硬汉的形象。

很快，普京的男人味赢得了众多俄罗斯女性的芳心。甭管年龄大小、模样如何，全俄妇女都兴致勃勃地重复着一个梦想："嫁人就要嫁普京！"

一、俄罗斯的 007

很多人对克格勃这个名字不会陌生。这个冷战时期唯一能与美国中情局抗衡的苏联特工组织，全名为苏联安全委员会，简称 KGB。

克格勃特工在世界各地安插耳目，刺探情报，还跟外国同行作殊死斗争。不过在别人的地盘活动，毕竟要守人家的规矩。在苏联国内，他们可就肆无忌惮地、为所欲为了。

藏在铁幕后面的前苏联领袖们，曾把克格勃当成排除异己的私家密探，赋予它凌驾于任何国家机关之上的特权。从中央到地方，从厕所到食堂，无处不有克格勃特工，在大事小情上关怀着苏联人民的生活。

当时有幸在苏联地界儿旅行的外国人，也一样逃不过这种无微不至的关怀。能决定人生死祸福的克格勃曾一度成为"恐怖"的代名词。这个部门盛产冷血无情、霹雳手段的铁腕人物。现任总统普京就是这里出产的极品。

虽然大学毕业的普京拥有经济学副博士学位，但是当时的政治环境没给他在经济领域发挥特长的机会。对自己的性格仔细评估一番后，他毅然决定投笔从戎。1975年，普京加入了符合他冒险性格的克格勃。经过两年特训，一个发展全面的特工新鲜出炉。

1985年到1990年，普京被派到民主德国执行任务。表面看，他就是一个不起眼的小伙计，其实暗地里干的是跟007一样性质的间谍工作。

两德统一后，普京光荣返乡。经过一段时间休整后，他又做了个影响一生的重大抉择：弃武从政。从1991年起，他开始在政坛发光发热。俗话说得好："是金子总要闪光的。"很快，他就凭着在克格勃练就的干练精明一路高升。

1996年，普京通过关系来到莫斯科任职，由此跟中央首长挂上钩。不到一年光景，他就由总统办公厅总务局副局长晋升为总统办公厅第一副主任。这份分管地方经济的差事，让他有机会同各地方领导人打交道。他利用工作之便，编织一张能确保他仕途通达的关系网。

终于，这颗闪亮的政坛新星引起了总统的注意。

苏联解体后，克格勃改名为俄罗斯联邦安全局，简称FSB。由于外部的影响，其内部出现了松懈的现象。具有特务实战经验、脑袋又灵光的普京很切时宜的出现，让叶利钦眼前一亮。经过一番缜密的考察，他发现，让普京分管经济纯属大材小用。

1998年，普京被任命为俄罗斯联邦安全委员会主席。8年前，他离开克格勃开始从政，现在政治又把他送回到克格勃总部。普京满怀深情地对以前的同僚们说："我回到了娘家。"

对娘家一往情深的普京掌权不久，就把FSB整得全俄无敌，不单恢复了克格勃往日的阴狠毒辣，而是进化得更为强大。在一本名为《普京与俄联邦安全局的权贵之路》的书中，这样描述这个神秘的特工组织：

它是一个独立机构，不受政党控制，亦脱离议会监督。如果说该机构也有意识形态，那这个意识形态就是致力于实现国家稳定和秩序。如今，效力于此的人们，不仅将自己看作是克格勃的继承者，更自视为当年沙皇秘密警察的继任者……

到普京执政后，很多克格勃出身的干将都被安插进中央高层。据俄社科院估计，俄政要中至少25％有"浓厚的克格勃背景"，其中就包括成为国防部长的老牌特务谢尔盖·伊万诺夫。而俄罗斯各类大型公司中的领导人也多为"克格勃退休干部"。

俄罗斯的高层被普京建筑成了高级特务组成的俱乐部。有这么一批能拼能杀的哥们儿帮衬，谁还惹得起他？

二、活力四射的"铁腕总统"

1999年12月31日，叶利钦在向俄国人民作年终致词时说：经过长时间深思熟虑后，他决定退休。俄罗斯需要在新一代有活力的领袖带领下跨入新世纪。叶利钦所说的那位"有活力"的领袖就是普京。他确定普京能够继承他的衣钵，坚定地把资本主义进行到底。

在普京出任总理期间，各国人民并不对他抱有过多期待。因为在他之前的四任总理在位的时间都不长。果不其然，普京在总理的位置上也没呆长。不过他不是从此下岗，而是从叶利钦手中接过了俄罗斯总统的权力棒。

2000年1月，在总理办公室还没坐稳的普京，搬进了更加宽敞舒坦的总统办公室，以闪电般的速度完成了政权交接。普京崛起的速度之快，堪称世界政坛一大奇迹。

据叶利钦的女儿事后回忆，普京当时并不想这么快就继任总统。他想等到叶利钦的总统任期结束。可是患有严重心脏病的叶利钦坚决不答应。他要亲眼看着自己选定的接班人稳稳地骑上马背才肯撒手闭眼。

2001年2月12日，刚骑上马背的普京就签署了一项法案，规定国家有责任保护前总统与他们的家庭。这主要是因为叶利钦一家人曾被怀疑有贪污腐败的行为。普京之所以这样做，就是为了在以后的反腐倡廉中，别伤了伯乐。

硬汉普京

苏联政权瓦解后的俄罗斯，贪污腐败成风。大多数俄国人把这个现象归咎于叶利钦。要不是他的软弱无能，俄罗斯咋会冒出这么多"寡头"。这些掠夺成性的狼崽子把祖国母亲的财富都装进自己的腰包，也不说给老百姓分点儿，太招人恨了。

在这样的背景下，不抽烟、不喝酒、不招小蜜的普京出现了。他以特有的坚强刚硬改变着俄罗斯的形象。这虽然让很多被腐败之风熏黑了的官僚们大感失望，却赢得普通百姓的一片喝彩。

在对待"寡头"的问题上，普京公开表态："那些有钱人不应当控制社会，也没有权力影响政府的决策。如果有人已经习惯了无政府主义，那我很抱歉，他们将必须遵守新的规则。"

为了贯彻执行新的规则，普京发起了一场针对"寡头"的战争。他不理会来自方方面面的阻力，以斩草除根的架势狠狠打击那些垄断国家财产的狼崽子。这场战争的高潮，就是在2003年10月，普京把俄罗斯首富霍多尔科夫斯基投进了大牢。这倒霉蛋到现在也没被放出来。

普京整治暴发户的铁腕手段令所有招人恨的"寡头"胆战心寒。与之交相辉映的，是他对恐怖分子决不妥协的强硬态度。当今的俄罗斯，亟需一位铁骨铮铮的好汉带来安全感，而普京恰恰满足了这种需要。

在普京和他的团队苦心经营下，被整休克10多年之久俄罗斯终于咸鱼翻身，无论是经济、军事、外交都开始全面复苏。到了2004年，俄国的生产总值已达5543亿美元，人均产值达4000美元，黄金外汇储备量超过1200亿美元。

欣欣向荣的局面，终于让颓废的俄国人重打起精神，以饱满的热情和希望投入到重塑大国辉煌的工程中。

三、要嫁就嫁普京这样的人

多年的特工生涯，使普京在各种惊险刺激的场合都能露上两手。这位年轻的俄罗斯总统以他的多才多艺，令许多国家元首为之汗颜。他的一系列冒险活动充分证实了克格勃特工的实力。就算不当总统，他也能在特技行业混口饭吃。

亲自驾驶新型战斗机侦查叛军老巢车臣；乘坐核动力潜艇在黑海海底航行；扛着双筒猎枪在西伯利亚打老虎……他要用这种张扬的作风，向西方展示一个坚不可摧的大国元首形象。酷毙了的普京被美国《时代周刊》选为2007年度风云人物。

在俄罗斯，不论你走到哪儿，都能听到一首节奏欢快、由美女组合演唱的流行歌曲，歌名是《要嫁就嫁普京这样的人》。歌的开头先是痛陈家庭暴力史，把酗酒、打架、吃完洋葱不刷牙的俄国男人数落得一无是处，接着话锋一转：

"我如今想要一个像普京的人……一个像普京强而有力的人，一个像普京不酗酒的人，一个像普京不使我伤心的人，一个像普京不会舍我而去的人。"从歌词上看，这组美女是铁了心非普京不嫁。

这首歌也传递了全体俄罗斯女性的心声。不抽烟、不喝酒，坚持刷牙洗脸、锻炼身体的普京，成为她们心中阳刚的代表和理想的生活伴侣。跟完美的普京相比，已婚妇女悲哀地发现，自己又馋又懒又没志气的老公，原来是废柴一个。

在一次亲民活动中，走入人群的普京没来得及跟男同胞握手，就遭到无数女粉丝的围追堵截。当他被簇拥着来到一个平淡如水的妇女跟前时，被那双充满深情的眼睛吸引了。酷毙的总统俯下身去，迎着渴望的目光，给了她一个热烈的拥吻。

这个无数俄罗斯女性可望而不可得的梦幻之吻，如今让这位找不出任何美女气质的妇女得到了，她当场幸福得泣不成声。周围没被吻到的妇女也失望得泣不成声。亲民活动现场一片哭声，就跟给普京开追悼会似的。

面对如此强大的女粉丝军团，刚强的硬汉终于耐不住了。他硬着心肠和结婚 21 年的原配散伙，娶了年仅 24 岁、号称"体操玉女"的"俄罗斯最性感运动员"艾琳娜·卡巴耶娃为妻。

普京的离婚再娶不但没有打消俄国女性的热情，反而带给她们新的盼望：有一就有二嘛。少女们纷纷做好接任"体操玉女"的准备。为了表达自己非普京不嫁的决心，有的干脆把他的相片印到 T 恤上，贴身穿着。

四、王者归来

由于俄罗斯宪法对总统任期的限制，普京不能再跟着掺和 2008 年的总统大选。不过他刚离职就被继任总统梅德韦杰夫提名，第二度出任总理。虽然宪法限定总统只能连任两届，但没有限制一人当选总统的次数。因此，四年后的 2012 年，普京再次角逐总统一职。

对大多数俄国人来说，面色冷峻的硬汉普京有一种难以言表的亲和力。这是因为他从没把老百姓当成可以任意摆布的弱智，而是把他们当成国家运行、发展、壮大的最强大后盾。

别看他在对付恐怖分子、国际"寡头"时铁血无情，跟老百姓可亲着呢，动不动就亲个妇女啥的。正因如此，普京成了俄罗斯历史上最受

亲密战友：普京和梅德韦杰夫

欢迎、被给予最大期望的一位国家领袖。对于俄罗斯百姓而言，有了这样一位领袖帮他们排忧解难，他们就能无所顾忌地饮酒作乐、载歌载舞。

2012年3月8日，11万多名普京的粉丝在莫斯科马涅什广场举行集会。他们挥舞着国旗，为再次从总统选举中胜出的普京喝彩。总统梅德韦杰夫和普京结伴出现在集会现场，与庞大的粉丝团同庆胜利。

面对激情洋溢的人群，普京的心潮也澎湃了。他眼含热泪，激动地说："感谢那些祝福伟大俄罗斯的人们。我想问你们：我们会胜利吗？"

粉丝集体高喊："会！"

普京宣布："我们胜利了！"

粉丝集体高喊："万岁！"

普京深有感触地说："我们赢得了公正、诚实！"

粉丝集体高喊："嗷……"

普京最后对粉丝们说："谢谢你们！"

站在一旁的总统梅德韦杰夫也兴高采烈地说："我们的候选人绝对领先！我不怀疑我们将赢得胜利！我们所有人都非常需要这个胜利。"都快下岗了，他怎么不知道愁呢？

2012年5月1日，普京第三次宣誓就职俄罗斯总统。这次他的任期长达6年，有更多的时间治理国家。他刚上台，就复制了4年前的一幕：任命梅德韦杰夫为总理。敢情他俩早就是商量好的铁哥们儿，总统、总理轮流当。

12年前，48岁的普京首次入主克里姆林宫。当时他说："给我20年，还你一个强大的俄罗斯！"可是没到20年他就下岗了。12年后，60岁的普京又回来了，成功地上演了"王者归来"。除了脸上的皱纹增多，他仍旧是面瘫般的冷峻、悍匪般的刚硬。

和12年前一样，长皱纹的普京仍然心怀大国梦。不过，他今天所要面对的，是一个敢对他说不的俄罗斯和更加复杂的国际环境。未来的6

年里，这个并不陌生的"新总统"会带给俄罗斯什么呢？

第三节　利用石油振兴俄罗斯

工业革命，随着人类对大自然无休止的掠夺，能源危机不断升级，国际上石油的价格也随之疯涨（相信有车一族对此深有体会）。而开发油田正是俄罗斯的长项。无边无际的西伯利亚不光出森林，还出石油。

这无疑是给正在复苏的北极熊又开了锅小灶。利用石油振兴俄罗斯已成为普京政府强力贯彻的一项国策，任何人不得阻挡！

一、世界的加油站

作为世界上国土面积最大的国家，俄罗斯有 1707.55 万平方公里的领土，不光地大还物博。

别看俄罗斯人口连全球人口的 3％ 都不到，但它的资源储备总量却占世界总量的 22％ 至 28％。特别是石油、天然气的储量分别占到 25％ 和 40％。如果按人均占有资源量来说，俄罗斯是美国的 1.5 倍、德国的 4.5 倍、日本的 18 倍。

失去石油，国民经济就会面临全面瘫痪的危机。为了避免危机发生，世界各国，甭管有油没油，都得尽心尽力地争夺这种黑色能源。一时间，"石油世界大战"成了时髦名词。

俄罗斯跟谁都不用争。只要能守住国土，它就是世界上资源自给程度最高的国家。眼红也没用，没人敢打北极熊的主意。开发利用石油资源是俄国人快速脱贫致富的一条捷径。

2002 年，俄罗斯的石油产量已上升为世界第一位，出口量也超过沙特，成为当今世界上最大的石油输出国。有人把它形容为"世界的加油站"。尽管低碳经济时代已经来临，但"水变油"的高科技还只是人们美好的向往。俄罗斯的石油财路一时半会儿还断绝不了。

为了抢占国际油气消费市场，俄政府积极为石油天然气企业出口创造条件。近几年，俄财政收入的 35% 都是来自石油天然气。而遥远、荒凉、僻静的西伯利亚则是俄罗斯油气的重要生产基地。

反观历史，沙皇俄国对西伯利亚的征服，不能不说是一个英明决策。早在 200 年前，俄国杰出的科学家罗蒙诺索夫就曾预言："俄罗斯的国力将会因西伯利亚的开发而增强。"果不其然，西伯利亚丰厚富饶的自然资源给俄国人带来了数不尽的好处。

西伯利亚西部蕴藏的石油、天然气资源量约占俄罗斯总资源量的 54%；中部则蕴藏有数百万吨的各种盐类；南部是举世闻名的泰加森林；就算在臭气熏天的沼泽地带，也蕴藏着占全俄总量 65% 以上的泥煤。

后院藏着西伯利亚这个大宝藏，俄罗斯想不富裕都难。

二、气血两旺的北极熊

如果把一个国家比喻成身体，那么，能源就是支撑身体正常运行的气血：气是天然气，血是石油。气血越是旺盛，身体越有活力。而资源蕴藏极丰富的能源强国俄罗斯，无疑是一头气血两旺的北极熊。

随着世界油价的不断攀升，靠石油发家的俄罗斯，滚滚财源如滔滔江水绵绵不绝。与此同时，俄罗斯还把能源作为外交上的重要砝码，谁要不跟它好，就甭想从它手里买到议价油。

现在，油气出口已成为振兴俄罗斯经济的支柱产业。卖石油得到的银子占俄税收总收入的 89%，这个数字足以让俄国的其他企业臊得无地自容。然而，这么高的石油收入没让老百

霍多尔科夫斯基身陷囹圄

姓捞着实惠。因为气血两脉都把持在新兴贵族"寡头"手里。

20世纪90年代，俄罗斯为了加速私有化进程，把石油大企业都贱卖给了私人。直到2004年，俄政府只控制了7％的石油工业，大部分的国家资源被"寡头"垄断。这些为富不仁的暴发户光顾着自己吃香喝辣，完全漠视老百姓空荡荡的菜篮子。不让老百姓吃上黄油就够招恨了，让国家没钱造大炮，政府当然不能答应！

俄内务部长格雷兹洛夫立场鲜明地指出："自然资源不是某个人或某个公司的，而是全体人民的！能源储备不是为让少数人挣钱，而是国家生存的需要。"

这话已经挑明了，凡是想把个人利益凌驾于国家利益之上的家伙，等着倒霉去吧！可是，财大气粗的"寡头"偏当耳旁风，继续肆无忌惮地搜刮国有资产。他们以为有腐败官僚的撑腰，没人治得了他们。

尤科斯公司

正当此时，"铁腕总统"普京上台了。他不光收拾了几个垄断国有资产的"巨寡"，也把给他们撑腰的贪官斩于马下。俄罗斯首富、尤科斯石油公司的CEO霍多尔科夫斯基，就是普京在"对寡战争"中取得的最大战果。

据俄政府称，尤科斯公司欠税高达270亿美元，这笔巨额欠款由拍卖其最大子公司来抵偿。尽管尤科斯百般拖延，占尤科斯全部石油产量60％的子公司，还是被贝加尔湖金融集团出资93.5亿美元拍得。这家凭空冒出来的金融集团成为俄罗斯最大石油生产企业的正式拥有者。

迄今为止，没人了解是谁在操控贝加尔湖金融集团，更没人知道它哪来那么多银子收购尤科斯的最大子公司。不过被一分为二的尤科斯公司失去垄断俄罗斯石油的能力，倒是有目共睹的事实。

如今，气血基本回归身体的俄罗斯，更加精神抖擞地投入到"石油世界大战"中，在没有硝烟的战场上越战越勇。

三、抢占先机开发北极

曾长期被人忽视的北极，如今却因其蕴藏丰富的能源，成了人人眼馋的香饽饽。但眼馋归眼馋，谁也没胆子从坐拥北极的北极熊嘴里抢食——除非它自己乐意分享。

俄罗斯雅库特自治共和国的首府雅库茨克，就是建在北极圈上的一座"冰城"。它拥有的能源多得惊人，已探明的天然气储量为48万亿立方米，占世界总储量的1/3，居世界第一位；煤炭储量为2000亿吨，居世界第二位；石油储量为65亿吨，占世界总储量的12%至13%。

利用自身优势，在开发北极能源中抢夺先机，是俄罗斯实现大发展的又一张王牌。但如果自己单干，很可能落入技术、资金双不足的尴尬境地。于是，它决定和大洋彼岸的另一个超级大国联手抢占先机，开发北极。

2011年8月30日，俄罗斯最大的石油公司和世界上最大的跨国石油公司——美国埃克森美孚石油公司，正式签署了战略合作协议。根据此项协议，两个石油行业的巨无霸共同组建北极研究中心，共同出巨资在北极、黑海开发油田。

普京在签字仪式上说："俄美两个石油公司的合作项目为俄带来2000亿至3000亿美元的直接投资。如果再加上相关设备和油气田的地面设施建设，这个合同的总投资额可达5000亿美元。这个数字说起来有些吓人，但今天的事件肯定会受到世界能源市场的欢迎，因为这给世界能源市场开辟了新领域。"

第四节　以恐制恐立国威

当今社会恐怖活动盛行。自觉受了大国欺负的少数民族纷纷"揭竿而起"。刚转型成功的俄罗斯更是深受其害。按下葫芦浮起瓢的恐怖袭击，让俄国人惊悚万分。

俄政府对付恐怖分子，一贯是以暴制暴、以恐制恐。你恐怖，我比你更恐怖！这种绝不向黑恶势力低头的强硬态度，确实为俄罗斯树立起大国的威严，但反恐战果却收效甚微。

一、危难时刻显身手

苏联解体后，通过黑手党地下出口的主要商品之一，就是低价从已关闭的大型军工企业购买的各种武器。论吨卖的杀人利器经黑手党之手，再倒卖给世界各地的买家，一大批武器流到了恐怖分子手中。

其中最抢手的要算俄国人研制的"步枪之王"AK47。通过电视画面能看到，恐怖分子手中的杀人凶器，基本都是这种木质枪托、稳定耐用的自动步枪。在海湾战争中，伊拉克的"农民们"就曾用一把 AK47 击落一架美军的阿帕奇武装直升机。

俄国人看了 AK47 创造的奇迹，不知道该哭还是该笑。因为恐怖分子用来枪杀他们父老乡亲的，正是他们曾经引以为傲的 AK47。

恐怖分子之所以恐怖，就在于他们为达目的不择手段：明里打不过，就来暗的；军队打不过，就对无辜百姓下手。20 年来，没完没了的恐怖活动一次次挑战着这个超级大国的底线。制订出一套行之有效的反恐措施迫在眉睫。

车臣恐怖分子

危难时刻，俄罗斯亟需一位意志坚韧的领袖，以霹雳手段威震敌胆。作风硬朗、坚决果断的冷面普京正是这样的人选。他命令军队、警察，只要遭到恐怖袭击，立马予以还击。

普京对付恐怖分子的决心，通过他两句脍炙人口的"语录"就能看出："侮辱俄罗斯的人活不过三天"、"若在厕所里逮到恐怖分了，我们就把他塞进马桶！"由此不难想象，恐怖分子落他手里的下场有多恐怖。

几乎所有活跃在俄罗斯的恐怖活动，都与车臣非法武装有着千丝万缕的联系。俄总检察院指控这个世界著名的恐怖组织策划了俄境内的一系列恐怖活动。原组织头目杜达耶夫被击毙后，巴萨耶夫继承恐怖大业，成为车臣非法武装的老大。

二、两次车臣战争

车臣是俄罗斯联邦南部的一个共和国。信仰伊斯兰教的车臣人，是高加索东北部的土著居民与突厥人的混血后代。这就与信仰东正教的俄罗斯人有了冲突的基础。车臣恐怖分子正是利用这些民族差异，挑唆车臣老百姓跟俄罗斯对着干。

1991年10月，趁着刚转轨的俄罗斯一片混乱，车臣非法举行总统选举，前苏联空军师长杜达耶夫一枝独秀地"当选"为车臣总统。11月1日，车臣单方面宣布，它已成为脱离俄罗斯联邦的主权国家。

与此同时，车臣非法武装扫荡了前苏联在车臣的武器弹药库，组建了一支装备精良的"国民军"。他们用抢来的武器与俄政府武装对峙，誓死保卫谁也不承认的"国家主权"。

1994年12月9日，叶利钦勒令车臣非法武装赶紧散伙。杜达耶夫对此蔑然一笑。12月11日，俄罗斯出兵车臣。第一次车臣战争爆发。俄正规军与东拼西凑的车臣叛匪展开了长达一年多的激战。

战争中，俄军共有4000多人阵亡、1.7万人受伤、3000人下落不明。车臣方面损失10万余人，"总统"杜达耶夫也在俄军的导弹袭击中被打死。

车臣战争

1996年8月，付出沉重代价的俄罗斯、车臣都觉着这么打下去，双方都可能会被战争拖垮。于是，他们决定停火。车臣地位问题暂时搁置5年再协商解决。

没等5年，车臣非法武装就耐不住了。1999年8月7日，杜达耶夫的继承人巴萨耶夫率领着5000来个喽啰，"大举"入侵与车臣接壤的达吉斯坦共和国。这就让车臣一直宣称的民族独立变了味儿。你不愿意跟俄罗斯搭伙过日子，走你的。人家又没闹独立，你跑去撺掇个啥劲儿？

8月10日，达吉斯坦境内有15个村子被车臣非法武装"攻陷"。当地的伊斯兰激进组织宣布成立独立的"达吉斯坦穆斯林共和国"，扬言要"把异教徒从穆斯林的土地上赶出去"。

一个联邦成员的"被独立"，引起国际舆论一片哗然。人们都等着看俄政府如何终止这出闹剧。

当时还是总理的普京立即发表讲话："最近在北高加索地区出现的践踏法律的恐怖主义行动，是绝对不能容忍的，必须坚决予以打击！"

8月13日，俄军针对车臣叛匪的大规模军事打击在达吉斯坦境内展开。行动前，普京特别强调："要在最短的时间内，以最小的代价，完成最有效的打击！"

截止8月25日，清剿行动基本结束。半数以上的车臣叛匪被击毙，其余的都被击溃。达吉斯坦"被独立"的15个村子全部恢复俄联邦成员的身份。

在围剿达吉斯坦境内的非法武装分子的同时，俄军还出动飞机，对车臣叛匪的军事基地进行了轰炸。这场速战速决的战斗，有力地证明了俄罗斯有足够的能力和手段，回击任何恐怖分子和武装匪徒。

但是没过几天，不长记性的车臣叛匪再次卷土重来。8月31日，巴萨耶夫又纠集2000多人潜入达吉斯坦北部地区。这一次的下场更惨。在俄军摩托化部队和空降兵的猛烈夹击下，2000多人的车臣武装全部被歼。

巴萨耶夫成了光杆司令，自个儿逃出重围。

2003 年，车臣共和国的新宪法规定，车臣是俄罗斯联邦的一部分，车臣事件才得以缓解，车臣问题也似乎得到解决。没解决的问题是，恐怖分子头子巴萨耶夫躲在哪个犄角旮旯儿呢？他能甘心失败吗？

三、怒火中烧的北极熊

两次车臣战争的胜利，并没挫败恐怖分子搞恐怖活动的热情。相反，俄政府的强硬措施倒把他们刺激得更加疯狂了。从此，针对无辜平民的恐怖袭击一浪高过一浪地发生在俄罗斯本土。

1999 年 8 月 31 日，就在巴萨耶夫二进达吉斯坦的同一天，莫斯科市中心马涅什广场地下商城发生爆炸。当场炸伤 40 余人，其中 1 人因伤势严重几天后死去。

被炸得晕头转向的俄国人满腔悲愤，却找不到发泄的对象——这会儿他们还没弄明白，到底是谁跟他们过不去。但这只是噩梦的开始。几天之后，连续几场更大的灾难降临到了俄国普通老百姓的头上。

1999 年 9 月 4 日深夜，达吉斯坦境内的一幢 5 层的俄军家属楼被炸成废墟。共有 64 人遇难，近百人受伤。恐怖分子用血腥的方式警告不愿意"被独立"达吉斯坦人民：别以为有了俄罗斯做靠山，你们就能过上安稳日子！

1999 年 9 月 9 日午夜，熟睡中的莫斯科百姓被一声震耳欲聋的爆炸声惊醒。东南区的一幢 9 层居民楼顷刻被夷为平地，150 余人被埋在瓦砾中。爆炸产生的强大冲击波、废墟上冒起的阵阵浓烟、废墟下不绝于耳的呼救声和呻吟声，令人不由得想起卫国战争时期的莫斯科。

这次恐怖袭击共造成 95 人死亡，近百人受伤。在爆炸发生的当天中午，国际文传电讯社曾接到匿名电话。电话中的男子声称：此次莫斯科和此前达吉斯坦发生的大爆炸，是对俄军在清剿车臣武装叛匪的报复行动。爆炸案的主谋浮出水面。

然而，没等俄政府作出反应，又一起大爆炸震惊了全国。就在 9 月 13 日凌晨，莫斯科市南区的一座 8 层居民楼被炸飞，至少有 118 人死亡。这起爆炸案与 9 月 9 日的作案手法如出一辙：爆炸装置都放置在楼房底层的商店里，而两家商店的承租人为同一个人。

一连串惊天动地的爆炸案惹怒了"铁血特务"普京。对这些视人命如草芥的恐怖分子，他做出了决定：该出手时就出手，出手不能留活口！

1999 年 9 月 16 日，俄罗斯大规模反恐军事行动拉开了序幕。兵分三路开进车臣的 10 万俄国大军直扑车臣叛军老窝，俄军充分发挥空中优势，多兵种联合作战。

俄军对车臣叛匪的军事基地，先施行密集的空中打击；再由装甲部队的大炮扫清路面阻碍；最后是地面部队进行地毯式搜索，发现负隅顽抗的恐怖分子，一律击毙。

被俄军强大攻势吓破胆的车臣当局多次呼吁停火和谈，但普京不答应。他明确表示：车臣不交出搞分裂的恐怖分子头目巴萨耶夫，俄军决不收兵。车臣当局傻眼了，他们也不知道巴萨耶夫在哪个地洞猫着呢。

车臣剿匪锁定了全世界的目光。普京也因此成为国际焦点人物。他几乎每天都在媒体上露面，言必谈及反恐。他不只是说说而已，在剿匪期间，普京冒着生命危险，亲赴车臣前线慰问官兵。

他甚至不顾被叛军击落的危险，驾驶战斗机到硝烟弥漫的战场侦察敌情。他用实际行动成功地塑造了"反恐勇士"的光辉形象。

四、莫斯科剧院事件

2002 年，藏匿了 3 年的巴萨耶夫又开始兴风作浪。10 月 23 日晚 9 时左右，他带领 40 多名车臣绑匪闯入莫斯科东南区的文化宫剧院，将在那里看音乐剧的 700 多名观众、100 多名演员和文化宫的工作人员扣为人质。

刚开始，蒙在鼓里的观众们还以为这是剧情的一部分。但随之而来的恐怖暴行把他们从荒诞的剧情带回到更荒诞的现实。

死不改悔的巴萨耶夫还是老一套：要求俄罗斯军队在一周内撤出车臣，否则，他将采取"最极端的措施"——引爆文化宫大楼。他还警告：俄方每打死他们一人，他们就杀死10名人质。

事发后，普京取消了出访计划，以高昂的斗志投入到新的反恐行动当中。他一面派出谈判专家与绑匪周旋，一面命令特种部队随时准备突击，解救人质。紧接着，他通过电视表明态度：谈判的大门仍然敞开，但他对车臣战争的立场绝不改变！

这时，一贯煽风点火的半岛电视台也播出了一段添乱的录像：画面上，一名自称是绑匪成员的伊斯兰激进泼妇横眉立目地表示，说什么她也要"杀死数百名异教徒"。

这段形象极其不佳的录像，恶心了包括阿拉伯世界在内的全世界人民。联合国安理会一致谴责劫持人质的恐怖行为，并呼吁无条件释放人质。把戏演砸了的绑匪为了挽回影响，释放了7名成年人质和8名儿童。

10月26日，剧院里的一些人质试图趁乱逃跑。绑匪向手无寸铁的人群开枪、扔手榴弹，当场打死两名人质。面对刻不容缓的形势，普京顶住各方面的压力，毅然下令特种部队实施突击。

凌晨5时30分，叛匪把两名人质尸体搬出剧院时，特种部队的一个分队趁机佯攻，而另一个分队却从剧院后门冲入。两面夹击的突击行动快得令叛军来不及招架。

一阵激烈的枪声过后，36名绑匪被击毙，其中一具尸体疑似叛军头子巴萨耶夫。所有系着爆炸腰带的女绑匪没来得及拉弦，就被一枪毙命，其中确定有那位恶心全球的伊斯兰激进泼妇。

在这次恐怖劫持人质事件中，有750名人质被救，67名人质死亡

（其中一部分是吸入特种部队强攻时施放的化学气体，中毒身亡）。有几个狡猾的绑匪混在人质中逃脱。

五、别斯兰惨案

2004 年 9 月 1 日上午 9 时 30 分，俄罗斯南部北奥塞梯共和国别斯兰市第一中学正在举行开学典礼，一伙头戴面罩的武装恐怖分子不请自到。他们把 1200 名师生和家长赶进学校体育馆扣作人质，并在体育馆里里外外都放上土炸弹。

绝大部分人质都是上中学的孩子。恐怖分子变本加厉，不光要俄罗斯从车臣撤军，还得释放被逮捕的恐怖分子。

刚返回莫斯科的普京在机场召开紧急会议。尽管他反恐的态度一贯强硬，但为了避免丧心病狂的劫匪残杀孩子，他暂时搁置武力解救人质的计划，想尽量通过谈判解决问题。

但是这批蓄意挑起民族对立的恐怖分子，根本就没打算让俄政府派出的谈判代表进校商量。不把事件闹得举世震惊，他们绝不肯善罢甘休。反正体育馆里有上千号人质呢，俄政府得好吃好喝供着他们。

9 月 3 日下午 1 时左右，不知是绑匪刻意制造混乱，还是误操作，体育馆内突然响起爆炸声。大批惊慌失措的人质开始外逃。无法控制局面的绑匪当即开枪向人质扫射。俄特种部队立刻朝绑匪开火，并冲进学校大楼和体育馆，展开解救行动。

有几名混入人质中的绑匪窜出学校，与俄军警展开近距离枪战。在校外等候多时的人质家属，冒着枪林弹雨寻找自己的亲人。一时间，枪声、爆炸声、呐喊声、呼救声乱成一片。

等到俄军完全控制学校，体育馆里已经横七竖八堆满了尸体。当时人们都疯了，警察怕伤及无辜，只得眼睁睁着几个混在人群中的劫匪逃之夭夭。普京立马下令封锁北奥塞梯边境，搜捕在逃匪徒。

在这次人质事件中，恐怖分子（其中包括来自阿拉伯国家的雇佣兵）有27名被打死，3名被活捉。人质至少有250人死亡，704人受伤，其中包括259名儿童。俄特种兵也有10多人战死。

据一名被活捉的绑匪供认：这次劫持人质事件的背后主谋，又是车臣非法武装头目巴萨耶夫。如此一来，在莫斯科剧院事件中被击毙的"疑似巴萨耶夫"到底是不是真正的巴萨耶夫，成了悬在俄反恐部门头上的一个巨大的问号。

通过电视直播，别斯兰惨案的整个过程惨烈地展示在全世界人民面前。这场残杀无辜儿童的恐怖袭击把恐怖活动推向了极端。全世界人民集体唾骂惨无人道的车臣匪徒。

各国首脑纷纷发表声明，强烈谴责这一针对无辜平民的残忍事件，并一致支持俄政府决不妥协的反恐立场。恐怖分子的残暴令分歧不断的各国人民空前地团结一致。

别斯兰惨案之后，普京继续加大反恐力度：反恐部队有权力"从恐怖分子的藏身所中逮捕并消灭他们"。包庇恐怖分子者，一律严惩不贷！对逃亡海外的恐怖分子，"若有必要，可以在国外逮捕"。

一场跨国界的反恐大战由此展开。

六、爆炸声声何时了

自打恐怖袭击在俄本土上四面开花，俄政府加强了对公众场所的保安措施。但是道高一尺，魔高一丈。无论俄政府防范得多缜密，恐怖分子仍能见缝插针搞破坏。不容易侵入公共场所，他们就把魔爪伸向交通干线。

别斯兰惨案刚过不久，两名以死明志的人弹从莫斯科的多莫杰多沃机场，分别登上两架飞机，结果导致两架航班上的90人全部遇难。

2009年，一趟从莫斯科开往圣彼得堡的列车在行驶过程中突然倾覆，造成至少 26 人遇难、百余人受伤。车臣匪徒声称他们对俄国列车出轨负全责。

2010 年，在间隔不到半小时的时间内，两名女人弹先后在莫斯科的两个大地铁站引爆炸弹，共造成 40 名乘客遇难、150 人受伤。上千人被困在漆黑的地铁通道里，经受着恐怖的惊吓。

2011 年新年刚过，莫斯科的多莫杰多沃机场再次发生自杀式炸弹爆炸。人弹在候机大厅引爆炸弹，导致 35 人遇难、180 人受伤。爆炸袭击背后的策划者又是车臣叛匪。

别斯兰惨案

看样子，不管是巴萨耶夫借尸还魂还是阴魂不散，车臣的恐怖分子都准备和俄政府拼个鱼死网破。

就在 2012 年，距离普京宣誓就职仅 4 天的 5 月 3 日，达吉斯坦又发生两起恐怖袭击。恐怖分子引爆了装在大巴上的炸弹，共造成 13 人遇难、122 人受伤。他们用这种不共戴天的方式表达对"反恐勇士"上岗的"庆祝"。

接连不断的爆炸声和无辜者的鲜血，都说明俄罗斯的反恐问题还没有从根本上得到解决。俄国人只有呆在公共浴池才能找到点安全感。因为在这里大家都是赤身裸体，无法携带武器。

第五节　曙光照耀俄罗斯

尽管北极熊还在内忧外患的漩涡中起伏不定，但世界上很多著名的观察家都认为，最多再过 20 年，这个庞然大物就能爬上岸。这不是凭空想象，从历史的进程推断：俄罗斯已经从复兴的起点迈步前进。

前方的道路如何艰难，俄罗斯终将从休克中苏醒过来。在希望的曙光照耀下，俄罗斯人民将昂首挺胸，沿着资本主义大道奔前程。

一、北极熊拥抱梦露

对人类历史而言，一次挫折就意味着一个新的起点，对俄罗斯更是如此。挫折对俄国人来说，更像是残酷的体能训练。每次训练过后，他们都会比以前更结实、更强壮，跟人比赛的时候也更给力。俄国人用现身说法诠释了什么叫百折不挠——就是折腾 100 次，他们也不会挠墙。

300 年前，彼得大帝曾信誓旦旦："给我 20 年，给你一个全新的俄罗斯。"果然，他推行西化的改革，将俄罗斯改成一个人见人怕的强大帝国。

300 年后，彼得大帝的誓言被他忠实的粉丝普京升级成 2.0 版。在他第一次参选俄罗斯总统的时候，对俄国人民许的愿就是："给我 20 年，还你一个奇迹般的俄罗斯。"

稍微研究一下俄罗斯历史就会知道，普京敢吹这牛皮是有足够底气的。他的底气就是俄罗斯广袤无垠的土地、蕴藏丰富的能源和不断在惊吓中提高的国民素质。

今天，在克里姆林宫的豪华套间办公的俄高层，念念不忘帝国时代的辉煌。作为大型独联体，俄罗斯的市场经济地位早就被全世界认同，但直到 2011 年 12 月 16 日才得以加入世贸组织。前苏联留下的巨大阴影，令所有西方国家心有余悸。北极熊一旦成为世界舞台的主角，恐怕就没别人什么事了。

然而，伟大的俄罗斯民族绝不屑于在人类历史中扮演配角。当不了最抢镜的主角，它也得争取个独一无二的角色。

2009 年，在《华盛顿邮报》等多家媒体首页刊登的一幅画面，轰动了整个世界。这张为俄罗斯造势的宣传画名为"北极熊拥抱梦露"。

作为陆地上最大肉食动物的北极熊，只有在冰封万里的北极才偶露峥嵘；而好莱坞性感女星玛丽莲·梦露，却在她事业巅峰之时自决于美国观众。

这两个看似毫不相干的生命个体，被天才的设计师硬拉到一起，实际传递的是这样一个讯息：俄罗斯正以前所未有的姿态，张开双臂，拥抱一切美好。

二、科技带动经济

在俄罗斯，与文化占同等地位的是科学技术。从 1904 年至今，俄罗斯共有 16 人获诺贝尔奖。扎堆获奖的是物理学领域。像朗道这样的俄罗斯科学巨匠，为物理学的发展作出了巨大贡献。

前苏联宇航员加加林是第一个乘飞行器进入太空的地球人。就冲这一点，谁也不能忽略了动手能力超强的俄国人，同样具备超强的动脑能力。

有很多人玩过俄罗斯方块这个游戏吧？它的发明者就是俄罗斯的一个从事计算机行业的小职员阿列克谢·帕基特诺夫。这个一块一块往下落砖头的游戏看似简单，实则奥妙无穷，玩一万遍也不带重样的。

俄罗斯方块一推出，就成为当时市面上最抢手的游戏。海湾战争时，美国大兵就指着它战胜恐惧、打发时间。它让世界惊叹：俄国人太会玩了。

与俄罗斯方块不同的是，卡巴斯基出身于名门望族——公司的前身是苏联时期搞国防科研的秘密基地。这里连核武器的导航系统都能研制出来，成为全球最大的病毒数据库也就不足为奇了。

卡巴斯基和俄罗斯方块不过是俄罗斯科技力量的缩影。在它们背后，是俄罗斯巨大的科技人才库。事实上，前苏联在计算机领域已经是世界上数一数二的高手，绝不亚于美国。只不过好多高科技被铁幕遮住，不给人看罢了。

俄罗斯是个有梦就敢追的民族。他们的"硅谷"之梦在美国人还没开始做梦时，就已经落实到了实处。距离莫斯科不远有一座被称作"绿城"的小城市——泽廖诺格勒。这就是长期不为外人所知的俄国"硅谷"。

如今，俄罗斯最先进的电子信息、通信、生物基因等高科技企业都集中在这里。在绿树红墙的掩映下，数不清的创新梦想从这里起飞。俄国人在科研创新方面，只要是能借鉴的，从来都是照单全收。

英特尔副总裁这样描述俄罗斯工程师："他们是杰出的软件开发人员，具备非凡的问题解决能力。他们征服难题的欲望，绝不止于研究研究而已。"目前，俄罗斯软件开发人员的数量排名世界第一，科学家和工程师的数量排名世界第三，遥遥领先于印度和中国。

这种人才高密度集中的现象，自然与完善的教育体系密不可分。即使在 20 世纪的最后十年，穷得快揭不开锅的俄国人也舍得花钱让孩子上学。

俄国人走进了全民高科技——科技带动经济——经济促进科技的良性循环。科技带来的巨额利润，让每个俄国人都认识到：再穷不能穷教育！为了能过上更舒坦的日子，发展科技、保障经济是必须的！

为了让经济增长得更快些，俄罗斯在世界范围内广挖墙脚。只要在经济学上有所建树的专家，一律被诱之以利。这些经济头脑发达的专家组成了"俄国通俱乐部"，每年定期就俄罗斯出现的经济问题进行探讨。俄总统和总理都在百忙当中，抽空前去捧场。

三、车轮滚滚向前进

从 1993 年起，俄罗斯人民的个人信仰自由得到法律的保障。这赋予了他们原本活跃的大脑更加广阔的空间。想入非非不再被人瞧不起，反而成了聪明机灵的一种表现。

现在主流的俄国人坚信，俄罗斯属于欧洲基督教文明，生怕脱离了这种能让人发家致富的文明，俄罗斯又要回到以土豆沾盐为主食的赤贫状态。

俄罗斯外交与国防政策委员会主席谢·卡拉加诺夫表示："没有可以替代在社会和政治上与欧洲接近的选择方案。欧洲是我们文明中最好部分的摇篮、社会现代化的发源地。没有欧洲的我们因失去自己的民族认同而不复为俄罗斯人。"

被前苏联视作"最顽固敌人"的美国前国家安全事务助理布热津斯基，曾一度认为"新俄罗斯的国力虚弱不堪，社会极其落后，已不能充当美国真正的全球性伙伴。美国既不愿意也不能够与俄罗斯分享全球性力量"。

然而，顽强的俄罗斯人民用苦干加巧干取得的成果，给了"最顽固敌人"一个明确的回答：俄罗斯能否分享全球性力量，不是美国人愿不愿意的问题，而是俄国人愿不愿意的问题！

回望俄罗斯 20 年来的发展之路，三位总统承担着"起承转合"的重担。叶利钦是"起"、普京是"承"、梅德韦杰夫是"转"，王者归来的普京能给俄罗斯一个完美的"合"吗？历史的车轮总会不断向前滚动。普京将推着俄罗斯这辆大车滚向何方？

不断在阵痛中成长的俄罗斯是一个讲不完的故事。在这片没边没沿的土地上，发生过多少惊心动魄的斗争、多少翻天覆地的变化，创造过无数举世瞩目的辉煌成就，也遭受过无数挫折与失误。无论身处顺境、逆境，久经磨炼的俄国人都不会让他们的大车停滞不前。

金黄的曙光洒满纤尘不染的蓝天，照耀着屹立东方、千年不倒的俄罗斯。我们有理由相信，多次从漩涡中脱身的俄罗斯民族有战胜困难、重塑辉煌的无穷潜能！

俄罗斯大事记

862年，维京人留里克兄弟应东斯拉夫人邀请，帮助平息叛乱，在诺夫哥罗德自称王公，建立了留里克王朝。

882年，留里克的亲属奥列格建立基辅罗斯，定都基辅。

980年～1015年，弗拉基米尔在位。他通过同拜占庭皇帝的妹妹安娜公主结婚，并把基督教三大教派之一的东正教定为罗斯的国教。

1019年～1054年，"智者"雅罗斯拉夫在位，制定《雅罗斯拉夫法典》。

1125年～1157年，"长臂"尤里成为罗斯城邦中势力最大的大公，1155年起为基辅大公，并开始修建莫斯科。

1240年，基辅被成吉思汗的孙子拔都攻占，从此开始了金帐汗国对基辅—罗斯长达240年的统治。

1462年～1505年，伊凡三世在位，于1480年带领俄国人民摆脱蒙古人的统治。

1533年～1584年，伊凡四世（雷帝）在位，于1547年正式加冕为俄国第一个沙皇。沙皇俄国的历史从此开始。原有的国号"罗斯"逐渐为"俄罗斯"所代替。

1581年，俄国哥萨克首领叶尔马克侵入西伯利亚。

1584年～1598年，费多尔·伊凡诺维奇在位。他去世后，留里克王朝终结。俄罗斯进入20年左右的"混乱时期"。

1613 年，莫斯科召开缙绅会议，推举米哈伊尔·费多罗维奇·罗曼诺夫为沙皇。罗曼诺夫王朝从此开始。

1654 年～1667 年，俄罗斯与波兰爆发争夺乌克兰的战争。

1682 年，伊凡五世和彼得一世同时被立为沙皇，索菲娅公主开始 7 年摄政。

1682 年～1725 年，彼得一世在位，大力推行西化改革。在长达 21 年的北方战争中，大败瑞典，夺取波罗的海出海口。1721 年，他被尊为"大帝"和"祖国之父"，将首都从莫斯科迁到圣彼得堡，正式改国号为"俄罗斯帝国"。

1689 年，俄罗斯与清政府缔结《尼布楚条约》。这是中俄两国签订的第一个建立在平等基础上的条约。

1762 年～1796 年，叶卡捷琳娜二世在位，对内加强中央集权，实行开明专制；对外继续扩张领土。她统治期间的俄罗斯被称为"帝国的黄金时期"。1767 年，她被尊为俄帝国史上唯一的女"大帝"。

1768 年～1774 年，为了争夺巴尔干半岛、黑海及沿岸地区，俄帝国与中亚强邻奥斯曼土耳其帝国爆发战争，并大获全胜。

1801 年～1825 年，亚历山大一世在位，于 1812 年率领俄罗斯人民抗击法兰西第一帝国的入侵，并于同年大败由法兰西帝国皇帝拿破仑亲率的 60 万法军。1815 年，俄、普、奥三国缔结神圣同盟。亚历山大一世被推举为盟主。俄帝国的势力达到顶峰。

1853 年～1856 年，为了争夺克里米亚半岛，俄罗斯同以英法联军为首的欧洲列强爆发"克里米亚之战"，遭到惨败。

1855 年～1881 年，亚历山大二世在位，颁布了《关于农民脱离农奴依附地位的总法令》，废除农奴制。他因此被称为"农奴解放者"。

1894 年～1917 年，末代沙皇尼古拉二世在位，因其对革命的残酷镇压，被称为"血腥的尼古拉"。

1904 年～1905 年，俄罗斯与日本为了争夺远东利益，在中国东北爆发俄日战争。

1914 年～1917 年，俄罗斯卷入第一世界大战的漩涡，损失惨重。

1917 年，爆发"二月革命"。沙皇专制体制被推翻，资产阶级成立临时政府。同年 11 月（俄历 10 月），列宁领导"十月革命"，资产阶级临时政府被推翻。世界上第一个社会主义国家政权——俄罗斯苏维埃联邦社会主义共和国成立。

1924 年，苏联的缔造者列宁逝世。约瑟夫·斯大林获得最高领导权，开始了长达 33 年的独裁统治。

1935 年，苏联开始肃反运动，大规模清除持不同政见者。

1939 年，苏联与纳粹德国签订了《苏德互不侵犯条约》，双方结成貌合神离的同盟，同时秘密划分了双方在波兰、波罗的海国家、芬兰和罗马尼亚的势力范围。

1941 年，纳粹德国军队突袭苏联，苏德战争爆发。

1943 年，苏联取得斯大林格勒战役胜利。这是第二次世界大战的转折点。节节胜利的苏联红军开始反攻西欧战场。

1945 年，苏联红军攻克柏林国会大厦。世界反法西斯战争终于迎来了最后的胜利。

1949 年，苏联爆炸了第一颗原子弹，打破了美国的核垄断。

1953 年，斯大林逝世，赫鲁晓夫上台，世界进入冷战格局。

1955 年，苏联和东欧七国成立华沙条约组织，美苏两极格局最终形成。

1957 年，世界上第一颗人造地球卫星闯入太空，它的身上镌刻着"苏联"的字样。

1961 年，苏联宇航员加加林乘东方号飞船，第一次实现了人类进入太空的梦想。

1964 年，赫鲁晓夫下台，勃列日涅夫掌权，推行大国沙文主义。苏联在政治、社会、经济各个方面矛盾逐步积累。

1985 年，戈尔巴乔夫上台，开始在政治、经济领域全面改革。由于改革的失败，最终导致苏联解体。

1991 年，"8·19 事件"后，戈尔巴乔夫辞职。12 月，俄罗斯、乌克兰和白俄罗斯签署《独立国家联合体协议》，宣布组成"独立国家联合体"，苏联完全解体。俄罗斯联邦作为完全独立的国家，继承了前苏联的大半江山。叶利钦成为俄罗斯联邦的首任总统。俄罗斯开始由社会主义向资本主义转型。

2000 年，普京继任俄联邦总统，开始了重塑大国的历程。

2008 年，梅德韦杰夫继任俄联邦总统。

2012 年，普京再次当选为俄联邦总统。这次他的任期长达 6 年。

参考文献

1. ［美］莫斯著，张冰译，《俄国史》，海口：海南出版社，2008 年 12 月。

2. 唐晋著，《大国崛起》，北京：人民出版社，2006 年。

3. 王国杰著，《俄罗斯历史与文化》，西安：陕西人民出版社，2006 年 8 月。

4. ［俄］格奥尔吉耶娃著，焦东建、董茉莉译，《俄罗斯文化史》，北京：商务印书馆，2006 年 11 月。

5. ［美］Fodor's 编写组编著，芦雅楠、张波译，《莫斯科与圣彼得堡》，北京：电子工业出版社，2010 年 1 月。

6. 李丹、王韫慧著，《衰落与崛起》，北京：企业管理出版社，2010 年 1 月。

7. ［俄］瓦利舍夫斯基著，苏跃译，《叶卡捷琳娜》，北京：京华出版社，2010 年 10 月。

8. 智仁编著，《千年俄罗斯的世纪轮回》，北京：中国友谊出版公司，2007 年 2 月

9. ［俄］里亚布采夫著，张冰、王加兴译，《千年俄罗斯》，北京：生活·读书·新知三联书店，2007 年 11 月。

10. ［美］史蒂芬·葛莱汉姆著，于东来译，《彼得大帝》，北京：京华出版社，2010 年 4 月。

11. 中央电视台著，《大国崛起》，北京：中国民主法制出版社，2008 年 2 月。

12.［新］新加坡 APA 出版有限公司著，戴琳译，《俄罗斯》，北京：中国水利水电出版社，2008 年 1 月。

13. 任光宣著，《俄罗斯文化十五讲》，北京：北京大学出版社，2007 年 1 月。

14.［俄］帕弗洛夫斯卡娅著，何艳译，《文化震撼之旅俄罗斯》，北京：旅游教育出版社，2009 年 1 月。

15. 郑建新著，《俄罗斯证人》，广州：南方日报出版社，2010 年 7 月。

16. 沈志华著，《冷战时期苏联与东欧的关系》，北京：北京大学出版社，2006 年 1 月。

17. 梁俊杰著，《苏联元帅——朱可夫》，北京：中国国际广播出版社，1999 年 8 月。

18. 刘爱民著，《触摸俄罗斯》，北京：华艺出版社，2011 年 9 月。

19. 冯骥才著，《倾听俄罗斯》，南京：译林出版社，2010 年 4 月。

20.［俄］格奥尔吉耶娃著，焦东建、董茉莉译，《文化与信仰：俄罗斯文化与东正教》，北京：华夏出版社，2012 年 1 月。